KB036665

버럭 하는 남편,
묻어두는 아내

버럭 하는 남편, 묻어두는 아내

지은이 | 김형기
펴낸곳 | 도서출판 창해
펴낸이 | 전형배
총괄경영(CEO) | 구본수

출판등록 | 제9-281호(1993년11월17일)
1판1쇄 인쇄 | 2014년 8월 15일
1판1쇄 발행 | 2014년 8월 20일

주소 | 서울시 마포구 토정로 222(신수동 448-6) 한국출판협동조합 A동 208-2호
전화 | 02-333-5678, 322-3333
팩스 | 02-707-0903
E-mail | chpco@chol.com

ISBN 978-89-7919-999-4 03810
© CHANGHAE, 2014, printed in Korea

버럭 하는 남편,
묻어두는 아내

부부, 불완전한 두 사람을 위한 진단과 치유

김형기 지음

창해

차례

불완전한 이들이 켜는 스위치

1.

    시간이 흐르니 어느덧 우리 부부 입에서 이런 말이 흘러나오기 시작했다.

"왜 우린 이 모양이지?"

"왜 이런 식으로밖에 싸우지 못하는 걸까?"

"서로 이렇게밖에 안 되나?"

    되풀이되는 상황을 두고 가슴을 쓸어내릴 때마다 헛도는 질문은 "왜?"라는 물음뿐이었다. 그것도 도대체 왜 자꾸만 반복되느냐는 물음이었다. 그러면 안 된다는 것을 알면서도 좀처럼 달라지지 않는 상황을 나는 증오하기 시작했다. 이 지긋지긋한 고질적 패턴을 뒤엎으려고도 했다. 하지만 그러면 그럴수록 오히려 뒤로 나자빠지기 일쑤였고, 혹은 넘어지거나 깨지기 마련이었다.

    링에만 올라가면 헛손질에 피투성이가 되기는 마찬가지였다. 마치, 머리로는 정답을 알고 있어도 실기시험만 보면 보기 좋게 떨어지는 면허시험처럼 되어가는 식이었다. 그렇다고 운전대를 버리고 포기할 수는 없는 노릇이었다. 이미 여행길을 나선 지 오래인데다 배우자 말고도 어린 자녀들까지 함께 타고 있으니 말이다. 운전을 하느냐 마느냐의 문제가 아니라, '어떻게 해야' 모두의 안전까지도 잘 지킨 채로 끝까지 도달하느냐가 이슈인 것이다.

2006년 말 나는 다니던 직장에서 해고되었다. 다시는 일어서지 못할 만큼 커다란 실의에 빠졌고 그래서 한국 땅을 벗어나고자 했다. 아내는 그 기회가 선물이라도 된 양 짐을 챙겼고 나는 도망자의 심정으로 여행길에 나섰다. 같은 상황을 두고도 나와 아내는 그렇게 달랐다. 우리는 차 한 대를 빌려서 미 대륙을 기약 없이 돌아다녔다. 그때 아이들은 고작 다섯 살, 세 살 먹은 코흘리개들이었다. 고작 "똥 마려" "배고파" "졸려"가 아이들이 구사할 수 있는 의사표현이었다. 하지만 그런 아이들이 뒷자리에서 바라보는 앞좌석 두 명의 모습은 가관이 아니었다. 창밖에 펼쳐진 장면보다 더한 진풍경이었으니 말이다. 길 찾는 문제로 밥 먹듯 싸우고, 혹은 정말로 밥 먹는 문제로 싸우고, 애를 재우니 마느니 하며 싸우고, 좀 더 쉬었다 갈까 말까로 싸우고, 방금 전에 싸웠던 문제로 또 싸우고…… 심지어는 10년 전에 있었던 일로도 싸웠다.

우리 부부는 4년이라는 연애기간 끝에 결혼에 골인했지만 온종일 붙어 지내본 경험은 그때부터가 처음이었다. 주부로서의 바쁜 일과, 남편으로서의 사회생활, 접대와 사교활동 등으로 이어지는 엇갈리는 동선 가운데 "밥 묵웃나?" "아는?" "고만 자자"라는 대화의 3종 기초세트를 제외하면 서로의 마음을 들춰 보일 시간이 없었다. 엄밀히 말해 우리 부부의 문제가 무엇인지조차도 몰랐다. 계속해서 걸려 넘어지는 문제를 놓고 서로가 끈기 있게 싸워볼 시간마저도 없었다. 아이가 생긴 후로는 더욱더 그랬다.

우리는 그렇게 낯선 땅을 반 년가량 기약 없이 떠돌아 다녔다. 하지만 문제는 그때부터였다. 함께 붙어 지내는 시간은 늘어만 갔어도 앙금이 풀리기는커녕 오히려 갈등의 골만 더욱 깊어갈 뿐이었다. 시간의 양이 문제가 아니었다. 질적인 과제를 불러일으키고 있었던 것이다.

그러던 우리에게 보란 듯이 한 기회가 찾아왔다. 여행의 막바지에 이르러 우리는 하와이 코나에 있는 YWAM 예수전도단에서 DTS(Discipleship Training School) 훈련을 받게 되었다. 이것을 기점으로 비로소 서로의 문제를 차근차근 들춰보기 시작했다. 그러면서 우리는 직감적으로 눈치 챌 수 있었다. 서로의 심장부까지 아주 깊이 파고들어야 함을 말이다. 그것은 상대 배우자의 문제가 아니었다. 각자 자신이 가진 문제 때문이었는데, 그간 우리는 서로의 고질적인 문제들을 놓고 곡괭이질만

해댔던 것이다.

계속되는 의문을 품고 아내는 열방대학에서 상담공부를 했다. 자기 자신과 원 가족의 문제점들을 짚어가기 시작했고 나 역시 비지시(非指示)적 상담과 인간의 성장발달을 둘러싼 문제들을 함께 탐구해갔다.

우리는 그렇게 또 다시 여행을 떠났다. 각자의 내면을 향해 걸어 들어갔고, 한발 한발 학습과 훈련을 거치면서 밖으로 나와 서로 손잡고도 걸어갔다. 그러면서 공통적으로 서로에게 아로새겨진 깨달음이 있으니, 바로 이 여행이 그렇게 계속되리란 것이었다. 무엇을 배웠다고, 또 다루어보았다고 하루아침에 달라지는 문제가 아님을 느끼고 있었다. 이 여행의 본질은 목적지에 빨리 도착하는 것이 아닐 뿐 아니라, 목적지에 도착했을 때면 그 속도라는 것이 별 의미가 없다는 것도 예감할 수 있었다. 서로의 불완전함을 완전함으로 고치는 것이 목표가 아니라, 배우자의 불완전함을 어떤 과정으로 보완할 것인지가 더 의미 있음을 직감하였다. 그것이 목적지임을 대변하고 있었다. 물론 여전히 소리치고 토라지고 서로를 향해 흥분하고 외면하는, 그런 복잡하고 소란스러운 상황이 이어지는 가운데에서도 말이다.

2.

　필자의 전작인 《나의 패턴 스위칭》을 보면, 나 자신이 어떤 상황 아래에서 어떤 감정을 느끼는지, 어떤 욕구를 지닌 사람인지, 어떤 핵심 패턴이 스스로를 지배하는지, 그리고 이것에서 벗어나기 위해서는 자신을 어떻게 돌봐야 하는지에 대해 다루고 있다.

　전작인 그 책이 패턴화된 자아상을 비춰 보는 1인칭 자기계발서였다면, 이 책 《버럭 하는 남편, 묻어두는 아내》는 배우자와 함께 부부상을 반추해보는 2인칭 상호계발서라 불러도 좋겠다. 무엇이든 저 자신에게 접목해야 남에게도 활용하기 쉬워진다. 하지만 공교롭게도 부부끼리는 이것이 어렵다고들 한다. 배우자를 나와 동일시해서 취급하는 현상이 일어나기 때문이다. 종종 한 가지 문제를 두고 두 명의 나 자신과 싸우는 식이 된다.

　이 책에서 계속해서 쓰이고 있는 '패턴'과 '스위칭'이란 단어는 자신을 괴롭히는 습관화된 패턴(Pattern)을 새롭게 바꾸는(Switching) 일이다. 다시 말해, 전과 다른 선택을 하면 된다. 개념은 참 쉽다. 그런데 그게 가장 어렵다. 왜일까? 어려서부터 몸에 밴 일련의 정보를 바꾸는 것은 힘이 들 수밖에 없다. 불완전한 부모와 환경 속에서 길들여진 습성을 고쳐야 하는 일이기 때문이다.

게다가 나 자신의 부정적인 면을 인정하기란 여간 불편한 일이 아니다. 듣기 싫고, 귀를 막고 싶고, 그 자리를 뜨고도 싶다. "태도가 왜 그러니?" 이렇게 지적당하면 이내 받아들이기가 힘들고, 어떻게 해서라도 떳떳한 이유를 찾아 방어하기 마련이다. "너, 그러지 마!" 하면 더 하고 싶고, 먹지 말라면 또 먹고 싶다. 가지 말라면 몰래 가고 싶은 게 사람 마음이다. 오랫동안 지탱해오던 습성을 훌훌 벗어 던지는 것은 아무래도 어렵다.

안데르센 동화를 모티브로 한 애니메이션 〈겨울왕국(2014)〉은 패턴을 어떻게 전환하는가에 대한 밑그림을 제공하고 있다. 어려서부터 동생 안나와 함께 자란 엘사는 저주받은 능력이라 불린 그녀의 힘 때문에 고통스러워하다 결국 왕궁을 떠나게 된다. 그 동안 엘사는 이 문제를 겪어오면서 스스로 참는 방법만 써왔다. 노래 가사처럼 저 자신을 밖으로 드러내지 않으려 했고(Conceal), 느끼지 않으려 했으며(Don't feel), 누군가에게 말하지 않으려 했다(Don't let them know). 그렇게 문제를 흘려보내려 했다(Let it go). 하지만 자신뿐 아니라 서로의 관계를 꽁

꽁 묶고 마는 결과만 초래할 뿐이었다.

풀장 안에 페트병이 하나 떨어져 있다. 어떻게 해야 할까? 아무래도 끄집어내야 할 것이다. 하지만 이것을 끄집어내기 이전에 그저 당장 감추기 위해 페트병을 억지로 물속에 집어넣으면 어떻게 될까? 부력에 의해 위로 튀어 오를 뿐이다. 힘들 수밖에 없다. 게다가 물 위에 둥둥 떠 있는 페트병이 하나도 아닌 여러 개라면 두말할 나위도 없을 것이다.

나를 돌보는 기초는 나와 가장 가까운 것을 인정하는 것에서부터 출발한다. 바로 감정이다. 감정을 있는 그대로 알아주는 것이다. 한발 더 나아가 그 이면에 밀착된 두려움과 수치심마저도 알아줘야 한다. 이로써 변화는 시작된다. 사람들은 자신이 쥐고 있는 자로 상대방을 재려 한다. 서로를 재고 세상을 재고 삶도 재려 한다. 하지만 자로는 도저히 잴 수 없는 그 사람만의 고통과 상처, 그리고 삶의 무게가 있다. 만약 혼자서 그 두려움을 마주하기 힘들다면 방법은 서로 도와주는 것뿐이다. 〈겨울왕국〉에서처럼 패턴을 푸는 유일한 길은 '진정한 사랑의 행위'를 가장 가까운 사람과 나누는 것이기 때문이다.

내 아들과 딸의 성향은 제각각이다. 아들이 질문형인 반면, 중학생 딸아이는 요청형이다. 무엇을 먹으러 갈 때 "너 뭐 먹고 싶니?" 하고 물어보면 아들은 곧장 "아빠는? 아빤 뭐 먹고 싶은데?" 하고 되묻는다. 배려심이 남다르다. 딸은 그런 거 없다. 자신의 욕구를 끊임없이 이야기한다. 거침이 없다. 매번 날 부려먹고 시켜먹는다. 손만 뻗으면 냉장고가 뒤에 있는데 멀리 있는 나보고 와서 꺼내달라고 한다. 그럴 때면 답답해 미치겠다.

그러던 어느 날, 딸아이가 안 하던 짓을 하기 시작했다. "아빠, 혹시 뭐 필요한 거 없어?" "내가 뭐 도와줄까?"…… 나는 몹시 당황했다. 이건 또 뭐지? 혹시 중학생이 되면서 갑자기 천사가 되어버린 걸까? 벌써 사춘기를 넘긴 건가? 하지만 당황한 사람은 나뿐만이 아니었다. 아들도 마찬가지로 깜짝 놀랐다. 그동안 옆에서 바라본 누나의 행동은 일종의 '모델'이었다. 누나처럼만 안 하면 부모님으로부터 칭찬받고 사랑받는 모범답안이 될 수 있었던 것이다. 하지만 하루아침에 세상이 뒤바뀌지 않았는가.

나와 아내의 입에서 누나에 대한 찬사가 쏟아져 나오기 시작했다. 아들은 이내 힘들어했다. 자신에게 쏟아지던 찬사가 급격히 누나에게로 옮겨 간 것에 못마땅해 했다. 그러면서 전에 없던 유아적 행동, 소위 퇴행을 반복하는 것이었다. 엄마 아빠의 사랑을 끌어내기 위해 주의와 시선을 억지로 끌고자 했다. 어느 날은 자다 말고 벌떡 일어나 "누나 저리 가! 저리 가란 말이야!" "침대에서 내려가! 누나는 1등이잖아! 나는 2등이구! 엉엉~~~" 이렇게 잠꼬대를 하는 것이었다.

이 광경을 함께 지켜본 딸아이가 한 마디 내뱉었다. "엄마 아빠, 앞으로 우리가 동생을 더 많이 사랑해 줘야겠어." "……" 나는 그 날 이후로 아들을 보면 엄지손가락을 치켜세웠다. 아들은 그날의 잠꼬대를 전혀 기억하지 못하겠지만 "우리 아들 최오!"라는 손가락 신호를 받을 때면 입술이 귓가에 척하니 걸리곤 했다. 무의식적으로라도 자신이 인정받고 있구나 하는 안도감에 아들은 예전의 모습으로 차츰차츰 돌아갔다. 두려움을 풀고 패턴을 전환하는 방법은 그랬다. 사랑이었다. 그 사람을 향한 사랑의 행위였다.

3.

배우자와 아픔의 상처를 이겨내고 회복과 성장을 이어가기 위해서는 진정성과 개방성이 확보되어야 한다. 어떤 조직은 겉보기에는 특별한 문제가 없다. 하지만 그것이 문제다. 문제를 문제라고 서로에게 개방하지 못하는 것이다. 진짜 친밀한 것이 아니다. 반면 어떤 조직은 대놓고 싸우기가 일쑤다. 속이거나 감추는 일도 없다. 투명하고 훤하다. 하지만 문제를 풀고자 하는 진정성이 없다. 진정한 친밀감(Intimacy)이 형성되지 못하는 것이다. 소위 묻지도 말고, 말하지도 말고, 느끼지도 말라는 역기능 조직의 전형적인 행태가 펼쳐진다.

가정에서 배우자에게 빽빽 소리 지르고, 아이에게 다그치기 일쑤인데다 갈등만 생기면 숨고 회피하는 습성들은 쉽게 고쳐지지 않고 되풀이된다. 나름 최선을 다해보지만 또 다시 반복되고 있음을 느끼게 된다. 분노를 다스리는 법에 대해 소개하는 책을 안 읽어봐서 그럴까? 상처의 원인을 설령 알아냈다 하더라도 그 자리에서 바로 해결될 수 있던가? "아무리 해도 그게 잘 안 돼요." 답답함을 털어놓지만 이 또한 버릇처럼 공허한 메아리가 된 지 오래다.

오랜 기간 몸 안에 새겨진 정보인 만큼 온몸으로 되돌려주는 작업이 그래서 필요하다. 자신에게 가장 가까운 감정부터 하나하나 구체적으로 언어화해가면서 다시 배출하면 된다. 이것이야말로 진정한 사랑 행위의 첫출발인 셈이다. 모든 문제는 답이 있기에 문제라 불린다. 이 책은 이제 각자의 불완전함에 대하여 서로 물어봐 줄 것을 주문한다. 그 연약함을 밝히 드러내고, 문제가 되는 아픔과 상처를 서로 마주할 것을 권유한다. 내면의 답답함을 누구에게도 마음껏 펼쳐 보이지 못하는 이야기이기에, 아니면 정반대로 동네방네 고래고래 소리를 지르고도 여전히 풀지 못하는 숙제이기에 이 책은 우선 저 자신을 말하라고 제안한다.

사실 부부 사이에 이야기를 열심히 나눈다고는 하지만 '나'보다는 '너'에 대해 이야기하는 경우가 태반이다. 나보다는 배우자인 남 탓을 하기 쉽다는 얘기다. 방송에서도 이런 부부가 자주 보이고, 가까운 지인들 사이에서도 흔히 보는 모습이다. 누구나 자기 자신을 잘 안다고는 하지만 이것은 '구체적인 자기를 이야기하는 것'과는 다르다. 머리로는 안다고 하면서도 손으로는 자화상을 그려보지 못한 것과 같다. 물감으로 찍어보고 각도를 재어가며 촉감으로 묻어나는 느낌을 손수 만져보지 못했기에 사실은 자기를 잘 알지 못하는 것과 같다.

가짜를 위한 변명 대신 진짜를 언어화하면서부터 변화의 계기는 마련된다. 게다가 함께 동여맨 결속력에는 큰 힘이 있다. 한 방향을 함께 달릴 때는 더욱더 그러하다. 둘이 끄는 말이 혼자서 끄는 말보다 14배 이상의 마력을 발휘하는 것처럼 말이다.

지금부터 우리는 자신과의 신뢰를 회복하고 배우자와의 관계를 회복하며, 개인과 부부의 고귀한 본질을 되살리기 위해 SWITCH 프로세스에 맞춰 변화를 시도할 것이다.

S	Status Quo	진짜 자기감정과
W	Whying	바라는 욕구
I	Identifying	사실을 찾아 있는 그대로를 지지하고
T	Tracing	자신의 연약함을 우선 인정하고
C	Confronting	그 연약함을 정면으로 직시하면서
H	Handling	그 너머에 있는 서로의 오리지널 디자인을 세우는 팀플레이를 이어가고자 한다.

1장에서는 나와 배우자가 지금 어디에 있으며 어떤 상태인지를 파악하고, 2장에서는 부부 간에 형성된 관계의 내용과 깊이를 되짚어보고, 3장에서는 부부 간에 받아들여야 할 변화와 개선점을 생각해본다. 그리고 4장에서는 서로가 알고는 있지만 잠재된 노력과 능력들을 되살려주고, 5장에서는 부부가 공통으로 대처해야 할 과제와 현안들을 풀어

본다. 그리고 마지막 6장에서는 앞으로의 미래를 준비하는 행동설계를 함께 실행해나갈 것이다.

뿐만 아니라 '나의 나 됨'을 일으키기 위해 감정과 사고, 행동 이면에 끈질기게 밀착되어 있는 강력한 두려움과 수치심에 한발 더 다가갈 것이다. 불완전한 부모로부터 양육 받은 실체를 살펴보고, 우리가 속한 불완전한 공동체로부터 새겨진 문화와 교육, 종교의 상처들을 돌보고 다시금 돌아보는 시간을 가질 것이다.

이 세상 어디에도 완전한 관계란 없다. 완전한 부모도, 완전한 부부도 없다. 불완전한 너와 내가 있을 뿐이며, 서로의 불완전함을 인정하지 못하는 불완전한 미래만 남아 있을 따름이다.

SWITCH

Status Quo
1단계 팀플레이 _ 함께 서기

용서하거나 용납하거나
Is it forgiven or given?

만약 지금 기울이는 노력이 용서인지, 화해인지, 사면인지, 회피인지 고민된다면 이를 가늠하는 지침은, 그 용서라는 것이 단 한 번으로는 완성되지 않는다는 것이다. 한 번이 아니라 하루에 한 번씩 매일 매일 지속적으로 행하는 현재형의 수고가 된다.

부부 패턴 기초점검
(CBC, Couple Basics Checkup)

1. 우리 부부는 주로 어떤 문제로 다투나? (해당되는 것 모두 체크)

   □ 자녀 육아   □ 가사분담   □ 시댁 · 처가 식구

   □ 재정 문제   □ 미래 인생설계   □ 음주, 흡연과 같은 건강문제

   □ 잠자리 부부관계   □ 컴퓨터 게임   □ 사교 취미 교제

   □ 외식 종류 선택   □ 사소한 문제   □ 기타

2. 일주일에 몇 번이나 다투나?

   □ 1회   □ 2회   □ 3회   □ 4회   □ 5회

   □ 6회   □ 7회   □ 8회   □ 9회   □ 10회 이상

3. 다투는 중에 나에게 드러나는 행동 패턴이 있다면?

   □ 소리 지르기

   □ 그 자리를 피하거나 외면하기 (단기간)

   □ 말 섞지 않고 그 자리에서 꾹 참기

   □ 나중에 다른 이들에게 뒷담화하기 (자녀들 포함)

   □ 훌쩍 떠나기 (장기간)

   □ 상대방 때리기 (구타/언어 폭력 등등)

   □ 기타

4. 만약 내가 소리를 지른다면 평소에 비해 그 강도는 어떠한가?

   □ 10   □ 9   □ 8   □ 7   □ 6

   □ 5   □ 4   □ 3   □ 2   □ 1

5. 배우자를 외면한다면 평소에 비해 얼마나 지속되나? (스스로의 강도를 적어보자)
   □ 10   □ 9   □ 8   □ 7   □ 6
   □ 5   □ 4   □ 3   □ 2   □ 1

6. 다음 중 배우자와 다툴 때 본인이 느끼는 감정은 무엇인가?
   □ 수치스럽다   □ 억울하다   □ 외롭다   □ 지겹다
   □ 답답하다   □ 쓸쓸하다   □ 분하다   □ 무섭다
   □ 끔찍하다   □ 부끄럽다   □ 조마조마하다   □ 속 시원하다
   □ 기타

7. 주위에서 당신의 감정을 가장 잘 받아주는 사람은 누구인가?

8. 당신은 자신의 감정을 배우자에게 솔직하게 이야기할 수 있는가? 그렇지 못하다면 그 이유는 무엇인가?
   □ 그렇다
   □ 아니다 (이유   )

9. 최근 배우자를 중심으로 느끼는 당신의 감정을 한 마디로 표현한다면?

10. 배우자가 당신에게 자기의 감정을 잘 전달하지 못한다면, 이는 당신의 어떤 점 때문이라고 보는가?

11. 본인 스스로를 진단할 때 내게 어떤 문제가 있는지 세 가지만 써보자.

  1)

  2)

  3)

12. 그렇다면 스스로 보완해야 할 점이 있다면 무엇인가?

13. 내가 했던 말 중에서 배우자를 자극하는 말은 어떤 것이 있는지 전부
   작성해보자.

14. 부부싸움 시 배우자에게 이것만은 특별히 부탁할 것이 있다면 무엇인
   지 작성해보자.

15. 이번에는 14번 항목을 가지고 부부가 대화를 하되, 상대 배우자에게
   지시하는 대신 질문형으로만 자신의 부탁을 이야기해보자. 그리고 그
   대화가 어떠했는지 자신의 기분을 중심으로 대화의 내용을 적어보자.

부부싸움의 시초

여러 부부들이 모인 자리가 있었다. 각자가 빙 둘러 앉은 가운데 부인이 먼저 말문을 열었다. 그들은 많은 사람들에게 꽤 알려진 노부부로서 만인의 모델이 되는 이 시대 멘토 부부의 전형이었다. 하지만 막상 속내를 드러내고 보니 폭탄선언이 이어졌다.

"이제껏 남편과 살아온 30년이 솔직히 저에겐 지옥이었어요."

이야기를 듣고 있던 모두의 표정이 한마디로 '뜨아'하듯이 당황스러웠다. 그 당황스러움은 남편도 마찬가지였다. 남편은 그 사실을 전혀 몰랐던 것이다. 마치 생 날벼락과도 같았던 그 순간, 남편의 입에서 다음과 같은 말이 튀어 나왔다.

"아니 그 동안 뭐하고 이제야……."

부인은 안경 너머에 고인 눈물을 닦아내며 뒷말을 이어갔다.

"그 동안 혼자 참고 억지로 살아왔어요."

나와 아내는 그 자리에 인도자로 앉아 있었지만 그날의 사건은 분명 우리 부부의 한 단면이기도 했다. 어쩌면 그들처럼 30년이라는 긴 세월을 끌어오지만 않았을 뿐 하루하루를 쪼개고 보면 모양새는 같았다.

그날도 아내는 사람들 앞에서 애써 담담한 표정을 지으려 했지만 속은 여전히 타 들어가고 있었을 것이다. 막상 뚜껑을 열면 아내의 입에서도 내 기대와는 전혀 다른 이야기가 흘러나오곤 했다. 내면 깊이 묻어둔 감정의 옹어리가 봇물 터지듯 쏟아져 나오는 것이었다. 그때마다 소스라치게 놀라기는 나도 마찬가지였다.

이들 노부부는 그간 서로 싸워서는 안 되는 사람들이었다. 남들의 이목도 있고 아이들을 향한 눈치도 있고, 게다가 대외적으로 저명한 집안이었기에 더더욱 그런 모습을 보이면 안 된다고 생각했던 것이다. 하지만 부부 간의 앙금은 조금씩 쌓여만 갔고, 특히나 언제나 참는 쪽이었던 부인에겐 더더욱 그러했다. 부인은 이 상황을 애써 가슴에 묻어두려 했다. 무슨 일이 있어도 다투지 않는, 매우 이상적인 사랑을 애써 취하고자 했다. 면밀히 말하면 사회적으로 좀 더 우월하다고 여기는 가치, 그리고 도덕적 신념으로 자신을 통제하려 했던 것이다. 그렇다면 이들 부부가 지난날 행복하게 살아가기 위해 정말로 나눠야 했던 것은 무엇이었을까?

부부싸움, 끝이 시작이다

다른 아파트로 이사를 가게 되면 원래 살던 사람으로부터 열쇠를 인계받는다. 그러면 방방을 다니면서 그 열쇠로 문을 열어본다. 감정도 이와 같다. 각 방마다 모양도 다르고 분위기도 다르다. 인테리어도 다르고 각 방의 쓰임이, 제 각각의 구조 또한 다르다. 하지만 부인은 그 안으로 들어가질 않았다. 방이 비좁을까봐, 또는 예전에 살던 집의 기억으로 인해 그 방에 들어가기가 두려워서 그랬을 수도 있다. 아니면 지금 있는 거실로도 충분하기에 굳이 거기는 열어볼 필요가 없다고 여겼을 수도 있다. 게다가 냄새가 나거나 지저분한 방만큼은 다른 사람들이나 식구들에게까지도 보여주기 싫어서 꼭꼭 걸어 잠근 것일 수도 있다.

하지만 방 주인은 나다. 부인이다. 열쇠 또한 그녀의 손에 쥐어져 있다. 방 주인인 나 자신이 돌보지 않는다면 결과는 뻔하다. 언젠가는 하자가 나타난다. 문틈으로 흘러 나오기도 하고 갈라진 벽을 타고 새어 나오기 시작할 것이다. 부인은 방문을 열고 들어가 그녀가 느끼는 순수한 것들을 찬찬히 관찰해야 했다. 그 방에서 나는 냄새가 아무리 퀴퀴하고 답답하더라도 자신에게 가장 가까운 스스로의 '감정'부터 짚어줘야 했다. 그리고 본인에게 그것이 무엇인지를 먼저 말해줬어야 했다. '이런 감정은 좋아' '저런 감정은 나빠' 하는 식으로 분류하기 전에 순수하게 깊은 마음속에서부터 우러나오는 것을 있는 그대로 지지했어야 했다.

흔히들 말하는 '부정적 감정'이라는 것은 엄밀히 말해 감정이 아니다. 감정적 행위이다. 예를 들어 '방구 뀐 놈이 성낸다'고 할 때 방구 뀐 놈의 감정은 무엇인가? 성을 내는 것은 감정이 아니다. 행위다. 분노 행위다. 방구 뀐 놈의 진짜 감정은 따로 있다. 부끄럽거나 창피하거나 쑥스럽거나 하는 진짜 감정의 실체들 말이다. 감정에는 긍정적이거나 부정적인 것이 없다. 게다가 감정을 좋다 나쁘다로 구별하는 것은 감정을 이미 생각으로 만들어버리는 일이다. 마치 누군가의 죽음을 알고 무척 슬퍼질 때 '슬픈 것은 나쁜 거야' 하는 생각에 반대로 환한 미소라도 억지로 지어보여야 하는 식이 될 것이다. 감정을 좋다 나쁘다, 혹은 옳고 그름으로 구별할 때 감정은 가치 판단, 즉 도덕 기준이 되어버린다.

그렇다면 그녀는 자신의 감정을 누구와 나눠야 했을까? 자기와 가장 가까운 순서대로일 것이다. 우선 자기 자신과의 대화가 필요하다. "나 지금 이런 일로 속상해"라고 말하면서 '속상하다'는 자신의 감정부터 짚어줘야 한다. 그것이 '나의 나 됨'을 인정하는 첫 단추이다. 그리고 그 다음 가까운 배우자, 아니면 자신의 감정을 받아줄 누군가와 이야기를 나누는 것이 필요하다.

하지만 그녀가 배운 것은 달랐다. 엄격한 부모 세대들은 감정을 나타내면 체면이 깎인다고 생각한다. 감정을 있는 그대로 드러내면 종종 천박하거나 무식하거나 창피한 것이 되었다. 따라서 더워도 괜찮은 척, 추워도 안 그런 척 내색하지 않으며 살아왔다. 배우자에게 부당한 일을 경험하더라도 지아비를 섬기고 인의예지를 지켜나가는 미덕만큼은 자신의 순수한 감정을 뛰어넘는 우선 가는 덕목으로 생각했다.

사실 부부끼리 서로 '사랑하며 산다'고 하지만 방법적으로는 '용서하며 살아간다'고 보아야 한다. 사랑한다 해놓고서 고래고래 소리 지르고 결국에는 용서할 수밖에 없는 상황을 겪으며 살아가니 말이다. 우리는 이 순간을 살고도 있지만 죽어가고도 있다. 양초는 주변을 환히 불 밝히고 있지만 동시에 자신을 검게 태우고 있는 중이기도 하다. 그러니 부부끼리는 무조건 용서하며 살아야 한다. 그렇다고 이렇게만 선언하기에는 밤새 설명되지 않는 맥락이 있다. 하루 종일 풀리지 않는 실타래가 왼쪽 가슴에 똬리를 틀고 있다. 꽉 막힌 채 흘러가지 못한 감정의

하수구가 도사리고 있는 것이다.

예를 들어, 아내가 남편에게 "오늘만큼은 늦더라도 12시 전까지는 들어왔으면 해"라고 신신당부를 했다고 하자. 하지만 남편은 그것을 지키지 못했다. 어떤 때는 지키지 못할 약속까지 하면서 현관문을 나서기도 한다. 해가 뉘엿뉘엿 지고 어느새 그 약속은 까맣게 잊어버린다. 동료들과 한잔 걸치다 보니 아내의 당부는 무시한 채 새벽에 들어오고야 만다. "늦으면 늦는다고 전화 한 통 해주는 게 그렇게나 어려워?" 불만이 쌓이지만 이내 이것도 습관처럼 굳어진다. 그렇다면 이러한 남편과 살아가고 있는 그녀는 지금 어떤 선택을 하고 있는가? 남편을 용서하며 살고 있는 것인가?

다른 예를 들어보자. 시간이 제법 흘러 아이들도 성장하고, 이제는 배우자가 지겹다 싶을 정도로 서로의 존재가 익숙해져버린 즈음, 아내가 남편에게 우스갯소리로 "늦게 들어와도 좋으니 제발 밖에서 바람을 피더라도 내 눈에 걸리지만 말아줘"라고 말했다. 하지만 어느 날 남편 핸드폰에 뜬 수상한 문자를 직감적으로 발견했다면 어떨까? 그럼에도 불구하고 가정에서 일상적인 하루를 계속해서 이어간다면 그녀는 여전히 남편을 용서하며 살고 있는 것인가?

대답이 명확하지 않다면 경우를 바꿔보자. 젊었을 때 아내가 지녔던 아리따운 몸매나 얼굴은 어디론가 사라지고 갑자기 낯선 여자가 옆에 있다는 느낌을 받았다고 치자. 전에는 들리지 않던 쩝쩝거리는 소리가 또렷이 들려오고, 잠시라도 떨어져 있으면 죽을 것 같았던 그녀가 이제는 그림자만 스쳐도 절로 싫은 소리가 툭툭 튀어나오는 등 짜증만 날

뿐이다. 이번에는 남편이 아내에게 '당신과 처음 만났을 때의 모습이 지금의 당신과 영 다르니 이제 나와 이혼을 해줘야겠어'라고 말하고 싶은 것을 속으로 삼키면서 하루하루를 살아가고 있다면, 그는 지금 아내를 용서하며 살고 있는 것인가? 이런 경우는 아무래도 어색한가? 용서를 대입하는 것에 비난이 쏟아질 만큼 확실히 아닌가?

앞서 노부부의 경우, 아내의 폭탄선언은 용서 없이 화해하면서 살 수 있다는 것을 보여주고 있다. 굳이 용서하지 않아도 30년 동안 한 이불 속에서 살아갈 수 있었던 것이다. 그들의 경우는 용서라기보다는 서로를 받아들이며 서로 용납하면서 살아온 것이라 말할 수 있다. 그렇다면 무엇이 용납이며 또 용서는 무엇인가! 상대방을 이해하고 용납한다고 말하면서도 가슴 한켠에는 풀리지 않는 앙금을 첩첩이 쌓아두고 있지는 않은가. 혹시 실상은 포기하고 살면서 말로만 용서하며 산다고 하진 않았는가. 듣기만 해도 제법 무게감이 절로 느껴지는 이 용서라는 실체, 그 맥락부터 짚고 넘어가야 할 것이다.

부부싸움의 분수령

나는 아내와 함께 가족상담 과정과 영성 프로그램 안에서 서로를 용서하는 가치에 대해 열심히 배우고 훈련했다. 서로 손을 마주 잡고 상대의 눈을 들여다보며 각자의 잘못을 입술로 고백하였다. 부끄러운 행위들을 시인하면서 지난날의 잘못을 꺼내 보이는 노력을 게을리하지 않았다. 눈물을 뚝뚝 흘려가며 마음 안에서 북받쳐 오르는 미안함을 붙들고 배우자를 부둥켜안고 용서를 구하기도 했다.

우리가 배운 용서의 세계는 너무나 넓어서 배우자가 무슨 짓을 하더라도 용서할 수 있다고 가르친다. 그 지경은 너무나 크고 광대해서 사람을 파리 목숨처럼 앗아간 독재자에게도, 아이들을 강간하고 유린한 유괴범에게도, 돈 문제로 내 가슴에 못을 박은 이웃사촌과 지인들에게까지 이것을 적용하라고 한다. 그래서 용서란 남을 풀어주기 전에 나를 풀어주는 것이라 배웠다.

나에게 "나쁜×"라고 말한 사람을 (정신적인) 끈으로 묶고 다닌다면 두 가지 선택이 있을 것이다. 끝까지 질질 끌고 다니는 방법과 그 끈을 놓는 방법. 그렇다면 내가 그 사람을 놓아준다는 것은 내게 힘이 없어서가 아니라 다른 목적을 위해 그 힘을 풀어주는 것과 같다. 단지 그 힘을 그곳에 쓰지 않은 것이다. 그래서 '용서는 주도적이 되는 것'이라고 배웠다. 힘의 승부를 떠난 또 다른 힘을 발휘하기 위한 주도적 선택이 된다고 말이다.

하지만 이 같은 목적에서라기보다는 내가 지치고 피곤해서라면? 다투기도 싫고, 싸우는 것은 유치하고, 싫은 소리 하는 것이 부담스러워서 그를 포기하고 놓아준다면? 또는 매번 똑같은 행위를 반복하고서도 어김없이 나에게 용서를 구한다면? 그럼에도 불구하고 여전히 나에게 "나쁜×"를 반복적으로 해댄다면? 이 같이 반복되는 행위에도 불구하고 여전히 상대에게 변화의 조짐이 없다면?

나와 아내가 실생활에서 고통받는 것은 오히려 이러한 문제들이었다. 정돈된 자리에서 심호흡을 크게 하고 배우자에게 커다란 자비와 용서, 긍휼함을 실천하는 행위보다도 일상에서 끊임없이 되풀이되는 자그마한, 그야말로 별것 아닌 것들이었다. 이처럼 별것 아닌 것들이 하나하나 쌓이면서 그때마다 관계를 포기하게 하고 부부 간의 결속을 갈라놓게 만들었다. 나는 이것이 반복되는 자체만으로도 지겨웠다. 결국 나와 아내는 '별것 아닌 것'을 가지고 싸우는 그 문제를 해결하기 위해서라도 눈앞에서 전개되는 사건 하나하나의 맥락을 추적하고 돌볼 필요가 있었다. 용서의 세계로 함께 나가기 위해서라도 그 시작이 되는 꼭짓점이 무엇인가를 알아차려야만 했던 것이다.

어느덧 우리는 부부들을 인도하는 자리로 버젓이 옮겨와 앉아 있었지만 실체는 그게 아니었다. 삐걱거리는 커플들, 무미건조해진 커플들,

엉망진창인 커플들을 앞에 두고 그 동안 배운 지식 안에서 말로 전하는 이야기는 무척 그럴싸해 보여도 정작 우리 실상은 그게 아니었다. 말은 꽤나 개념적으로 바로 하면서도 속은 여전히 문드러져 가고 있었다. 어김없이 반복되는 나의 습관적 행위, 예를 들어 급박한 상황에서 제법 소리를 지른다거나 아내를 틈틈이 무시한다거나 하는—어찌 보면 그렇게 비도덕적이지도 비윤리적이지도 않은—내 행위로 인해 아내는 그때마다 참고 용서해야 하면서도 여전히 풀리지 않는 냉가슴을 부여잡고 있었다. 겉으로 보이는 본 모습과는 사뭇 다른 이야기가 우리 부부에게 펼쳐지고 있었던 것이다.

결국 그곳에 분수령이 있었다. '참고 살아야 한다는 것'이 곧 함정이었다. 그것은 애써 용서를 가장한 교묘한 위장막이었다. 굶어가며 하는 다이어트가 폐단을 일으키듯, 아내는 자신의 감정을 어떻게든 참아야 한다고 생각했다. 남편의 사회생활을 이해하지 못하는 아내로 보이고 싶지 않아 술 먹고 늦게 오는 날들을 참아왔다. 나이 든 시어머니를 모시지 않으면 안 된다는 세상 사람들의 도의적인 시선까지 모두 받아들이며 애써 참으려 했다.

그러기 위해서는 "도대체 당신이 뭔데 나한테 이래라 저래라야"와 같은 내면의 거부반응마저도 강력히 지배할 무언가가 필요했다. "내가 왜 꼭 그래야 하지?" 솟구치는 무언의 반발마저도 조용히 잠재울 무언가가 필요했다. 이혼으로 끝장을 내지 않는 이상 가정에서 화목을 지킬 만한 도구가 필요했다. 그래서 인내를 불러왔다. 용서의 가치로 이 모든 아픔을 흘려보내려 했다. 하지만 속은 반대였다. 자신의 순수함을 도리어 부인함으로써 진정한 자기 가치를 잃어가고 있었다. 겉과 속이 전혀 다른 '좋은 부부놀이'를 우리는 하고 있었던 것이다.

그 동안 나도 용서라는 의미가 쉽게 수긍이 가지 않았다. 특히 '가해자는 가만히 있는데 정작 피해자가 왜 용서해야 하느냐?' 하며 반발한 적도 있다. 영화 〈서편제〉의 원작자이기도 한 이청준 씨의 소설 중 〈벌레 이야기〉라는 작품이 있다. 우리에게 〈밀양〉(2007)이라는 제목으로 더 잘 알려진 영화의 바로 그 원작이다. 이 작품에는 살인을 한 가해자가 자기 잘못을 신께 용서받았다고 주장하는 장면이 나온다. 이 장면만큼은 모두를 흥분하게 만든다. 주인공의 아들을 유괴 살해한 범죄로 복역 중인 학원원장이 자신의 죄를 하늘로부터 용서받았다고 고백하는데, 이에 주인공은 이해되지 않는 것을 넘어 분노할 수밖에 없는 것이다. 피해자인 자신에게 용서를 구하지도 않은 상황에서 어떻게 가해자가 하늘로부터 용서를 받았다고 할 수 있는가! 원작자는 종교라는 신념 앞에서 아무것도 할 수 없는 인간의 나약함을 벌레와 같은 존재의 하찮음으로 비유한 것이다. 이 비유를 통해 용서라는 개념이 경우에 따라선 자칫 폭력으로 전용되고 있음을 보여주고 있다.

나에게도 용서를 접목하기 전에 아내와 밟아야 할 수순이 분명히 있었다. 이것은 내면의 찌꺼기들을 틈틈이 모아두었다가 한꺼번에 몰아서 처리할 일은 더더욱 아니었다. 코앞에 벌어지는 장면들을 하나하나 놓치지 말고 충실하게 돌봐줄 생방송 현장에서의 수칙과도 같은 일이었다.

그렇다면 나와 아내는 이 문제를 어떻게 풀어가야 했을까? 아내는 자신의 순수한 감정을 드러내는 것으로 이 문제를 해결할 수 있을까?
우리 부부는 어떤 과정을 놓치지 말아야 했을까?

용서에 관한 불편한 사례

- 용서는 단 한 번에 이루어진다?
- 용서는 상대방에 대한 부정적 감정을 깨끗이 정리해준다?
- 용서는 완벽한 순간이 준비되기 전에는 불가능하다?
- 용서는 피해자의 상처를 완전히 씻어낸다?
- 용서는 나의 정당함을 외면하고 무색하게 만든다?
- 용서는 곧 화해를 의미한다?

사실 용서는 혼자서도 가능하다. 반드시 손을 붙잡고 얼굴을 마주보며 화해하는 것이 용서의 표준은 아니다. 사과를 못 받았어도 용서는 가능하다. 화해하지 않았어도 용서가 가능하다. 용서는 반드시 상호 면접을 거쳐야 하는 과정은 아닌 것이다. 오히려 아내 스스로 해내기 힘들고 어려운 것은 용서보다도, 그 전에 내 행위를 눈앞에서 용납하고 넘어가야 한다는 바로 그 점일 것이다.

'용서하기'와 '용납하기'는 서로 다른 영역이다. 이 과정을 돕는 '사과하기'와 '화해하기' 역시 마찬가지다. 용서하기 위해서라도 서로가 헌신적으로 돌봐줘야 할 상호 교류의 영역이 존재하는 것이다. '내가 저 인간을 용서해야지~'라고 되뇌더라도 이것이 스스로도 용납되어야 용서하기가 쉬워지는 법이다.

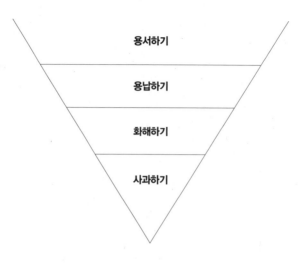

용서하기

용납하기

화해하기

사과하기

왜 참아야 한다고 생각했을까?

아내는 목회자 가정에서 자랐다. 그러다 보니 도리와 의를 중요시하는 분위기에서 커왔다. 시부모를 잘 모시고 남편을 보좌하며 힘든 일도 꿋꿋이 견뎌내는 것이 그야말로 아내가 생각하는 일상의 바이블이었다. 참는 것은 제일가는 미덕이요, 삶의 불문율이 된 지 오래였다. 용서야말로 크리스천으로서 본보기가 되는 덕목이었다. 하지만 이로 인해 가로막힌 본 모습은 따로 있었다. 아내는 시시각각으로 만나는 생명의 흐름을 땅 속에 묻거나 다르게 치장해서 처리하고 있었다. 진정한 내면의 실체를 만나기도 전에 도덕과 미덕의 가치를 대입하려는 것이었다. 그 공백은 어떤 형태로든 채워지지 않았고 오히려 갈증만 더해갈 뿐이었다.

그것은 내 문제이기도 했다. 오랜 조직생활에서 감정보다는 규정에 익숙해져 버렸고, 가치 판단에만 익숙했지 자신의 기분이나 생생한 느낌을 언어로 전달하는 것에는 영 서툴렀다. 상담 훈련을 받던 과정 중에 "나의 감정과 기분을 꺼내어 상대방에게 전달해보세요"라는 주문을 종종 받았다. 그때마다 나는 도대체 나더러 뭘 어떻게 하라는 것인지 하며 난감해할 뿐이었다. 무슨 말인지 알아들을 수가 없었던 것이다.

게다가 갈등해결의 궁극적인 방법은 무엇보다도 참는 것이라고 배워오지 않았던가. 억울하고 부조리해도 참는 사람이 이기는 것이라고 배웠다. 내면의 현실보다도 심리적 가치를 먼저 터득했고 궁극의 도를 먼저 따랐다. 그렇지만 정말로 인내를 배워야 한다면 이에 상응하는 요령을 제대로 터득해야 할 것이다. 예를 들어 타자가 타석에 들어서려면 배트 잡는 법에서부터 헬멧을 쓰는 요령, 보호구를 착용하는 요령, 공이 얼굴로 날아올 때 피하는 요령, 공 끝을 바라보며 무게중심에 맞춰 정타로 스윙하는 요령 등등을 숙지해야 한다. 하지만 이런 것은 전혀 배워본 적 없이 무작정 홈런만 치는 것이 최고라고 한다면 어떤 일이 생길까? 용서와 인내 또한 마찬가지다. 감정을 참아내야 하는 인내가 그러했고, 이 모든 것을 승화시키는 용서 또한 그러했다.

이로써 자기 자신을 솔직하게 전하는 과정을 생략하고 사과나 화해와 같은 기본적인 연결동작을 훌쩍 뛰어넘기가 쉬웠다. 특히 가깝다고 여기는 이들 사이에서는 더욱 그렇다. 부부끼리는 서로 말 없이도 통한다고 오판한다. 사과와 화해, 용납은 감정 표현과 함께 이어진 한 꾸러미이며 만약 이 과정을 뛰어 넘으면 용서의 개념은 상대에게 전가되는 폭력이 되기 쉽다. 따라서 자신의 감정부터 전달해야 한다. 이것이 생략되기에 서로의 힘을 잃고 용서하는 것에도 인지부조화를 일으키게 되는 것이다. 자기 감정만 풀어내도 궁극적으로 용서하기의 영역은 점차 넓어진다. 하늘로부터 받아야 할 용서가 있다면 땅에서도 밟아야 할 수순이 남겨져 있는 것이다.

만약 상대에게 감정이 전달되었다면 이로써 교류의 문은 열리게 된 셈이다. 상대가 그 감정을 받아줄 것인지 그 다음 단계인 사과하기와 화해를 순차적으로 결정하게 된다. 매우 상식적인 이 과정을 생략하기에 당사자들에게 밀착된 것을 놓치게 된다. 제 것을 교류하지 못한 채 숨 가쁘게 결론으로 넘어가는 것이다. 마치 코스요리를 먹으러 뷔페 음식점에 갔는데, 정작 메인요리는 먹어보지도 않고 디저트 음식 하나로 맛을 평가하는 식이다. 긴긴 코스요리 가운데 서로가 맛본 느낌이나 그 과정에서 주고받은 이야기는 생략한 채 "오늘 잘 먹었다~"는 평가 하나로 서로의 긴긴 경험과 추억을 마무리 짓는 꼴이 된다.

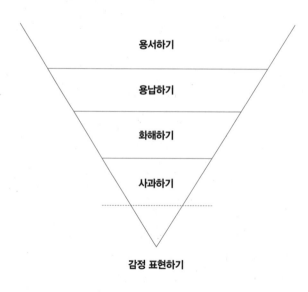

용서하기

용납하기

화해하기

사과하기

감정 표현하기

용서와 하나 되기

감정을 드러내지 못하는 이유는 용서하지 못하는 이유와 연결되어 있다. 화해(Rapprochement)는 생후 18~36개월 사이의 초기 민감기에 형성된다. 언어가 초기화되면서 타인과 나 사이에 경계선이 있다는 것을 배우게 된다. 이 시기에는 내 것을 내 것이라고 부르고 상대의 것을 상대의 것으로 구별하는 경계선이 있음을 알게 된다. 아이가 처음 갈등을 배우는 시점이기도 하다. 엄마에게 땡깡을 부리고 아무리 발버둥 쳐도 내 뜻대로 되지 않는 것이 있다는 것을 알게 된다. 내 안의 중심성이 있다면 상대방에게도 똑같이 있음을 깨닫는 시기다. 따라서 이 시기에 각자의 경계선을 바로 배우지 못하거나 서로의 영역을 구별할 줄 모르면 상대방의 감정을 공감하고 이해를 요청하며 서로의 권리를 주장하는 전반적인 행동요령에도 영향을 미치게 된다. 결국 나 자신의 감정과 밀착해서 연계하지 못하기에 상대에게 사과하고 화해를 구하는 절차가 결여되기 마련이다.

용납하거나 용서하는 기능도 순차적으로 닮아 있기는 마찬가지다. 감정을 제대로 맞추지 못하면 이로써 생각과 판단, 신념의 기능에만 의존하기 쉬워진다. 그것이 바람직한 가치냐 아니냐의 문제를 떠나서라도 말이다.

우리 부부는 감정을 드러내기 전에 도덕관념과 용서의 가치부터 배웠다. 그리고 그것을 서로에게 기대한 것도 사실이다. 용서를 향해 처음 출발선에 서는 동작은 없고 결승점에서 보여주는 화려한 포즈부터 취해왔다. 자신이 너무 쉽게 고통을 느끼는 건 아닌가 하는 불편한 기분도 작용했을지도 모른다. 그리고 이런 감정을 자제함으로써 이득을 꾀하려 하기도 했었다. 내가 부여하는 가치 안에서 내가 느끼는 아픔과 분노가 면제되기를 바랐다. 내적 긴장을 누그러뜨리려는 시도까지는 좋았으나 때로는 반도덕적인(?) 감정의 깊이까지도 완전히 받아들여야 한다는, 그렇게 적나라한 인간의 본질에는 미치지 못하였다. 특정한 가치에 헌신하는 것에 하나가 되는 것까지는 좋았으나 그것이 진정한 사랑인가에는 적절하게 미치지 못했다.

이러한 성향은 자기 내면의 솔직한 감정을 효과적으로 거부할 수 있는 일종의 기술을 터득하게 만든다. 속으로는 지긋지긋하고 끔찍한 별별 느낌이 다 들더라도 내 안에서 벌어지는 진실은 고립시킨 채, 각자의 고치에 들어 앉아 생생한 내 감정과 기분을 모조리 머릿속 생각으로만 처리하게 만드는 기술 말이다.

진정한 사랑은 결국 모든 것을 이긴다. 하지만 아직 충분히 설명되지 않은 걸음걸음이 길목마다 존재한다. 사랑을 수단으로 삼고 사랑을 목적으로 살아가는 부부끼리는 이러한 수단과 목적에 어울리는 과정 역시 필요하다. 이것이 부부 사이에 충족되어야 기초적인 정서가 달래진다. 서로에게 다가가 각자의 정체를 물어봐주고 피부에도 와 닿고 심리적으로도 전달되어야 하는 것이다. 물리적인 접촉점 없이 스스로 모든 것을 해결하고 달랠 수 있다면 굳이 배우자를 경청하고 상대의 이야기를 공감하고 애써 서로를 이해하라는 무수한 권고들을 따를 아무런 이유가 없지 않겠는가. '내가 원하는 것을 상대에게 주라'는 황금률의 원칙마저도 이 정도의 심리적 기초는 갖춰진 후에야 가능한 것이다. 그래야만 부부끼리 용서의 세계로 나아가기가 훨씬 수월해진다.

	자기대화	부부대화
감정 전하기	O	O
사과하기	X	O
화해 구하기	X	O
용납하기	O	O
용서하기	O	O

1단계 스위칭 중간진단

갈등 해결을 위한 점검

1. 나는 가급적 배우자를 빨리 용서하려고 한다. 마음 한구석에 용서에 대한 부담감이 있다.
   → **나는 용서한다기보다 이내 회피한다.**

2. 나는 배우자를 나의 가해자로 정해놓고 용서하는 경향이 있다. 상대를 뭔가 잘못된 사람으로 모는 경향이 있다.
   → **나에게 용서하려는 마음보다 피해의식이 있다.**

3. 나는 배우자보다 우월한 자리에서 용서하는 경향이 있다.
   → **나는 용서한다기보다 나 자신의 도덕적 우월감을 누리려고 한다.**

4. 나는 진정으로 용서하려고 하지는 않는다.
   → **나는 용서한다기보다 내 감정을 외면하고 고립시키는 경향이 있다.**

5. 나는 배우자를 용서한다기보다 그 상황을 벗어나려는 경향이 있다.
→ **나는 이내 그 상황을 포기하곤 한다.**

6. 이번에는 위의 항목을 가지고 반대로 배우자에게 질문해보자. '나는'을 '당신은'으로 주어를 바꾸어 배우자에게 질문해보자. 그리고 배우자의 대답이 어떠한지 가만히 들어만 주고, 그에 따른 자신의 느낌을 작성 해보자.

싸움과 대화의 경계선

배우자를 향한 재판관 심리

그렇다면 먼저 용서하는 사람은 마음이 훨씬 더 넓은 사람이 되는 걸까? 이 같은 전제가 깔려 있는 이상 부부끼리 용서는 점점 어려워진다. 가해자가 먼저 상대에게 용서를 구해야 한다는 생각에는 일종의 힘이 깔려 있다. 내가 도덕적으로 선한 사람이 되고자 하는 힘 말이다. 더불어 가해자에게는 스스로 재판관이 되고자 하는 유혹이 있다. 내가 겪은 피해에 대한 정의로운 심판, 이로써 바로잡으려는 조치, 더 나아가 멈추지 않는 앙심과 솟구치는 복수심을 여전히 내 손아귀의 권력으로 쥐려 하는 것이다.

아내의 마음에도 정의롭지 못한 나를 처단하지 못하는 부당한 심정이 아주 깊이 깔려 있었다. 아주 오랫동안 그래왔다. 아내는 내가 신의를 깬다거나 형평성에 어긋나는 행동을 할 때면 이것을 붙잡고 일종의 심리 단막극을 펼치곤 했다. 그 끝은 그녀가 인내하고 용서하는 수순으로 끝나는 경우가 많았다. 하지만 생생한 심리극이라면 출연자의 잘잘못을 가려내기 전에 우선 주인공의 내면을 실시간으로 드러내면서 그

때마다 관객의 호응을 유도할 것이다. 감정에 충실한 연기자라면 더더욱 그럴 것이다. 하지만 우리가 반복하던 드라마는 주로 다음과 같은 패턴이었다.

아내는 나보다 훨씬 일찍 잠이 들었다. 장모님이 사남매를 길들이기 위해 어릴 때부터 저녁 8시만 되면 불을 끄고 재웠다고 한다. 하지만 새벽녘까지 음악방송을 듣는 것이 습관이 된 나는 아내가 잠든 한밤중에도 부스럭거리기를 반복했다. 그러던 어느 날, 한번은 내가 피곤해서 일찍 자려는데 아내가 TV를 틀었다. 나는 피곤해서 일찍 누운 내 형편을 이해해주지 못한다며 아내를 질타했다. 이는 결국 부부싸움으로 번졌다. 당시 나를 향한 아내의 기초적인 판결은 부당함이었다.

"이건 아니지!" "당신은 더하면서 왜 나는 안 되는데?" "정말로 심한 거 아냐!" "그럴 수는 없다고!" "당신이 틀렸어!"…… 이와 같은 진술이 펼쳐졌다. 아내가 느끼던 진짜 기분은 억울함이었다. 이것이 1차적 기분이다. 하지만 아내는 생각과 판결을 내리는 데에만 익숙해졌던 것이다. 물론 아내의 판단이 잘못되었다는 것이 아니다. 남편인 내가 잘했다는 이야기도 아니다. 다만 본인의 감정을 밀착해서 드러내지 못한 것이 스스로에게도 안타까울 수밖에 없다. '부당하다'라는 판단을 내리기 이전에 '억울하다'가 아내의 주 감정이요, 자기 내면에 가까운 실체였다.

사람은 느끼는 것의 신호를 거부할 수 없다. 내면에서 울려 퍼지는 소리, 톤, 뉘앙스, 표정 등을 멈출 수는 없다. 그런데 "나는 당신이 그럴 때마다 억울하고 답답해! 우울하고 슬퍼져!"라고 이야기하기보다는,

"그건 틀렸어. 어떻게 나한테 그럴 수 있어? 그것은 아니지! 당신은 되고 나는 왜 안 돼? 지금 내 이야기를 듣는 거야, 마는 거야!"라고 말을 쏟아 붓는 경우가 더 많다.

가슴의 응어리는 점차 생각과 판단으로 멀어지는 것이다. 게다가 다투는 과정에서 해서는 안 될 불필요한 말들이 서로에게 오가고 목소리가 점차 커지면서 2차적인 부당함까지 마주하곤 한다. 감정이 흥분된 상황은 아미그달라(Amygdala, 공포나 분노 등 부정적 감정에 반응을 보이는 뇌 속의 편도체)에 적신호가 켜지는 상황이다. 이는 그 자리에서 잘잘못을 가려봐야 결코 풀리지 않는 것들이다. 아무리 배우자가 싹싹 빌어도 "알겠어. 이제 됐어. 모든 게 다 해결됐어" 하며 즉석에서 마음이 풀리지는 않는다. 서로의 생각으로 가려내고 달래지는 시점도 아니다. 이는 마치 문제를 대면하기도 전에 "괜찮아. 말 안 해도 알아. 내가 다 알아서 용서할게. 이제 하던 일이나 계속해"라고 말하면서 대뜸 용서부터 하겠다는 것과 흡사하다.

나도 이와 같은 상황에서는 섣부른 반응으로 아내를 질책한 것이 민망해지기 시작했다. 무척이나 미안하고 너무 부끄러운 것이 진짜 감정이었다. 하지만 이것을 합리화하기 위해 이렇게 저렇게 말이 복잡해진다거나, 전개 과정에서 나도 모르게 버럭 소리를 지름으로써 진짜 나의 감정을 숨기기도 했다. 평소에도 나는 '남자가 뭐 그딴 일 가지고 그래' 하면서 대수롭지 않은 식으로 종종 반응하곤 했지만 실체는 따로 있었다. 감정을 드러내면 가볍거나 남자답지 못하다는 이유로 '남자가 흘리지 말아야 할 것은 눈물만이 아니다'와 같은 우스꽝스러운 휴게소의 신조어를 붙잡고 아무렇지도 않은 듯 살아가고 있었던 것이다. 그러다 쌓인 것들이 어느 한순간 발끈해서는 폭발해버리곤 했다. 아무리 훈련과 여러 수업들을 통해 새로운 가치관을 차곡차곡 쌓아간들 습관적으로 이어져온 패턴은 하루아침에 고쳐지지 않았다. 나 자신을 들여다 볼 매우 기초적인 출발점에 서지 않는 이상, 자신과의 관계든 배우자와의 관계든 점점 멀어지는 수순은 불 보듯 뻔하다.

그러던 어느 날부터인가 우리 부부의 모습이 보이기 시작했다. 여러 우여곡절을 거친 뒤 뒤돌아본 서로의 모습이었던 것이다. 그야말로 기분이 좋아도 안 그런 척, 땀이 나도 안 나는 척, 마치 무더운 날씨 속에서 삿갓도 저고리도 벗지 않고 양반 체면을 유지하던 옛 조상들의 모습 그대로였다. 그래서 가슴 한켠으로는 죽도록 사랑하면서도 사랑한다는 말 한 마디 내뱉지 못했다. 그런 말조차 하지 못하고 인생을 마감할지도 모를, 참으로 부자연스럽고도 안타까운 모습으로 우리 모두 살고 있는 건 아닌지…… 우리가 살고 있는 이 사회는 이 같은 폐단을 많든 적든, 혹은 도덕적으로든 종교적으로든 서로에게 알게 모르게 강요하고 있다.

부부싸움과 부부대화의 차이

결국 참고 인내해야 한다고 심리적으로 압박할 때마다 우리 부부는 도리어 순수한 힘을 잃어가고 있었다. 꾹 참고 용서해야 한다고 여길 때마다 관계는 점점 더 멀어져만 갔다.

결국 나와 아내는 드넓은 바다로 헤엄쳐가기 위해서라도 샘물을 모아 큰 물을 만들어야 한다고 생각했다. 그래서 그 물로 우리 자신을 흘려보내야 한다고 결론을 냈다. 그 한 방울의 꼭짓점은 내가 피부로 느끼는 1차적인 감각, 기분, 느낌부터 온전하게 배우자에게 전하는 것이었다. 먼저 자기 자신에게 내면의 대화로, 그리고 마찬가지로 상대 배우자에게로 점점 흘려보내는 것이다. 상황을 해석하고 분석하고 판단하는 문제는 나중 문제이다. 이것이 내 잘못이니 네 잘못이니 하는 지긋지긋한 평가는 내 마음의 이야기, 나와 가장 가까운 것부터 전하고 나서 벌이는 차후 과제가 되었다. 예를 들면 이런 식의 대화는 어떤가?

"당신이 그럴 때마다 나는 무척 속상해. 억울하고 답답해."
"지난번에도 같은 일로 말했던 이야기를 또 하게 하니까 난 이제 지치고 지겨워."
"당신이 내 말에 관심을 갖고 잘 들어줬으면 좋겠는데 항상 그렇지 못해서 서글프고 안타까워."

하지만 일반적으로 우리에겐 이런 식의 대화가 더 쉬웠던 것 같다.

"당신, 도대체 왜 그래! 그게 맞다고 생각해? 제 정신이야?"
"내 말은 뭐 귓등으로도 안 듣지? 나랑 이야기하겠다는 거야, 말겠다는 거야?"
"내 말이 이제 우스워? 뭐라도 좀 이야기를 해야 할 것 아니야?"

쉽고 빠르다. 이것이 편했다. 하지만 그럴수록 진짜 감정, 자기와의 진정성에서는 멀어져 간다. 옳고 그름을 가리는 게 신속한 건 맞다. 감정보다는 감정적으로 대드는 게 일시적으로나마 통쾌하다. 나보다는 너로, 감정보다는 판단으로, 그렇게 사건에 이어지는 재판을 향해 빠르게 달려가는 것이다.

그렇게 강물은 흘러 결국 바다에 이르지만 이는 마치 심리적으로 마지막 단계에서 직면할 용서를 처음부터 감안해서 재판하는 꼴과도 같다. 용서해야지, 하고 마음먹지 않더라도 무의식적으로는 이미 부적절한 용서를 전제로 판결을 내리는 것이다. 마치 추리소설의 결말을 미리 읽어버려 내용을 다 아는 것처럼, 자신의 인내를 빌미 삼아 상대의 첫값을 종결짓는 꼴이다. 이혼으로 헤어지지 않는 나의 '인내'를 전제조건으로, 내가 내리는 '판결'에 대한 심리적 보상을 상대방에게 감정적으로 요구하는, 대충 시작과 막장이 미리 짜인 구성인 것이다. 일상적으로 벌어지는 부부싸움의 전체 패턴은 대부분 이런 식이다.

그렇기 때문에 쌓인다. 부부싸움은 그래서 내면의 대화, 사과, 화해, 용납의 교류를 뛰어넘고 시간 속에서 점차 잊힌다. 혹은 잔뜩 열 받아 소리친 민망함을 감추기 위해 반복되는 패턴이 되는 것이다. 해소된 것은 하나도 없다. 말은 오갔지만 어느 것 하나 제 것을 이야기한 바가 없다. 재판의 경우도 그렇다. 사실상 본인들이 내릴 판결문을 잘 알고 있다. 미안하고 민망한 것까지도 마음속에는 이미 쓰여 있다. 가해자도 피해자도 그것을 구별할 수 있다. 때때로 그 자리에서 부인하기 일쑤지만 그 상황의 칼날이 너무나 날카롭기에 자신을 설명하지 못하고 있는 것이다. 그래서 사과와 화해를 쉽사리 구하지도 못하고, 용납도 용서도 따라서 멀어지는 것이다.

그러니 판결이 없으면 그것은 대화가 된다. 부부싸움과 부부대화의 차이는 이로써 구별되는 것이다. 배우자를 용서하지 않는 심리는 재판을 판결하는 것과 마찬가지로 망치를 거머쥔 효과를 가져온다. 사과하고 화해하고 용납하는 세세한 과정을 포기하고, 결과적으로 용서하지 않음으로써 그 힘으로 심판의 망치를 흔들어대는 식이다. 용서하기 싫은 심리는 "구차하게 말해봐야 나만 손해야!"라는 말만 내뱉게 하지만, 이미 나 자신도 포기하고 있는 셈이다. 그러는 동안 상대방은 모루가 되는 효과를 얻게 되는 셈이다. 망치를 쥐고 있는 심리적 시간 동안 이 것을 반복해서 누리게 되는 것이다.

이는 배우자와의 관계뿐 아니라 다른 가족들에게도 적용된다. 생전에 아버지를 용서하지 못한다거나, 어머니나 형제들을 용서하지 못하는 가상공간의 심리적 심판도 마찬가지다. 이로써 합리화, 위로, 정당성을 찾으려 한다. 하지만 진정한 보상은 이렇게 이루어지는 게 아니다. 이러한 심리가 바닥에 깊이 깔려 있다 보니 힘들 수밖에 없다. 이들을 심판의 법정에 매일같이 세워야 하기 때문이다. 종결이 되지 않는 공판을 거듭 내려야 하며 시작과 끝을 매번 동일하게 반복하는 패턴이 된다.

우리가 제대로 배운 대로라면 용서란 내 자신이 선한 사람으로 바뀌는 일이었다. 아니면 스스로 재판관의 자리에서 내려오든가…… 그 역할에서 자유로워져야 한다. 자기감정을 표현한다는 의미는, 곧 내가 이

것을 바로잡지 않으면 나 자신이 정의롭지 못한 사람이 된다는 평가에
서조차 물러나는 것 아닐까.

생각은 판결을 발설할 강력한 힘이 있다. 그래서 심판이 가능하다.
하지만 감정은 이것을 유보해준다. 자신에게 정의를 바로잡을 힘이 없
어서가 아니라, 그 힘을 단지 재판하고 평가하는 데 사용하지 않는 것
을 의미한다. 그래서 때로는 생각을 극복하는 힘을 오히려 감정이 갖고
있기도 하다. 비록 상대가 가치 기준에 턱없이 못 미친다 싶더라도 억
지로 힘의 균형을 맞추기 위해 그 힘을 쓰지 않는 것과 같다. 감정을 옳
고 그른 개념으로 구분하지 않듯, 궁극적으로 용서라는 개념도 선악의
개념, 도덕의 개념에서 풀어주어야 한다.

기준	부부대화	부부싸움
대상	나	배우자
시작	나는	당신은
목적	나의 상태 전달	사건의 책임소재 / 원인규명
내용	감정	인지 / 사고 / 판단
반응	현상 파악	결과 평가
과정	1차적 교감	2차 감정유발 / 행위 전개
영향	감정 수용 / 에너지 축적	감정 분산 / 에너지 소비
구성	내 이야기	너의 이야기

부부싸움과 세대 돌보기

감정, 사랑, 용서는 모두 다 현재시제

얼음과 숯은 서로 용납되지 않는다. 예를 들어 계속해서 배우자가 나의 뺨을 때린다면 나는 어떻게 해야 할까? 우리는 상대방을 용서할 수도 있고, 물론 안 할 수도 있다. 하지만 때로는 머리가 어지럽다. 그래도 한 번쯤 실수를 눈감아주거나 너른 아량으로 받아주면 어떨까 하는 부담감이 생기기도 한다. 세상에 실수 한번 안 하고 사는 사람이 어디 있는가. 그래서 은근한 의무감도 생기고 용서하지 못해서 겪는 미지근한 죄책감마저 생기기도 한다.

부부끼리 용서를 이루기 위해서는 기초적인 경계선을 다시 세울 필요가 있다. 여러 가지 미덕과 가치의 다양함과 모호함에서 벗어나 다시 자신의 감정과 밀착해서 출발선에 함께 서야 한다. 이는 인간에게 기본적으로 보장된 권리를 서로 지켜주는 매우 기초적인 작업이다. 이것은 용서를 언급하기 이전에, 마치 얼음을 얼음으로 불러주는 과정이기도 하다. 숯이면 숯이라고 불러주는 과정이다. 그래서 얼음과 숯이 서로 용납되지 못한다는 사실을 있는 그대로 알게 된다. 만약 다시 뺨을 내어줄 경우에도 배우자에게 이렇게 말을 건넨다.

"당신이 나에게 그러는 동안 내 감정은 매우 억울하고 기분이 몹시 불쾌해집니다. 당신이 계속해서 나를 때린다면 나는 당신을 결코 용납할 수 없어요(물론 진정으로 용서하기 위해서라도 말이죠)."

부부끼리 용서를 행하기 위해서는 본인 스스로를 받아들이고 용납하는 감정을 갖는 것에서부터 출발하는 것이 필요하다. 나와 가장 밀착된 것에서부터 진정한 감정을 드러내고 그 사실을 다시 지지하면서 이것을 순차적으로 밟아가는 진정성의 확인 과정이 요구되는 것이다. 감정을 드러내면 관계가 깨질 것이라는, 잘못 설정된 감정에 대한 인식과 두려움을 바로 잡아야 한다. 이 같은 행동설계의 핵심은 특별하고도 새로운 가치를 전달하고자 하는 것이 아니다. 사람과 사람 사이에 공감을 나누는 행위를 통해 원래 주어진 사랑과 용서의 가치를 더욱더 견고히 만드는 것이다.

풀리지 않은 감정은 어디론가 향한다. 한강에서 뺨 맞고 용산에서 화풀이하는 식이 된다. 화풀이를 참아온 공로는 속 사람의 쓴 뿌리를 또 다시 어딘가에 토해내게 된다. 이 과정을 짐짓 놓치게 되면 시간이 한참 지나고 나서야 그때의 기분, 나와 마주하지 못했던 그 시점으로 돌아가 자기 자신을 털어내는 훈련과 학습의 시간, 혼자 풀어내는 한풀이식으로 대체하게 되는 것이다.

'부부싸움은 칼로 물 베기'라는 말은, 때로는 부당하고 불편하더라도 참고 인내하면 시간이 지나는 가운데 잊힐 것이며, 오히려 이로써 되살아나는 사랑의 능력을 표현한 말일 것이다. 하지만 참는 것이 유익하다는 말은 포기의 부작용, 망각의 부작용, 상처의 부작용을 극복할 수 있을 때 적용된다. 진정한 사랑은 오히려 이것을 알려준다. 정말로 내가 취하는 용서가 사랑의 나침반을 가리키고 있는지, 아니면 사랑이 목적이 아닌 용서 또는 인내하는 명분을 실현하려는 것인지를 말이다.

물론 결코 용납되지 않아서 용서를 못하는 것은 아니다. 용납되지 않아도 용서할 수 있다. 감정이 어그러지고 말할 수 없이 치욕적이고 이해가 도저히 안 되는 용서를 우리는 종종 베풀기도 하고 누군가로부터 배우기도 한다. 말도 안 되는 정치를 펼치고도 그들을 대우해주고, 말도 안 되는 무력을 보란 듯이 행사했어도 버젓이 그들을 내버려두는 우리는, 이것을 감정으로는 도저히 납득할 수 없어도 참고 용납하며 용서하기 위해 살아가기도 한다. 그래서 만약 지금 기울이는 노력이 용서인지, 화해인지, 사면인지, 회피인지 고민된다면 이를 가늠하는 지침은, 그 용서라는 것이 단 한 번으로는 완성되지 않으므로, 하루에 한 번씩 매일매일 지속적으로 행하는 현재형의 수고가 되는지의 여부로 알 수 있다.

그렇다면 용서했는데도 틈틈이 치밀어 오르는 분노와 갈등 속에 처해 있다면 이것은 무엇일까? 그것도 용서하고 있는 것이다. 거짓 용서에 대한 유혹과 싸우고 있는 것이다. 배우자를 용서하려고 아직도 노력 중이라면 적어도 부부 안에서 벌어지는 용서란 언제나 현재진행형이라는 사실은 변함이 없기 때문이다.

용서 못하는 엄마보다 그렇게 만든 아빠가 더 밉다

아빠에 대한 이미지는 엄마가 보는 시각을 통해 형성된다. 그래서 엄마가 아빠를 어떻게 바라보느냐에 따라 아빠에 대한 자녀의 평가가 엇갈린다. 만약 부부가 싸움을 하면 이를 바라보는 아이의 시각은 승패를 막론하고 약자의 입장에 초점을 맞추게 된다. 엄마가 아빠를 용서하지 못할수록 아이는 엄마의 시각을 지지하고 정당화시킨다. 따라서 아버지상은 내 것이라기보다 엄마의 시각을 자기화시킨 다면적 초상이 된다.

아내가 종종 나에게 느끼던 부당함은 사실 이것과 밀접하게 닿아 있었다. 나 혼자만의 순수한(?) 작업은 아니었다. 공교롭게도 아내의 어린 시절, 아이의 눈에 비친 아버지는 '부당하다'였다. 이 같은 인식이 강력하게 심겨져버렸다. 이는 엄마의 시각을 통해 새겨진 것이다. 장모님은 당신이 남편에게 겪은 일상에서의 부당함을 종종 자녀들에게 뒷담화로 풀어내고 있었으며 아이들은 은연중에 이를 신념처럼 받아들였다. 아버지에 대한 평가의 근거로 삼고 있었던 것이다.

하지만 부부싸움은 결코 일방적인 게 아니다. 배우자와 여차여차 주고받는 상호교류 과정임에도 아이들은 약자의 시각, 즉 엄마가 바라보는 아빠의 이미지로 아버지를 형상화하기 마련이다. 결국 나에게 느끼던 부당함은 아내가 지금 이 자리에서 느끼는 부당함보다 훨씬 더 큰 백그라운드가 있는 부당함이었다. 나에게 자리 잡은 밑그림은 아내가 어린 시절 바라보던 아빠의 모습과도 유사한 이미지였다. 그 당시 표출하지 못했던 내면의 울분까지 한꺼번에 밀려오는 것이었다.

내가 어릴 적 6~70년대 가정을 돌이켜 보면 그때는 종종 작은 어머니들이 한 울타리에 살고 있는 경우가 많았다. 옆집도 그랬고 윗집도 그랬다. 가부장제 가치관이 이어진 가정에서는 남편이 밖에 나가 바람을 피워도, 다른 식구들에게 불편한 행위가 벌어져도 그 권위에 대해 뭐라 할 수가 없었다. 사회 전반으로도 이 같은 여건이 조성되고 있었다. 가정사에 있어서 창피한 이야기들은 밖에 나가 "말하지 말라" "느끼지도 말라" "생각지도 말라"는 역기능 3종 세트가 활개를 치고 있었다. 나 역시도 이러한 가부장적 환경에서 자라온 터라 아무리 시대가 바뀌고 인식이 변화되었어도 그러한 불균형의 잔재가 남아 있음을 부인할 수는 없다.

남자 아이들 역시 아이의 눈으로 바라보던 아버지상을 기억 속 자기 회로에 저장시킨다. 그래서 어른이 되어서도 아버지에 대한 자기상은 일터가 아닌 가족 안에서 오히려 선명하게 드러난다. 일터에서의 태도, 공식석상에서의 응대는 깔끔하게 이루어진다 하더라도 막상 가정에 돌아와서는 전혀 다른 풍경이 펼쳐지곤 한다. 고객과의 대화, 회장님과의 응대는 신기할 정도로 잘 이루어지면서 가정에서만큼은 이것이 잘 안 된다. 밖에서는 그토록 자상하다고 소문난 남편이 집에 와서는 다른 사람이 되고, 가족들에게만큼은 뜻밖에 색다른 페르소나를 드러내는 것이다. 일터에서 보아온 사람과는 전혀 다른 평가가 가족들로부터 쏟아진다. 스스로도 아이들을 대하기 민망해지고 자책하는 일이 잦아지지만 되풀이되는 상황만 이어질 뿐이다. 프랑스 작가인 앙드레 모루아는 그래서 '가정은 우리 자신을 있는 그대로 보여줄 수 있는 단 하나의 장소다'라고 단언하였다.

가정과 부부 사이에 벌어지는 행위는 지금 이 자리에서의 행위만이 아니다. 아이가 부모와 함께 했던 그 시절에 체감된 기억과 경험과도 하나로 묶여 있다. 기억뿐 아니라 온몸으로 느껴지는 신경과 모든 감각과도 묶여 있다. 아버지로부터 풍겨 나오는 술 냄새, 쨍그랑 소리 내며 던져지는 집안의 집기들, 쾅 하고 벼락 치듯 닫히는 방문 소리, 일상의 소음을 넘어서는 찢어질 듯한 부모님의 고성, 꿍음들…… 이것들이 하나로 묶여서 지금 이 자리가 아닌 과거의 감각들을 하나로 통합해서 묶게 된다.

내가 나를 놓아주지 못하는 것은 결국 부모가 행한 것들을 바라보는 아이의 시각에서 자유롭지 못하다는 의미이기도 하다. 그래서 용서는 현재형이다. 어제의 기억이지만 오늘 꼭 갚아줘야만 하는 대상인 것이다. 지금 나에게 밥을 달라는 사랑의 현재신호와도 똑같다. 용서하게 되면 달리 사랑할 수 있지만 그렇지 못하면 미워하면서도 똑같이 따라하게 되니까 말이다.

배우자를 용서하지 못하는 특별한 이유

1. 용서하는 대신 상황을 이내 회피한다.
2. 용서하는 대신 이내 배우자를 가해자로 만들어버린다.
3. 용서하는 대신 도덕적 우월감을 먼저 느낀다.
4. 용서하는 대신 감정을 고립시킨다.
5. 용서하는 대신 포기한다.
6. 용서하는 대신 배우자에게 복수한다.

7. 용서하는 대신 배우자와 빨리 화해하는 게 더 중요하다.

8. 용서하지 마라. 절대로 상처받지 않는다는 것을 배우자에게 알리기 위해.

9. 용서하지 마라. 배우자(또는 자신)의 실수를 인정하지 않기 위해.

10. 용서하지 마라. 배우자에게 용서받을 자격이 없다는 것을 알리기 위해.

11. 용서하지 마라. 감정적으로 연약한 사람이 아니라는 것을 알리기 위해.

12. 용서하지 마라. 망각하지 않고 기억하는 사람이라는 것을 알리기 위해.

13. 용서하지 마라. 꼭 그 사람이 옳지만은 않다는 것을 알리기 위해.

14. 용서하지 마라. 고통이 즉각적으로 해소되지 않음을 알리기 위해.

15. 용서하지 마라. 배우자가 나를 다스릴 수 없다는 것을 알리기 위해.

16. 용서를 구하지 마라. 어차피 받아들여지지 않을 테니까.

17. 용서를 구하지 마라. 내가 나쁜 사람임을 인정하는 행위가 될 테니까.

18. 용서를 구하지 마라. 어차피 지나간 내 행동을 돌이킬 수 없지 않는가.

19. 용서를 구하지 마라. 용서받을 시점까지 충분한 때를 기다려야 하니까.

20. 용서를 구하지 마라. 너무 쉽게 용서받는다는 인상을 피해야 하니까.

21. 용서를 구하지 마라. 사소한 상처에 연연하는 사람처럼 되니까.

22. 용서를 구하지 마라. 근본적으로 갈등이 다 해소되지는 않을 게 뻔하니까.

23. 용서를 구하지 마라. 아무것도 책임지지 않겠다는 것처럼 들리니까.

24. 용서를 구하지 마라. 여전히 정의는 남아 있지 않는가!

25. 용서를 구하지 마라. 배우자의 입장부터 먼저 듣고 내 입장을 표명해야 하지 않겠는가!

26. 용서를 구하지 마라. 내가 가해자가 된다니까!

감정 표현을 잘 할수록 용서의 개방도는 높다고 한다. 1) 자기집착에서 자유롭고, 2) 타인에게 좋은 인상을 주려는 욕구가 적으며, 3) 자기 평가에서 자의적 요소에 대한 지나친 강조가 적으며, 4) 비교나 열등감을 덜 부각시킨다는 것이다. 또한 이로써 신체적으로 울분이 해소되고, 멍에가 가시고, 호흡이 배꼽 밑으로 내려가면서 어깨 결림, 허리 통증을 밀어내게 되고 점차 심신이 통하는 느낌이 온다고 한다.

반면 감정 표현이 폐쇄적일수록 1) 경쟁적이고 지배적이며 공격적이고 분노성향이 강하며, 2) 자신의 우월성이 의심되는 상황에서 높은 수준의 공격성을 발휘하려 하고, 3) 공정한 분배와 보상이 어려우며, 4) 상대방이 싫어하는 자기 과장을 많이 하고, 5) 감사를 표현할 줄 모르며, 6) 자아가 위협에 처하게 되면 높은 자존감으로 인해 자신의 능력을 훨씬 뛰어넘는 위험스러운 목표에 도전하는 경향들을 보인다고 한다.

S W ITCH

Whying
2단계 팀플레이 _ 함께 살펴보기

받아들이거나 들이받거나
Is it accepting or attacking?

스스로의 감정도 받아들이지 못하면서 하
물며 서로 다른 환경, 서로 다른 경기 방
식, 구별된 가치관, 취향, 습성, 기호 가운
데 자라온 배우자와의 차이를 받아들인
다? 나 자신을 수용하지도 못하면서 상대
방을 이해하고 묵묵히 받아들인다? 부모
를 용서하지도 못하면서 배우자의 배경을
하룻밤 사이에 용서한다?

부부갈등 패턴 진단
(CPC, Couple Pattern Checkep)

1. 식당에서 메뉴를 고르지 못하고 있다면?
   - □ A. 내 맘대로 한다는 비난을 받기 싫어 참고 있다.
   - □ B. 최선의 선택을 하기 위해 고심 중이다.
   - □ C. 그 시간을 즐기고 있는 중이다.
   - □ D. 배우자의 의견을 따르는 것이 속 편하다.

2. 부부싸움 후 이틀째 말을 하고 있지 않다면 왜 그런가?
   - □ A. 내가 얼마나 화가 났는지 알리는 방법이다.
   - □ B. 그저 귀찮을 뿐 별 생각이 없다.
   - □ C. 말없이 지내는 것이 더 편하다.
   - □ D. 더 이상의 싸움을 피하기 위해서이다.

3. 배우자로부터 조언을 들을 때 어떤 기분이 드는가?
   - □ A. 그 조언이 옳더라도 받아들이기 어렵다.
   - □ B. 실상은 나를 비난하고 싶어서 하는 말처럼 들린다.
   - □ C. 스스로 무가치하게 느껴진다.
   - □ D. 배우자로부터 무시를 당하고 거부당했다고 느껴진다.

4. 배우자가 나의 의견에 한사코 반대한다면 왜 그럴 거라고 생각하는가?
   - □ A. 자신의 생각은 반영되지 않았기 때문에
   - □ B. 목적이 뚜렷하지 않고 진부하다고 여기기 때문에
   - □ C. 현실성이 떨어지고 즉흥적이라고 생각하기 때문에
   - □ D. 미리 허락 받지 않은 독단적인 의견이라고 보기 때문에

5. 배우자가 나에 대해 불신한다면 그 이유는?
    - A. 너무 비판적이고 까다로우며 지나치게 신중하다고 한다.
    - B. 지배적이고 민감하지 못하며 융통성이 없다고 한다.
    - C. 즉흥적이고 너무 잘 믿고 시간과 같은 세부적인 것을 무시한다고 한다.
    - D. 결단력이 없고 너무 예민하며 우선순위를 제대로 가리지 못한다고 한다.

6. 나는 언제 배우자에게 존중받고 있다고 생각되는가?
    - A. 내게 감사를 표하고 받아들일 때
    - B. 내 성취와 역할에 대해 존중하고 인정해줄 때
    - C. 나를 주목하고 칭찬할 때
    - D. 내가 하는 일이 아닌 내 존재 자체를 용납하고 존경해줄 때

7. 배우자가 더 알아야 하는 나의 필요는 무엇인가?
    - A. 나는 규칙적인 삶을 좋아하고 실수하는 것을 좋아하지 않고 무의미한 말을 좋아하지 않는다.
    - B. 나는 통제하는 것을 좋아하고 이기는 것을 좋아하며 독립을 얻기 원한다.
    - C. 삶이 재미있기를 원하고 친구와 사교생활도 중요하며 자유 또한 정말 중요하다.
    - D. 나는 평화와 화합을 좋아하고 안정된 환경을 좋아하며 친절한 사람이 좋다.

8. 안전하다고 느낄 때는 어느 때인가?
    - A. 익숙한 환경에서 나의 비판적인 생각이 문제를 해결하는 상황
    - B. 통제로부터 자유하며 타인에게 영향력을 줄 기회가 있는 상황
    - C. 세부적인 것에 대한 자유와 나의 아이디어를 알아주는 상황
    - D. 예측할 수 있는 상황과 정기적인 관계가 지속될 수 있는 환경

9. 대화를 하다가 분위기가 험악해지기 시작할 때 내가 취하는 태도는?
    - A. 상대의 부당함과 나의 정당함에 대해 이야기한다.
    - B. 화제를 바꾼다.
    - C. 재미있는 말이나 가벼운 농담을 한다.
    - D. 말을 끊고 그 자리를 피한다.

10. 거부나 비난을 피하기 위해 취하는 태도는?

    □ A. 변덕스러워진다.

    □ B. 공격적으로 변한다.

    □ C. 변명을 한다.

    □ D. 숨거나 완고해진다.

11. 배우자가 자신이 처한 상황과 책임에 대한 어려움을 토로할 때 어떻게 반응하는가?

    □ A. 보다 객관적으로 판단하여 조언을 해준다.

    □ B. "우리 모두 어느 정도의 책임과 어려움이 있기 마련"이라고 말해준다.

    □ C. 나에게 있는 어려운 상황을 함께 토로한다.

    □ D. 마음이 아프지만 현실적으로는 대안이 없어서 그저 듣고만 있을 뿐이다.

12. 내가 배우자를 쉽게 용서하지 못하는 이유는?

    □ A. 말과 행동이 이치에 맞지 않는다.

    □ B. 너무 고리타분하고 세상을 모른다.

    □ C. 너무 형식적이고 내 감정을 고려하지 않는다.

    □ D. 번번이 더 많은 희생을 요구할 것 같다.

13. 배우자가 중요한 결정을 혼자 하는 이유는?

    □ A. 내가 너무 생각이 많고 비판적이기 때문이다.

    □ B. 상대방을 고려하지 않고 너무 앞서서 결정하기 때문이다.

    □ C. 세부적인 것을 고려하지 않고 즉흥적으로 결정하기 때문이다.

    □ D. 결정하는 데 시간이 많이 걸리고 새로운 결정을 하기 어렵기 때문이다.

14. 배우자가 며칠간 없어도 좋을 것 같다면 그 이유는?

    □ A. 나의 사생활을 보장받고 싶다.

    □ B. 통제로부터 자유를 원한다.

    □ C. 아무것도 안 하는 자유를 갖고 싶다.

    □ D. 갈등에서 벗어나고 싶다.

부부갈등 패턴 진단(CPC) 작성지

앞 진단표의 질문을 읽고 본인에게 가장 많이 해당되는 항목부터 4, 3, 2, 1 순서로 작성해보자. 각 항목의 점수를 아래로 합산해서 합계점수를 적어보자. A, B, C, D 네 항목의 가로 합산 점수가 총 140점이 나오게 된다.

구분	A	B	C	D
1				
2				
3				
4				
5				
6				
7				
8				
9				
10				
11				
12				
13				
14				
합계	A (P1)	B (P2)	C (F1)	D (F2)

CPC 진단결과 활용하기

CPC는 부부 간의 갈등을 유발하고 그 갈등을 더 깊게 만드는 기초 성향을 알아보는 자기 진단이다. 진단 점수가 가장 높게 나온 영역이 자신과 가장 가까운 패턴 성향이라고 할 수 있다. 본인의 진단결과 점수를 아래 표에 기입하고 다이어그램도 함께 그려보자(다이어그램은 아래 〈그림2-1〉 〈그림2-2〉 CPC 진단결과 활용하기 샘플을 참조할 것).

P1	P2	F1	F2

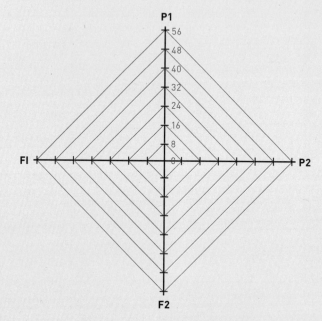

〈그림 2-1〉 CPC 진단결과 활용하기 샘플 1

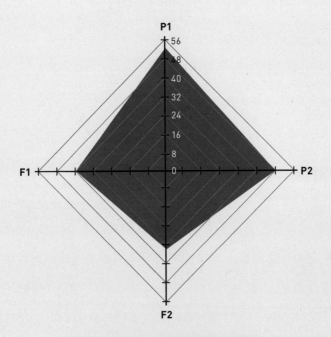

〈그림 2-2〉 CPC 진단결과 활용하기 샘플 2

당신은 어떤 패턴그룹에 속하는가?

패턴은 크게 P(Pride)패턴과 F(Fear)패턴, 두 가지로 나눌 수 있다. 먼저 P패턴의 사람들은 얽히고 꼬인 상황에서 과도하게 자아를 보호하면서 동시에 공격적인 성향을 드러낸다. 자신에 대해 부풀려 이야기하고 생각처럼 풀리지 않을 때 수시로 화를 내기도 한다. 반면 F패턴의 사람들은 힘든 상황이 닥치면 얼어붙는다. 수동적으로 대응하고, 문제를 외면해버리기도 한다. P패턴과 F패턴의 사람들은 각각 전혀 다른 양상을 보이는 것 같지만, 실상은 같은 원인에서 출발하고 있다. 두 가지 패턴 모두 스스로를 보호하기 위한 대응책이기 때문이다.

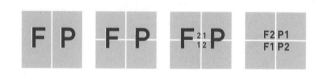

패턴의 구별 단계

이 두 가지 패턴은 다시 P1-P2-F1-F2로 세분화시킬 수 있다. 패턴이라는 것은 고유한 본인의 감정을 굴절시킨 감정적 반응에서 출발한다. 자기본능, 자기에고, 자기경계 등 이기적 성향을 지각반응의 결과물로 나타내는 것이다. P1과 P2패턴은 공격성을 무기 삼아 Freeze(완고해지거나 비판적인) 또는 Fight(싸우는, 투쟁적인) 형태로 전개된다. 그리고 F1과 F2패턴은 수동성에 기초하여 각각 Frail(흐트러지거나 분산적인), Flight(피하는, 회피적인)의 행동양식을 구축한다.

F2-A. **실패감**	이번에 실패했으니 계속 그럴 거라며 실의에 젖는 유형	**P1-A.** **적대감**	원칙이나 생각의 차이가 있으면 감정부터 어그러지는 유형
F2-B. **거절감**	과거의 일로 앞으로도 계속 거절당할지 모른다며 미리 포기하는 유형	**P1-B.** **분노**	뜻대로 안 되거나 자신이 피해를 입었다고 생각되면 격해지는 유형
F2-C. **열등감**	자신의 가치가 남보다 못하다고 여기는 유형	**P1-C.** **완고함**	자신의 의도와 다르면 말을 막아버리고 무조건 비판하는 유형

F2 | **P1**

F1 | **P2**

F1-A **무기력**	뭘 하기에 아직 때가 아니거나 부족한 점이 있다고 여기는 유형	**P2-A** **불신**	남을 믿으려 하지 않고 의심하는 유형
F1-B **자기 연민**	불운한 일이 생기면 자책하고 불행해하는 유형	**P2-B** **무시**	말을 잘 듣지 않고 남을 이해하려 하지 않는 유형
F1-C **죄책감**	일이 잘못되면 자기 때문이니 스스로 죄의 대가를 치러야 한다고 여기는 유형	**P2-C** **우월감**	자신이 그 누구보다 중요하고 뛰어나다고 여기는 유형

P1 패턴 (FREEZE)

비난하고 따지는 고슴도치 형

갈등 유발 상황

- 보고 들어도 공감하지 못하는
- 상대방의 형편을 이해하지 못하는
- 상황을 고무하지 못하는
- 적극적으로 칭찬하지 못하는

- 창의성을 살리는 말로 북돋우지 못하는

- 남의 충고에 귀 기울이지 않는

- 좀처럼 굽히지 않는

- 가르침 받으려 하지 않는

갈등 전개 형태

- 적의를 품는
- 적개심을 지닌

- 반항하는
- 싸우고자 하는

- 성을 내는
- 발끈하는

- 노여워하는
- 치밀어 오르는

- 참지 못하는
- 남의 충고에 귀 기울이지 않는

- 좀처럼 굽히지 않는
- 가르침 받으려 하지 않는

패턴의 속성

비판적이다. P1패턴의 유형을 가진 사람들은 스스로를 과도하게 증명하려고 상대의 잘못을 꼬치꼬치 캐묻기 쉽다. 스스로도 실패에 대한 심한 거부감을 보인다. 따라서 결과에 대해 부정적인 평가를 내리는 다른 사람들을 비판하기도 한다. 이들은 자기 에고를 지키지 못할 것만 같은 두려움에서 벗어나기 위해 교만한 태도를 보인다. 상황이 변해도 자신의 입장을 고수해 독선적으로 비치기도 한다. 매사에 매우 치밀하게 계산하므로 그 신중함이 지나쳐 타이밍을 놓치는 경우가 있다. 자신의 경험과 지식을 검증하기 위해 결정을 미루기 때문이며 하나라도 실패할 경우 자신의 명예를 떨어뜨릴 수 있다고 생각한다. 자신의 생각에 지나치게 확신을 가지고 있기 때문에 더 합리적인 방법이 있어도 쉽게 수용하지 못한다.

자신의 생각과 판단이 왜곡되었다 하더라도 깨닫지 못하는 경우도 많다. 자신이 세운 계획에서 일이 어긋나면 스스로 비판하는 것도 마다하지 않는다. 이 유형의 사람들은 속으로 끊임없는 판단을 내리며 상황이 좋지 않을 경우 자신의 경험과 지식을 옹호하는 데 급급하고, 자기 주장이 관철되지 않을 경우 분노를 밖으로 표출한다. 자신의 경험과 생각은 곧 자신이라고 생각하기 때문에 의견이 받아들여지지 않는 상황에서는 예민하고 까다로워진다. 남의 조언을 비난으로 받아들이며 좀처럼 가르침을 받지 않으려고 한다. 이 때문에 소통이 원활하지 못하고 참을성이 부족하다.

P1패턴의 주요특성			
◻ 자아 비판적	◻ 계산적	◻ 비타협적	◻ 부정적
◻ 의구심	◻ 자기중심적	◻ 비사교적	◻ 까다로움
◻ 비교주의	◻ 완벽주의	◻ 방법론적	◻ 회의주의
◻ 예민함	◻ 과업 중심적	◻ 비소통	◻ 경쟁적

배우자와의 소통방식

이루고자 하는 일에 대한 기대가 크고 완벽을 추구하기 때문에 배우자에게 까다로운 조건을 제시하고, 완벽하게 해내지 못할 경우 심하게 비판하기도 한다. 머릿속으로 미리 이상적 상황을 확고하게 그려두고 그것을 이루고자 하므로 유연하지 못하다. 정보 공유를 위한 개방도가 낮고 독선적으로 의사소통을 한다는 평을 듣는다. P1패턴을 가진 사람은 자신의 이상을 중심으로 가치를 접목시키려고 하며, 상황이 좋지 않을 경우 자기 경험에 따라 부정적인 의견을 내놓는다. 엄격한 자기 기준이 있으므로 배우자가 제시하는 더 합리적인 방법을 흔쾌히 수용하지 못하며, 자신의 생각과 해석이 왜곡되었다 할지라도 쉽게 인정하지 못한다. 자신의 의견이 받아들여지지 않을 경우 예민하고 까다로워지며 적대적인 반응을 보인다. 배우자의 조언도 비난으로 받아들여 가르침을 받으려 하지 않는다.

주로 하는 말

"그건 좀 이상하다. 그게 아니지."

"네 까짓 게 뭘 안다고 그래?"

"내가 말이야, 왕년에……."

"쟤는 좀 혼이 나야 해."

"다 날 싫어하는 것 같아."

"난 아무렇지도 않아."

함께 돌봐줄 영역

적대감, 분노, 완고

P1-A. 적대감Hostility	서로의 원칙이나 생각의 차이, 저항이나 충돌이 있을 때 감정적으로 대처하는 태도
	특징 : 적의를 품는, 적개심을 지닌, 저항하는, 싸우려고 하는
P1-B. 분노Anger	일이 뜻대로 되지 않거나 자신이 피해를 받았다고 생각하면 분노하는 태도
	특징 : 화를 참지 못하는, 발끈하는, 노여워하는, 치밀어 오르는
P1-C. 완고함 Stubbornness	자신의 뜻이 아니면 합리적인 제안도 가로막고 비판하는 태도
	특징 : 남의 충고에 귀를 기울이지 않는, 뜻을 굽히지 않는, 고집이 센, 가르침을 무시하는

함께 돌봐줄 내면의 대화

"실수하는 것은 옳지 않아."

"틀려서는 안 돼."

"감정에 빠지는 것은 옳지 않아."

"잘못되는 것을 막아야 해."

P2 패턴 (FIGHT)

지배적이고 전투적인 백상아리 형

갈등 유발 상황

- 먼저 듣기보다 말하려 하는
- 미리 답을 두고 대하는
- 아예 듣지 않거나 눈을 마주보지 않는
- 들으면서도 의혹을 품거나 추측하는
- 듣고도 모르는 체하는

- 상대의 감정표현을 경시하며 간과하는
- 상대의 의견이나 과정보다는 결과로 이야기하고자 하는
- 돌려서 이야기한다 해도 자신이 보다 중요하다고 나타내는
- 자신에 대한 경험이나 평가를 높이는

갈등 전개 형태

• 믿지 않는	• 의심이나 의혹을 품는
• 남을 강하게 의식하는	• 혐의를 거는
• 추측하는	• 결과를 불확실하게 여기는
• 모르는 체하는	• 경시하는
• 간과하거나 소홀히 하는	• 방치하는
• 자신이 보다 중요하다고 여기는	• 자신에 대한 평가가 높아진

패턴의 속성

지배적이다. 상황을 자기 뜻대로 바꾸고 싶어 하고 자신이 통제당할지 모른다는 두려움 때문에 늘 긴장하고 있지만 이것을 도리어 전략적으로 이용하기도 한다. 자신을 드러낼 명분과 뚜렷한 결과물을 원하므로 목표가 명확하지 않을 경우 상대를 불신하고 권위적인 지배자의 모습으로 비춰지기도 한다. 이 패턴을 지닌 사람을 이끌어가는 요인은 '전능적인 힘'이기 때문에 권위를 얻기 위해 애쓴다. 목적을 이루지 못할 수 있다는 두려움이 호전적인 성향으로 드러난다.

성공에 대한 집착이 지나쳐 업적을 위해서라면 기회주의적이고 교활

해지기까지 한다. 또한 자신의 목표를 방해하는 요인들을 제거해야 한다고 생각하고 방해되는 사람에게는 보복도 서슴지 않는다. 자신의 방식이 아닌 것을 불신하고 비난하거나 폄하한다. 자신의 가치와 목적이 우선이기 때문에 타인의 목적에는 무심하게 비춰질 수 있다. 상대를 움직이고 지배하려고 한다.

P2패턴의 주요특성			
□ 권위적	□ 성과 지향적	□ 목적론적	□ 공격적
□ 경솔함	□ 자기중심적	□ 비사교적	□ 조급함
□ 기회주의	□ 거만함	□ 적대적	□ 권력 지향적
□ 지배적	□ 독선적	□ 과업 중심적	□ 비현실적

배우자와의 소통방식

자신의 욕망에 대해 지나치게 집착하며 배우자를 배려하지 못하고, 타인에게는 무관심하다. 따라서 상대방은 자기를 무시한다고 느낄 수 있다. 자존감이 높아 지나친 우월감으로 흐르기도 한다. 목적이 분명하며 무엇인가를 이루기 위해 필요한 전략을 세우는 것을 좋아한다. 상황을 주도하려는 욕망이 있으므로 끊임없이 긴장한다. 이 패턴을 지닌 사람들은 거시적이고도 목적 지향적인 유형이기 때문에 자신을 드러낼 이야기거리와 명분을 내세운다.

스스로의 욕망을 실현할 결과를 얻으려는 마음에서 상대에게 지시하므로 권위적인 느낌을 준다. 뜻하는 일에 지나치게 집중하게 되면 서로

협력하기보다는 본인이 단독으로 일을 진행하려고 한다. 다른 이들의 감정이나 권리를 무시하고 자신의 목표를 방해하는 요인들을 제거하려고 한다. 자신과 다른 의견을 비난하거나 폄하하기도 한다. 이 유형 사람들의 핵심 키워드는 지배력이다. 권위를 얻기 위해 목적 지향적, 과업 중심적으로 행동하며 주장을 강하게 펼친다. 상황과 문제를 타파하는 데 있어서 호전적인 의사방식을 구사한다.

주로 하는 말

"뭘 할 거면 나 정도는 돼야지."

"관둬, 집어치워!"

"한번만 더 해봐라. 내가 가만두지 않을 테다."

"어디서 감히!"

"내가 알아서 할 테니까 넌 신경 꺼."

함께 돌봐줄 영역

불신, 무시, 우월감

P2-A. **불신**Distrust	타인을 신뢰하지 못하는 태도
	특징 : 신뢰하지 않는, 믿지 않는, 의심하는, 의혹을 품는, 혐의를 두는, 수상히 여기는, 결과를 불확실하게 여기는, 뚜렷하지 않은
P2-B. **무시**Ignorance	타인에게 무관심하고 이해하려고 하지 않는 태도
	특징 : 성을 내는, 화를 내는, 발끈하는, 노여워하는, 참지 못하는, 치밀어 오르는
P2-C. **우월감**Superiority	자신의 지위나 서열, 가치가 남들보다 훨씬 높고 크다고 여기는 태도
	특징 : 지배적인, 남을 강하게 의식하는, 자의식이 강한, 스스로에 대한 평가가 좋은

함께 돌봐줄 내면의 대화

"약한 모습을 보이는 것은 옳지 않아."

"멈춰서는 안 돼."

"움직이지 않고 가만히만 있으면 안 돼."

"누군가에게 의지하는 것은 옳지 않아."

F1 패턴 (FRAIL)
흐트러뜨리고 분산시키는 스컹크 형

갈등 유발 상황

- 듣기보다는 주로 말하려 하는
- 자기 관심 밖의 것이면 집중하지 않는
- 남의 이야기 그대로를 받아들이지 못하는
- 상대의 감정 표현을 자신의 입장에서 해석하는
- 이야기의 핵심과 사건을 집중해서 듣지 않는
- 상대의 감정 표현을 달리 나타내는
- 자신의 감정 표현을 강하게 드러내는
- 남의 입장을 고려하지 않는
- 듣는다 하더라도 산만한
- 이야기 가운데 남을 부주의하게 평가하는

갈등 전개 형태

- 절망적인, 가망 없다고 여기는
- 자포자기하는
- 희망을 잃은
- 우울한
- 동정으로 보상받으려 하는
- 지난 일을 후회하는
- 자격을 부정하는
- 존재를 부인하는
- 비난을 면치 못하는
- 잘못된
- 과실의
- 허물의

패턴의 속성

F1패턴의 사람들은 자신을 실제보다 지나치게 연민하고 이를 누군가로부터 동정 받음으로써 해소하고자 한다. 이는 실제로 일어나는 일과 별개로 스스로가 훨씬 피해를 당하며 살고 있다고 생각하기 때문이다. 이렇게 현실을 왜곡하기 때문에 상황을 주도적으로 해결하기보다는 회피하는 편이다. 중요한 결정을 할 때도 현실을 직시하지 않고 즉각적인 감각과 순간적인 감정에 따라 결정한다. 감정의 굴곡이 크므로 불안하고 산만하다. 문제에 봉착했을 때 문제 해결의 실마리를 찾기보다는 불행이 자신에게만 일어난다는 생각에 사로잡혀 후회만 하고 실제로 행동을 하지 않는다.

그리고 문제를 해결하려 하지 않고 다른 사람의 동정에 호소하는 등 무기력한 모습을 보이는 일이 많다. 일의 결과보다는 사람 사이의 관계를 중심에 놓고 행동하지만, 다른 사람의 감정과 현실을 자신의 기준에 맞춰 생각하여 오해를 사기도 하고 상처를 주기도 한다. 또한 타인에게 이해를 얻기 위해 필요 이상으로 자신의 처지를 털어놓기도 한다. 감정적으로 말을 하다 실수를 하거나 거짓말을 하게 되어 신의를 잃는 경우도 있다.

이 유형의 사람들은 세부적인 계획을 잘 세우지 못하고, 시간 관리 능력도 부족하다. 우발적이고 즉흥적으로 행동할 때가 많으므로 일관성이 없고, 체계적인 틀 안에서 치밀하게 수행해야 하는 일을 꽤 어려워한다. 쉽게 결심하지만 그것을 또 쉽게 망각하기 때문에 일의 마무리를 제대로 짓지 못한다. 다른 사람을 잘 믿고 의지하지만, 기대만큼의 반응을 얻지 못할 경우 크게 실망하고 자기연민에 빠진다. 또한 그러한 상황을 다른 사람에게 털어놓으며 험담을 하기도 한다.

F1패턴의 주요특성

□ 즉흥적	□ 관계 중심적	□ 위선적	□ 비현실적
□ 충동적	□ 변덕스러움	□ 불안정성	□ 감정적
□ 산만함	□ 무계획성	□ 쾌락적	□ 부주의성
□ 망각성	□ 불규칙적	□ 피상적	□ 방만함

배우자와의 소통방식

감정적 반응이야말로 이 사람들의 가장 큰 특징이다. 사실에 근거해서 사안을 판단하기보다는 감정적이면서 즉흥적으로 반응한다. 일관되지 못하고 소통할 때 산만하다. 체계적이고 일관성 있게 말을 하기보다는 즉흥적으로 발설하기 쉽다. 관계에 무게 중심을 두고는 있지만 배우자의 감정에 이입하기보다는 자신의 감정에 충실하기 때문에 상대를 세심히 챙기지 못한다.

또한 대체로 배우자에게 자신의 입장에 대한 이해를 구하려다 보니 필요 이상의 말을 하기도 한다. 또한 배우자를 배려하기보다는 감정을 직접 표현해버려 실수를 하거나 거짓말을 하게 될 때도 있어 위선적인 모습으로 비칠 수 있다. 업무상의 어려움이나 갈등이 있을 경우 문제 해결의 실마리를 분석과 관찰에 의지하기보다는 감정적인 동기에 의해서만 움직인다.

주로 하는 말

"내가 하는 일이 다 그렇지 뭐."

"인생 뭐 있어. 다 그렇지."

"난 잘 몰라요. 나 같은 게 뭘 알겠어."

"내 주제를 알아야지."

"왜 나만 가지고 그래요?"

함께 돌봐줄 영역

무기력, 자기연민, 죄책감

F1-A. 무기력 Hopelessness	문제를 해결할 수 없을 거라고 생각하는 태도
	특징 : 가망 없다고 여기는, 절망하는, 자포자기하는, 희망을 잃은, 우울한
F1-B. 자기연민 Self-pity	자신의 불운이나 슬픔을 과도하게 의식하는 태도
	특징 : 동정 받으려고 하는, 지난 일을 후회하는, 자격을 부정하는, 존재를 부인하는
F1-C. 죄책감 Condemnation	자신이 한 행위의 대가로 응당한 벌이나 고통을 받아야 한다고 여기는 태도
	특징 : (스스로를) 비난하는, 악덕하다고 여기는, 과실이 있다고 여기는

함께 돌봐줄 내면의 대화

"남과 같은 것은 옳지 않아."

"나 자신이 되지 않으면 안 돼."

"내 기분에 충실히 따르지 않으면 안 돼."

"너무 규칙적인 것은 좋지 않아."

F2 패턴 (FLIGHT)

회피하고 묻어두는 자라 형

갈등 유발 상황

- 상대의 이야기에 깊이 관여하기 꺼리는
- 관심을 두지만 경계하는
- 남의 이야기를 자기와 상관없는 것으로 구별하는
- 자신의 감정표현에 방어적이며 적극적이지 않은
- 상대의 감정표현을 애써 해석하지 않으려 하는
- 이야기의 핵심과 사건을 멀리하고자 하는
- 자신의 감정표현을 되도록 피하려 하는

갈등 전개 형태

- 쇠약한
- 쇠퇴한
- 감퇴한
- 잘못된
- 부족한
- 불충분한

- 결핍된
- 받지 못한
- 불합격된
- 보다 못한
- 상대적으로 무능한
- 자신을 부정하는

- 거부된
- 부인된
- 받아들여지지 않은
- 하위의
- 상대적으로 무가치한

패턴의 속성

다른 사람들에게 영향을 쉽게 받기 때문에 타인의 감정에 민감하다. 관계가 악화되었을 때는 숨기도 하지만 도리어 완고해지기도 한다. 이 유형의 사람들은 압박과 갈등, 긴장과 분리 등을 두려워하고 수동적인 성향으로 문제를 회피해버리는 특성을 보인다. 그런 성향으로 인해 책임져야 하는 역할을 맡지 않으려 하고 특정 권위자들을 두려워하기도 한다. 그런데 이때의 권위자는 실체가 있다기보다 상상에서 만들어낸 가상의 권위자인 경우가 많다. 자신의 역할과 가치를 중요하게 여기지 않는 경우가 많다. 안정을 추구하는 이유는 실패나 거절에 대한 고집스러운 두려움 때문이다. 과거의 단편적인 경험이 미래에도 이어질 것이라는 내면의 주장에 사로잡힌다.

이 유형의 또 하나의 성향은 안정에 대한 집착이다. 변화를 거부하는 완고함으로 인해 갈등을 회피하고, 변화나 새로운 시작에 대한 동기부여가 부족해 현재 상태에 정체되기 쉽다. 관계가 나빠질 것에 대한 두려움 때문에 갈등을 피하기 위해 들어주기 힘든 부탁도 거절하지 못한다. 이 때문에 우유부단하게 비칠 수 있다. 새로운 계획과 결정에 개입하기를 싫어한다. 자신감이 결여되어 있으므로 자기를 방어하려 하고 열등감에 사로잡혀 스스로의 가치를 폄하하고 나 자신이 몹시 부족하다는 생각을 한다. 그 부작용으로 다른 사람들에게 인정을 받기 위해 무슨 일이든 늘 열심히 해야 한다는 강박관념에 지나치게 사로잡히기도 한다.

F2패턴의 주요특성

□ 수동적	□ 조직 중심	□ 불확신성	□ 안정 집착형
□ 완고함	□ 자기방어	□ 갈등 회피형	□ 소심함
□ 우유부단함	□ 목표 부재	□ 추진력 결여	□ 두려움
□ 무사안일	□ 관계 중심	□ 도피성	□ 방관적

배우자와의 소통방식

상대방의 의견에 영향을 받기 쉽고, 다른 사람들의 감정에 민감하다 보니 관계가 악화되거나 책임이 부과되는 상황에서는 자신의 감정을 숨기고 도리어 완고해지기도 한다. 상대방과의 관계를 훼손할 만한 말은 되도록 피하고, 갈등을 피하려고 하므로 수동적이 된다. 문제 상황을 직면하지 않고 갈등 상황을 회피하고, 결정을 내리는 일에도 신속하지 못하다.

이 유형의 사람들은 안정에 집착하므로 변화나 새로운 도전을 하지 않으려 한다. 이 때문에 정체되기 쉽다. 배우자의 감정에도 관심을 두고 있고 주로 상대방의 말을 듣는 편이지만 마음속에서는 상황을 경계하고 있다. 어떤 일에 확신하지 못하며 방어적인 태도를 취한다. 일을 추진할 때도 자신감 결여로 인해 배우자에게 의사 결정권을 넘겨버리는 수동적인 태도를 취한다.

주로 하는 말

"난 이미 그렇게 일이 되어버릴 줄 알았어."

"지난번에 말하지 않았던 이유는 바로 그 때문이에요."

"내가 그때 그것만 했어도 지금쯤은……."

"그것만 해결되면 그때부터는……."

"더 이상 저한테 뭐라고 하지 마세요."

함께 돌봐줄 영역

실패감, 거절감, 열등감

F2-A. 실패감Failure	과거에 성과를 이루지 못한 경험에 비추어보아 앞으로도 그럴 것이라고 여기는 태도
	특징 : 쇠약한, 감퇴한, 낙제된, 잘못된, 부족한, 불충분한, 결핍된
F2-B. 거절감Rejection	과거에 용서받지 못했던 경험으로 인해 지금도 스스로가 거부당하고 있고, 앞으로도 그럴 것이라고 여기는 태도
	특징 : 거부된, 부인된, 불합격된, 받아들여지지 않은
F2-C. 열등감Inferiority	자신의 지위나 서열, 가치가 남들보다 못하다고 여기는 태도
	특징 : 하위의, 상대적으로 무능한, 상대적으로 무가치한, 스스로를 부정하는

함께 돌봐줄 내면의 대화

"너무 내 주장을 하는 것은 옳지 않아."

"너무 나서서는 안 돼."

"너무 내 것만 생각해서는 안 돼."

"너무 편안하게 있는 것은 옳지 않아."

구분	P 패턴	F 패턴
성향	공격성Aggression	수동성Passivity
특성	상대방을 지배하고 장악하려는 성향	자신의 가치를 평가절하하고 문제를 회피하려는 성향
대응책	겸손함	솔선수범

기초 패턴의 그룹별 이해

F 패턴의 폐단	P 패턴의 폐단
우울함	자기 과대화
무가치함	자기 과시
수치심	특권의식
자학	과대포장
굴욕감	타인과 비교하여 의기양양함
자기 존재 이유를 부정함	모든 상황을 자신이 지배하려 함
낮은 자존감	자만심
시기심	완벽주의
열등감	상처를 받을 수 없다는 믿음
의존적임	타자를 가치 절하함
타인을 이상화함	고립감
무력감	우월감

각 패턴의 폐단

반복되는 그들 삶의 패턴

남편이 어느 날 늦게 들어왔다. 안그래도 아내가 늘 벼르고 있던 차였는데 이날 때마침 늦게 들어온 것이다. 아내의 가슴 한켠에는 예견된 분노가 차오르고 있었고, 이 분노는 남편이 현관문에 들어서는 도중에 말없이 전달되었다. 아내는 반갑게 남편을 맞이하며 인사하는 대신 가스레인지의 손잡이를 잔뜩 힘주어 돌렸다. 남편은 어찌되었건 아내가 자신을 환대하지 않는 것에 미약하나마 불안을 느꼈다. 왜 늦었는지 제대로 설명할 기분도 싹 사라지고 그러면서 알 수 없는 자기연민이 밀려왔다. 그도 역시 아내에게 다가가는 대신 혼자 방으로 들어가 옷을 갈아입고는 컴퓨터 모니터 앞에 앉았다.

대충 그렇게 시간을 보내며 늦은 저녁식사를 기다렸다. 아내는 남편이 자신에게 다가와 먼저 인사를 건넨다거나 늦은 귀가를 두고 미안하다고 사과하지 않은 것에 더더욱 화가 치밀어 올랐다. 그리고 속으로 남편을 비난하기 시작했다. 잠시 후 그 둘은 식탁에 마주 앉았다. 두 가지 중 하나를 선택해야 한다. 터뜨릴 것인가 말 것인가…… 하지만 남편도 아내도 그럴만한 에너지나 동기가 전혀 없다. 상황을 이내 포기하고는 차가운 분위기 안에서 단조로운 식사를 이어갔다.

밥상을 물리자마자 아내가 먼저 TV를 켰다. 냉장고 안에서 어제 먹다 남긴 아이스크림을 꺼내 먹기 시작했다. 남편 역시 냉장고 한쪽 구석에 있던 캔맥주를 따서는 컴퓨터 모니터 속으로 들어갔다. 미리 머릿속에 기억해둔 스포츠 경기를 보기 위해서다. 그렇게 그들은 자신의 기호와 습관적인 행위로 나름의 보금자리를 향해 찾아가고 있었다.

부부의 반복되는 경기방식

위 상황을 정리해보면 마치 테니스 경기에서 공을 한 스트로크씩 주고받는 양상이 펼쳐진다. 처음 넘긴 서브가 좋지 않았다고 할 수 있겠지만 어느 시점부터는 특별히 무슨 잘못을 누가 했는지 단정 지을 수 없는 랠리가 펼쳐진다. 시작과 끝을 명확히 알 수 없는, 그래서 파울 규칙도, 경기의 룰도 구분 지어 규정할 수 없는 동작들이 연이어 펼쳐진다. 대체 어디서부터 잘못된 걸까? 지금 상황으로만 봐서는 상호간에 잘잘못의 진위나 소재를 알 수 없는 꼬리에 꼬리를 무는 플레이가 전개되고 있는 것이다. 이 부부의 상황을 다시금 표로 정리해보자.

과정	남편	아내
1	늦게 들어왔다.	
1'		전부터 벼르고 있었다. 분노가 차오른다. 남편에게 눈길을 보내지 않는다. 인사를 하지 않는다.

2	안전하지 못하다는 것을 느낀다. 자기연민으로 이어진다.	
3	혼자 방으로 들어가 옷을 갈아 입는다. 컴퓨터 모니터 앞에 앉는다.	
3'		남편이 미안하다고 사과하지 않는 것에 더욱 화가 치밀어 오른다. 속으로 남편을 비난한다.
4	지금 벌어지는 상황에 대해 전혀 말이 없다.	지금 벌어지는 상황에 대해 전혀 말이 없다.
5	식사를 한다.	식사를 한다.
6	컴퓨터를 켠다. 냉장고에 있는 캔맥주를 마신다.	TV를 켠다.
7	결국 대화가 없다.	결국 대화가 없다.

실행 1

이 상황에서 남편과 아내가 느끼고 있을 감정을 다음에 제시하는 표의 괄호 안에 대입해보자.

과정	남편	아내
1	늦게 들어왔다.	( )
1'	( )	전부터 벼르고 있다. 분노가 차오르고 있다. 인사를 하지 않는다.
2	안전하지 못하다고 생각한다. 자기연민을 이어간다.	

과정		
3	혼자 방으로 들어가 옷을 갈아 입는다. 컴퓨터 모니터 앞에 앉는다.	( )
3'	( )	미안하다고 사과하지 않는 것에 더욱 화가 치밀어 오른다. 속으로 비난한다.
4	지금 상황에 대해 말이 없다. ( )	지금 상황에 대해 말이 없다. ( )
5	식사를 한다. ( )	식사를 한다. ( )
6	컴퓨터를 켠다. 냉장고에 있는 캔맥주를 마신다. ( )	TV를 켠다. 냉장고에 있는 아이스크림을 먹는다. ( )
7	결국 대화가 없다. ( )	결국 대화가 없다. ( )

실행 2

그렇다면 이번에는 각자 마음속으로 하고 있을 이 부부의 생각과 판단을 표 안의 '_____'
에 대입해보자.

과정	남편	아내
1	늦게 들어왔다.	'_____'
1'	'_____'	전부터 벼르고 있다. 분노가 차오르고 있다. 인사를 하지 않는다.
2	안전하지 못하다고 생각한다. 자기연민을 이어간다.	

3	혼자 방으로 들어가 옷을 갈아 입는다. 컴퓨터 모니터 앞에 앉는다.	'_____'
3'	'_____'	미안하다고 사과하지 않는 것에 더욱 화가 치밀어 오른다. 속으로 비난한다.
4	지금 상황에 대해 말이 없다. '_____'	지금 상황에 대해 말이 없다. '_____'
5	식사를 한다. '_____'	식사를 한다. '_____'
6	컴퓨터를 켠다. 냉장고에 있는 캔맥주를 마신다. '_____'	TV를 켠다. 냉장고에 있는 아이스크림을 먹는다. '_____'
7	결국 대화가 없다. '_____'	결국 대화가 없다. '_____'

　사람은 하루에 얼마나 많은 생각을 할까? '오만가지 잡생각이 다 든다'는 말처럼 정말 그렇다. 사람은 1.2초마다 다른 생각을 하고, 심지어 꿈꾸는 중에도 생각을 한다. 누군가의 연구에 의하면 하루에 무려 7만 2,000가지의 생각을 한다지 않은가. 그러면서 우리는 자신을 둘러싸고 벌어지는 사건을 애써 밝히려 한다. 하지만 나 자신과 밀착된 신경의 울림, 세밀한 반응 하나하나까지 섬세히 들춰내지는 못한다. 정작 중요한 정보는 놓치게 되는 것이다. 이로써 본인에게 설명되지 않는 지문과 자기 대화의 복선이 구석구석에 웅크리고 있기 마련이다.

앞선 예시는 부부라면 누구나 겪을 법한 일상의 한 에피소드다. 그리고 여기서 살펴보고자 하는 것은 배우자와 함께 일상에서 벌이는 행동, 즉 먹고 보고 마시는 매우 단순해 보이는 행위 안에 무수히 많은 감정과 생각들이 교차하고 있다는 사실이다. 인지과학은 '사람은 말로 표현할 수 있는 것보다 훨씬 더 많은 것을 알고 있다'고 이야기한다.

일반적으로 사람들은 최대한 아무 일 없이 살기 위해서라도 그저 아무 일 없다는 듯 지나치는 노력을 한다. 그러면서 그렇게 사는 것이 점차 쉽고 편해진다. 게다가 속도가 붙으면 이전과 다른 선택은 점점 어려워지게 되는 것이다. 서로에게 다가가기가 꺼려지고 현실을 마주하는 대화를 꺼내기가 점점 귀찮아진다. 이로써 관계 속에 쌓여가는 두려움은 감정이라기보다 추론해서 합리화시키는 신념으로 굳어져간다. 어찌 보면 서로에게 다가가지 못하는 두려움이야말로 진짜 두려움을 피하기 위한 위장된 두려움인 것이다.

두려움도 항상성을 유지하려는 경향이 있다. 상대에게 사과한다거나 화해를 청하기 어렵다는 것은 일종의 단절을 의미한다. 무언가와 단절되어 있기에 그렇다. 다리가 끊어져 있으면 그 다리를 건너가기가 불안하고 두려운 것은 당연하다. 한발 한발 발을 떼기가 몹시 힘들고 진땀나는 일이 되는 것이다. 긴장과 구석구석 드러나는 부자연스러운 태도를 피할 방법이 없다.

앞서 다룬 이야기에서 서로의 감정을 전달한 장면은 좀처럼 찾아보기 힘들다. 대신 감정을 묻어두고 자신의 생각과 신념으로 무마하면서 하루의 일과를 마무리한다. 이것이 습관적으로 반복되고, 이로써 사과하기나 화해하기의 기회는 점점 멀어져 보인다. 서로의 입장을 용납하고 이해와 용서로 서로를 품기에는 접촉점에서 더더욱 멀어진다. 어디서부터 어떻게 첫 단추를 풀어가야 할까.

'괜히 말을 잘못 꺼냈다가 본전도 못 찾는 거 아냐?'

'섣불리 말을 꺼냈다가 케케묵은 고릿적 이야기까지 전부 다 튀어나오는 거 아냐?'

분명 분위기가 어떻게 돌아갈지 서로가 너무나 잘 알고 있기에 무슨 말을 꺼내기가 더욱 난감하고 어색해지는 것이다. 잔뜩 몸을 도사린 채 건너가기가 두려워진다.

그렇다면 무엇이 이들을 이처럼 만들었을까? 무엇이 이들을 서로에게 건너가지 못하도록 두려움을 작동시켰을까? 상황을 보다 명확히 이해하기 위해서라도 경기 전의 이들 모습부터 살펴봐야 할 것이다. 예를 들어, 각기 연습 방식은 어떠했는지, 경기를 어떻게 통제하려고 했는지, 이들이 각자 준비한 게임플랜은 무엇이었는지, 경기장에 들어오기 전에 몸 상태나 심적 상황은 어떠했는지 유념해서 살펴보아야 하지 않겠는가.

두 사람의 바탕화면엔
무엇이 있을까?

받아들이기, 관계의 시작

나는 어려서부터 아버지에게 지적을 받을 때마다 이를 수용하기가 몹시 힘들었다. 비교적 커다란 실수에서부터 밥상에서 젓가락질 하고 밥알을 흘리는 소소한 문제까지 아버지의 지적을 피해갈 수가 없었다. 결코 내가 일부러 한 행동이 아니었음에도 그 지적이 때로는 너무나 가혹하게 느껴졌다. 나를 조금 더 인정해주고 내 기분을 알아줬으면 하는 마음이 있었지만 그때는 이 같은 욕구조차 알 턱이 없었다.

'내가 지금 무엇을 원하지?'

'정말로 내가 필요로 하는 것이 뭐지?'

스스로 묻지도 못하고 설명하지도 못했다. 뭔지 모를 원망과 두려움, 불안, 수치스러움이 나를 둘러쌌다. 내면을 언어화하지 못하기에 그저 막연하게 울어 젖히거나 풍선처럼 부풀어 올라 씩씩대고 있을 따름이었다.

그때부터 나는 아버지로부터 잘못을 지적당하면 그것이 무엇을 의미하는지 몸으로 먼저 기억하게 되었다. 한편으로는 힘이 빠지고 무언가

의미가 없어지는 기분이 들었다. 그 기분이 싫어서 섣부른 반항이라도 할라치면 오히려 그것이 화근이 되기도 했다. "어디서 꼬박꼬박 말대꾸냐!" "어른한테 지금 어디서 함부로 대드냐!" 간혹 매서운 손찌검도 경험했다.

'받아들이기'의 근원에는 수치심이 자리 잡는다. 내 감정을 나 스스로 받아들이면 되겠지만 막상 그러자니 두려움이 앞섰다. 슬프거나 섭섭하거나 억울한 당시 기분을 그저 있는 그대로 만나주면 될 텐데 나는 그런 감정과 마주하기가 몹시 두려웠다. 아버지로부터의 평가도 두려웠고 실수도 싫었고, 잘못을 받아들임으로써 내가 짊어질 부담감도 싫었다. 받아들이면 내 위치가 바뀌는 것 같아 싫었다. 가만히 있으면 바뀌지 않는다고 여겼다. 아마도 그것은 나를 지키는 본능이었을 것이다. 무엇보다도 안전하고 싶었다.

변화를 받아들이기 위해서는 요람이 흔들리는 와중에도 저 자신을 달래주는 기능이 필요하다. 이것이 버팀목이 되어줘야 한다. 하지만 나는 이 같은 기능이 턱없이 부족했다. 아버지도 역시 참는 것이 제일인 사람이었다. 아버지의 사랑은 불굴의 인내와 의지, 절제를 수반한 것이어야 했다. 상대의 기분을 '달래주기'보다는 행동을 '달리하는' 분이셨다. 하지만 아버지는 아버지만의 살아온 노하우와 경험을 가진 사람이다. 세월로 이겨낸 솜씨도 있었을 것이다. 하지만 아들인 나는 옆에서 이것을 눈여겨 살펴보고 제대로 학습하지 못했다.

학교에서는 주로 생각하는 법을 배운다. 누구도 학교에서 자신의 감정을 처리하는 법을 배워본 적이 없다. 이 같은 미완의 흔적은 성인이 되어서도 배우자에게 그대로 이어진다. 아내에게 먼저 다가가 손을 내미는 것이 익숙하지 않았다. 아버지와 어머니가 서로의 갈등을 해결하는 방식이 그러했다. 참거나 쏟아내거나, 기억에서 지우거나 잊혀지거나 하는 식이었다. 사과하고 화해하면서 서로를 용납하는 모습은 좀처럼 보기 어려웠다. 이미 정해진 약자와 강자의 구도 안에서 우리가 언제 그랬냐는 듯이 시간이 해결해주는 그런 식이었다.

그렇다면 스스로의 감정도 받아들이지 못하면서 하물며 서로 다른 환경, 서로 다른 경기 방식, 구별된 가치관, 취향, 습성, 기호 가운데 자라온 배우자와의 차이를 받아들인다? 나 자신을 수용하지도 못하면서 상대방을 이해하고 묵묵히 받아들인다? 부모를 용서하지도 못하면서 배우자의 배경을 하룻밤 사이에 용서한다?

서로의 이 같은 차이를 연애기간 중에는 생각해본 적이 없었다. 오로지 결혼이라는 행사와 미래의 삶에 집중할 뿐이었다. '받아들이기' 원리는 공감의 원리와 동일하다. 자기감정을 받아들임으로써 상대의 것 또한 받아들이는 것을 배우는 것이다. 사회적으로 물의를 일으킨 사이코패스들이 무서운 것은 그들이 저지른 끔찍한 행위만이 아니라 그들이 다른 사람이 느끼는 감정을 알지 못한다는 점이다. 특히 타인의 고통이나 아픔을 구별하지도, 느끼지도 못하는 이들인 것이다. 따라서 남의 슬픔을 나의 것으로 받아들이지 못한다. 이런 공감 기능이 생략되면 상대방에게도 동일한 해가 가해진다.

자기감정을 있는 그대로 받아들이는 정신은 곧장 '이해'의 영역으로 확장된다. 나 자신을 어떻게 받아들이느냐에 따라 상대방에게도 똑같이 대하게 되고, 이는 곧 화해와 용서의 밑그림이 된다.

성장과정에서 배운 받아들이기 기능은 사랑을 맺는 주도성과 발전성으로 이어진다. 하지만 살면서 겪는 여러 가지 사건과 경험은 자신의 감정을 그대로 받아들이는 것조차 두렵게 만든다. 감정뿐 아니라 일련의 생각과 행동을 전환하는 변화의 가르침을 받아들이는 것에도 두려움이 쌓이기 시작한다. 상대에게 먼저 다가가 손을 내미는 것은 관계 안에서 주도성을 실천하는 일이다. 하지만 성장과정에서 내가 먼저 손을 내밀었는데 상대가 나를 거부한다면 점차 이 같은 행위가 꺼려진다.

거절당하는 데 따른 수치심은 오랫동안 남아 상대에게 먼저 다가가는 일을 꺼리게끔 만든다. 이는 주도성을 방해한다. 좀처럼 먼저 다가가지 못하고 상대방이 먼저 오기만을 기다릴 뿐이다. 게다가 "네가 다가와야지 내가 왜?" 하고 점점 스스로의 벽을 높이 쌓아만 가니 상대방 또한 쉽게 다가오지는 못할 것이다. 그래서 받아들이기의 반대편에는 거절당할 두려움이 숨 쉬고 있다.

주도성은 실수를 달래주는 기능이 있을 때 비로소 성장 발전한다. 실패를 고정시키지 않으며 일시적인 실수로 받아들여야 한다는 말이다. 잘못된 오타는 고쳐 쓰기 기능이 있을 때 자연스런 수정이 가능하다. 잘못 날린 문서도 다시 불러들임으로써 이어 쓰기가 가능한 것처럼 말이다. 따라서 실수나 잘못을 사랑과 용서의 축으로 복원시켜주는 기능이 사람에게 자리 잡을 때 평안은 유지된다.

반면 실수나 오류를 받아들이는 것에 수치심이 자리 잡을 경우 주도성은 자기 색깔을 잃고 만다. 오리지널 디자인의 형체를 잃게 되고 강

박적인 행위로 대신 나타난다. 매사에 열심히 나서서 무엇을 이루더라
도 진정 마음의 평안이 찾아오지는 않는다.

당신이 가장 먼저 받아들여야 할 것

초등학교 3학년 때 학교에서 가분수, 진분수에 대해 배우는 시간이었
다. 그런데 나는 선생님의 설명을 알아들을 수가 없었다. 아무리 말씀
하셔도 분수가 바뀌는 원리를 알아차릴 수가 없었다. 다른 아이들은 전
부 알아듣는 눈치였다. 하지만 나는 정말로 이해가 안 됐다. 뭔지 모를
슬픔이 한없이 밀려왔다. 그래서 나는 손을 번쩍 들고 일어섰다.

"제가 아무리 이해하려 해도 잘 모르겠는데요, 선생님. 좀 더 설명해
주시겠어요?"

이렇게 분명한 어조로 말했다면 정말 좋았겠지만 정작 어린 내 입에
서 터져 나온 말은 이랬다.

"저…… 아무래도, 제, 제가…… 자잘, 모르겠…….”

말을 시작하기도 전에 울음보가 터져버렸다. 지금에서 돌이켜보면
내 안의 수치심과 싸우고 있는 중이었을 것이다. '내가 그것을 모른다!'
는 사실을 둘러싸고 나를 향하는 손가락질과 맞서는 순간이었다. '반장
이 돼가지고 그런 것도 모르냐!'는 보이지 않는 질책까지 작용하고 있
었다. 선생님은 곧바로 나의 상태를 눈치 채시고는 차근차근 그 공식을
반복해서 설명해주셨다. 눈물범벅이 되어 울먹이면서도 선생님 말씀을
온몸으로 받아들이던 나는 용케도 그 달 수학 시험을 훌륭하게 치렀다.

돌이켜 보면 그때 두려움은 나의 수치심과 맞물려 있었다. 수치심이

라고 하는 것은 피하지 않고 똑바로 마주할 때라야 상황을 바꿀 수가 있다. 수치심을 있는 그대로 만나줄 때 이를 피하려는 두려움이 도리어 다른 감정으로 바뀌는 것을 경험하게 된다. 하지만 너무나 창피해서 그것을 받아들이지 못하고, 거절당할 두려움이 심겨질 때 주도성은 뒷걸음친다. 이로써 더 이상의 발전을 기대하기란 힘들다. 게다가 이것을 또다시 피하기 위한 역기능이 자리 잡는다. 실패를 두려워하는 마음, 거절을 두려워하는 마음, 가르침을 받지 않으려는 마음이 생긴다. 그리고 자신의 현실과는 무관한, 보다 완벽하게 평가받고 싶은 완벽주의가 오히려 나타난다.

이 모든 것이 단절을 의미한다. 나를 사랑하는 친절한 방법과 소통을 통해 삶에서의 사랑을 이루려는 다양한 연합과의 단절을 의미한다. 두려움이 작동하고 수치심에 대한 평가가 연이어 작용하면 사람을 통한 사랑의 연합은 멀어진다. 실수나 오류를 두고도 상대에게 다가가 사과하고 화해하며 용납하고 용서하는, 그래서 사람과의 사랑을 실천하는 길에서 단절되는 것이다. 이로써 변화와 발전을 꾀할 수는 없다. 사랑을 향한 주도성은 내면의 두려움을 내어 쫓지만, 내심 '다리가 안전하지 못하다'고 여기면 발걸음을 떼기가 꺼려지는 것은 당연하다.

따라서 부러우면 부럽다고 해야 한다. 그래야 이긴다. 그래야 자신을 이긴다. 우리는 상처가 나면 병원에 간다. 이때 의사나 간호사에게 상처가 있다고 말하면서부터 우리의 상처 치료는 시작되는 것이다. 하지만 자신을 찌르는 주사바늘이 무섭고 두려운 나머지 "나 아프지 않아요. 정말이에요. 이것 보세요! 저, 멀쩡하죠?" 상처가 전혀 없다고, 또는 하나도 아프지 않다고 자신을 속이고 사람들을 속이게 된다면 결국 아픔만 더해갈 뿐이다. 그것을 감추려는 또 다른 행위로 인해 더욱더 힘들게 살아가는 것이다. 정말로 수치스러우면 수치스럽다고 이야기하면 된다. 나와 밀착된 실체를 이야기하면서부터 이야기는 반전된다. 성질이 바뀌고 가치가 바뀐다.

게다가 이것은 결코 당신 혼자만의 문제는 아니다. 세대와 세대, 나와 가장 가까운 이들과 연결된 연합의 이슈다. 불완전한 사람들로부터 양육 받고 불완전한 공동체 안에서 살아가는, 인간이라면 누구나 정도만 다를 뿐 공통적으로 지닌 우리 모두의 합작품인 것이다.

"그런 일은 내게 일어나지 말아야 했어!"

"아버지가 그 말만 안 했어도 내가 지금 이 모양 이 꼴은 아닐 거야!"

"그 일만 없었어도 지금쯤은……."

상처가 난 채로 내버려둘 명제가 아니다. 자기연민으로 언제까지나 꽁꽁 싸매줄 대상도 아닌 것이다. 사실 위와 같은 표현 중에서도 그 어느 것 하나 자신의 감정을 알아준 것은 없다. 사건을 설명하고 해석하려 하기 전에 자신의 감정부터 이야기해줘야 한다. "아프다" "너무나 아프다" "여기가 쓰리고 고통스럽다"면서 말이다. 진실을 꺼내서 다 쏟아 부어야 한다.

이것은 단순한 감정이 아니다. 몇 가지 감정으로는 설명되지 않을 속사람의 울체를 밖으로 끄집어내면서부터 잊고 있던 당신 자신을 흔들어 깨우게 된다. 당신과 밀착된, 당신 안에 웅크리고 있던, 감춰둔 당신의 순수한 힘을 만나고 다시금 당신을 일으켜 세울 것이다. 증오를 만나기 전에 당신 안의 속사람을 만나게 해줄 것이며, 원망을 만나기 전에 제대로 된 당신의 기분을 만나게 해줄 것이고, 용서를 애써 설명하려 하기 전에 당신을 용납하게 해줄 것이다.

수치심을 받아들이면서 자신과의 질서는 달라진다. 당신과 맞물린 내면의 사실부터 차근차근 친절하게 설명하면서부터 전환은 시작된다. 삶의 주인이 당신이라면 당신과 밀착된 그 지점에서부터 시작해야 한다. 그 기분을 제대로 받아들이면 받아들일수록 더 아플 것이라는 신념화된 두려움도 사라진다. 수치심은 아마도 당신이 특별한 행위를 하면 당신의 가치도 비로소 달라질 것이라고 믿게 했을 것이다. 그래서 이것을 꼭 쥐게 만든다. 그 기대를 변함없이 붙들게 한다. 계속해서 반복하게 한다.

하지만 아니다. 당신의 존귀함은 당신의 실수나 어느 누구의 평가로도 깎이거나 줄어들지 않는다. 당신이 행위로만 달려갈 때 감정의 중심에서 멀어지듯, 마찬가지로 당신의 진짜 가치에서도 점점 멀어지게 만든다. 당신의 가치는 늘 변하지 않았다. 따라서 앞으로도 변하지 않을 것이다. 당신이 행한 그 어떠한 행위로도 달라지는 것이 아니다. 만약 당신이 무엇인가를 다시 받아들이려 한다면 이것이야말로 가장 먼저 받아들여야 할 '받아들이기'의 첫 시작이다.

부부 안의 패턴 살펴보기

구글 지도가 또렷이 드러나려면 시간이 필요한 것처럼, 당신의 감정도 선명하게 드러날 시간을 줘야 한다. 하지만 막상 그러기가 두렵다. 정말로 두려워서 그럴 수도 있지만 때로는 귀찮아서 그러는 경우도 있다. 누군가를 '믿지 못해서'라고 말하지만 사실은 내가 '믿지 않아서' 그러는 경우도 있다. 두려움도 구별된다. 두려워서 회피하는 경우와 두렵기 때문에 먼저 공격하는 경우도 생긴다. 둘 다 두렵기는 마찬가지다. 반응의 차이만 있을 따름이다.

앞서 진단한 P/F 패턴은 자신의 감정을 온전하게 풀어내고 충분히 설명하지 못하는 데서 나타나는 감정적 태도를 말한다. 분노에서부터 열등감에 이르기까지 12가지로 분류한 기초 패턴들은 모두 감정이 아니다. 감정을 가장한 감정적인 인지반응체계를 말한다. 숨고 회피하거나 외면하거나 분노를 토해내는 식이다. 한쪽은 묻어두고 다른 한쪽은 쏟아내는 식이다.

패턴의 중심에는 이기적이며 의존적이며 폐쇄적이며 불만족스러운 자기중심성이 있다. 중심이 불안하며 이리저리 요동치고 사람에게 경계를 풀지 못하며 적절한 관계 또한 맺지 못하게 한다. 욕망으로 존재의 허탈함을 메우려 하고 직업과 업적, 자랑과 자극으로 갈망을 종식시키려 한다. 하지만 또 다른 불안을 불러들인다. 반복 대체되면서 이 불안이 주기적으로 반복된다. 이 같은 두려움이 노리는 것은 단절이다. 저 자신과 또 다른 누군가를 연합하지 못하게 함으로써 사랑하는 관계를 분열시키고 갈등하게 만든다. 사랑을 느끼고 생각해서 행동으로 이어나가는 일체의 주도적 연합을 해친다. 모빌을 한쪽 방향으로만 잡아끌어서 사랑이라는 중심축을 흐트러뜨리고자 하는 것이다.

패턴의 중심 성향

- 자기중심 Self centeredness

- 이기심 Selfishness

- 자기의지 Self will

- 독선 Self righteousness

- 자기 의존 Self reliance

- 자기연민 Self pity

- 자기 비하 Self depreciation

- 자기 방어 Self defense

- 자화자찬 Self promotion

- 자기만족 Self gratification

내가 누군가를 번쩍 들어 올리려면 힘이 필요하다. 누군가를 이해할 때도 힘이 있어야 한다. 'Under + Stand' 즉, 자신을 지탱하고 상대를 지지할 힘이 필요하다. 사람의 이기적 성향은 자신을 보호하고 방어하며 경영하는 데 있어서 꼭 필요하다. 하지만 나의 것은 지지하는데 남의 것을 지지하지 못한다면 이것은 곧장 이기심이 된다. 반대로 나의 것을 지지하지 못하면서 남의 것만 지지한다면 이때는 시기심이 된다. 자기중심을 지지하는 축이 두려움과 연합할 때 패턴의 이기적 성향에 이끌려 제 중심을 잃기 쉬워진다. 흔히 이럴 때 우리는 그 사람에게서 종종 벽을 느낀다고도 한다.

자기와의 관계가 사랑으로 작동되지 못할 때 고립은 더욱 분명해진다. 타자와의 관계, 부부 사이의 관계를 넘어 더 나아가 사회적 고립으로 이어진다. 그럴 수밖에 없는 것이 인간은 사회적인 관계를 통해 태어나고 만들어졌기 때문이다. 사람의 복잡하고 다양한 의식활동에도 불구하고 한 사람의 시작점은 나 이전의 부부 즉, 부모가 이룬 가정으로부터다. 따라서 한 사람을 좀 더 이해하기 위해서는 사회적 관계의 기초가 되는 출발점, 바로 원 가족을 살펴보는 것부터 시작해야 한다.

가계도, 변화의 가능성을 높이다

인터넷 정보에 접속하기 위해 우리는 포탈 사이트를 이용한다. 마찬가지로 원 가족은 이 같은 기초 화면을 제공하는 주인공이다. 가족 전문가들은 단순히 부모세대뿐만 아니라 3대 이상에 걸쳐 나타나는 가족 간의 관계적 이슈에 주목한다. 그리고 가계도를 통해 나 자신을 주목하라고 한다. 이를 잘 이해하고 나면 변화의 가능성이 높아지기 때문이다. 그리고 지금 나에게 영향을 미치는 롤 모델이 분명하고, 반복되는 패턴에 대한 식별이 비교적 수월하기 때문이다. 자신을 둘러싼 장애물에 대한 구분이 명확해지므로 그 연결고리를 끊고 두려움으로부터 벗어나 궁극적인 용서와 사랑으로 연합하기가 수월해진다.

술 마시는 아버지가 싫어서 반대되는 성향의 배우자를 원했다면 원 가정의 이슈가 그대로 작용하고 있는 셈이다. 남자에게 당하기만 하고 무력하게 사는 엄마가 싫어서 "나는 엄마처럼 절대로 그렇게 살지 말아야지!" 했다면 이 또한 세대 간의 이슈가 현재에 영향을 미치고 있는 것이다. 내가 무엇을 기대하는지, 내가 무엇을 추구하는지 그 반대편에 자리 잡은 두려움을 파악할 때 식별이 보다 용이해지는 것이다. 학자들은 '두려움의 정도는 아이가 참조하는 사람으로부터 영향을 받는다'고 이야기한다. '특히 자신이 믿고 의지하는 타인을 쳐다보고 이들을 모방한다'고 말한다. 야생에서 자란 붉은점원숭이는 뱀을 극도로 무서워하는 반면, 실험실에서 성장한 같은 종류의 원숭이는 뱀을 무서워하지 않았다는 결과가 나왔다. 발달은 경험의 산물이라는 점을 다시금 알게 한다.

예전부터 배우자를 소개하면 "그래, 부모님은 뭐하시나?"에서 출발하는 상견례 공식이 있었다. 특별한 하자(?)가 없으면 양자 간의 결합을 허락하는 '원 가정 살펴보기 프로세스'가 이어지곤 했다. 마치 아래위 한 짝의 틀로 붕어빵을 찍어내듯 그 안에서 익혀지고 걸러지고 짜인 안팎의 정보를 엄마 아빠라는 주물로 함께 보는 방식이다. 비록 여기서도 걸러내지 못한 정보들이 수두룩하지만, 인성의 발달은 문화와 경험 속에서 이루어진다. 부모의 경기 방식과 본인의 경기 방식이 유사하며 부모 세대의 패턴과 본인 세대의 패턴이 흡사하다. 배우자와 대를 이어 꾸려가는 가정의 패턴 또한 닮게 되는 것이다.

부모의 유형별 태도

▶멀게만 느껴지는 부모님

말 없음 / 눈길을 안 줌 / 안아주지 않음 / 애정표현이 없음 / 관심을 주지 않음

▶무서운 부모님

엄격하며 훈계하며 야단침 / 체벌을 가함 / 언어적, 성적, 영적으로 폭력적임

▶능력 있는 부모님

원하는 것은 무엇이든지 다 들어줌 / 단 조건을 둠 / 더 잘해야 하는 부담감을 줌

▶무관심한 부모님

다른 사람의 구타나 학대, 억울함에 대해 보호하지 않고 오히려 야단침

▶지나치게 간섭(또는 보호)하는 부모님

일일이 조종하고 간섭함 / 스스로 결정한다거나 알아서 할 틈을 주지 않음

▶나약한 부모님

경제적, 감정적, 지적, 신체적, 의지적, 영적으로 연약함

▶항상 바쁘시거나 안 계신 부모님

나눌 수 있는 시간이 없음 / 문제나 고민을 털어놓고 의논할 대상이 없음

▶권위적인 부모님

미리 짜인 규칙이 있음 / 결정사항을 두고 자신의 뜻을 강요함

▶부모님의 부재

마음에 텅 빈 공허감을 줌 / 마음에 자기연민을 품게 함 / 심적인 상처를 줌

　달리던 차를 멈추려면 더 큰 힘이 필요하다. 그럼에도 불구하고 달린다면 이와 같은 저항에 맞서고 있는 셈이다. 균형 또한 마찬가지다. 부모들도 균형을 잡는 일체의 노력을 한다. 하지만 잘못된 것을 알면서도 멈추지 못하는 이유는 항상성 때문이다. 아이가 말을 배우기 전에 부모와 가장 먼저 소통하는 언어는 정서이다. 엄마와 아이의 원초적 대화를 일컬어 '즉각적이고, 비언어적이며, 개념이 끼어들지 않은 친근감'이라

고 표현한다. 부모는 영아의 기분이 불쾌한지 유쾌한지 살피면서 적절하게 반응해주고 이로써 자녀의 정서에 길을 내준다. 친밀한 두 사람의 공동 각본이 생기는 것이며 보이지 않는 아젠다가 작용한다.

반면 안전성에서 벗어나는 일은 누구나 두렵다. 반복되는 상황을 안타까워하면서도 그 모습 그대로 가는 것은 부모가 제공하는 역할과 기능이 적절한가 아닌가를 떠나, 가정 그 자체가 본능적인 안정성을 제공하고 있기 때문이다. 게다가 가족 구성원끼리는 철저한 연대성이 작용한다. 아무리 부모가 잘못을 저질러도 그것을 독자적으로 분리해서 판단하는 데는 심각한 고통이 따른다. 아기를 부모의 품에서 떼어내는 고통의 세기와도 맞먹는다. 세대 간에 이어온 패턴을 전환하는 일은 이 같은 저력에 맞서는 것을 의미한다. 나름 안정성을 제공받으면서 가던 방향을 고집하는 항상성과 가족 안의 연대성에 맞서는 엄청난 세력 다툼이 벌어지는 것이다. 결혼은 그래서 그 동안 이어온 항상성과 연대성에 맞서 새로운 변형성과 개별성을 만드는 또 다른 기회이자 전쟁이 된다. 그 꿈과 바람은 예전 것으로 항상 돌아가려는 성질과 반드시 만나게 된다.

부부싸움은 그래서 너와 나의 싸움인 것 같지만 부모세대의 싸움이 된다. 단 둘이 벌이는 경기 같지만 여섯 명이 펼치는 게임이다. 가족 전체가 연대해서 싸운다면 그 규모는 훨씬 늘어날 것이다. 따라서 부부의 미래를 설계할 때는 서로를 지켜온 항상성을 둘러볼 사전 답사가 필요하다. 그 동안 무엇이 익숙하며 무엇을 고수하고 있었는지, 그 반대라면 무엇을 떨쳐내고 어떻게 탈바꿈하고 싶은지, 분리와 해체, 통합과 결속의 대상을 각자 그리고 같이 둘러보는 작업이 필요하다.

이 같은 사전 준비가 갖춰지지 않았기에 그 동안 털어내지 못한 아쉬움이 부부싸움에서 풀어 헤쳐지고야 만다. 원 가정에서 하지 못한 동작들, 연습과정에서 쌓인 감춰둔 불만들마저도 마구 쏟아져 나오는 것이다. 한 팀이 되어 새로운 경기를 할 때도 서로의 방식과 동작을 두고 계속해서 부조화를 느끼지 않던가. 나는 이러는데 너는 도대체 왜 그러느냐면서 말이다.

세대간 패턴이 반복되다

어느 날 부모 손에 이끌려 중학교 2학년짜리 딸아이가 상담실에 왔다. 가출문제 때문이었다. 이 아이에게 가출 동기에 대해 물었더니 막상 들려온 대답은 부모의 심한 싸움 때문이었다는 것이다. "그 중간에 끼어 있기가 너무 짜증나서 뛰쳐나올 수밖에 없었어요." 그것이 처음 가출 동기였다. 하지만 이런 가출을 반복하다 보니 그때마다 부모님이 싸움을 멈추는 효과를 가져왔다. 아이를 찾으려고 말이다. 부부싸움이 벌어질 때마다 가출을 벌이는 패턴이 형성된 것이다.

패턴의 전개 _ 예시 1

엄마 아빠가 싸운다.

→ 아이가 가출한다.

→ 싸움을 멈추고 아이를 찾는다.

→ 역기능 상황이 이로써 멈춘다.

→ 당분간 평안이 유지된다.

→ 다시 엄마 아빠가 싸운다.

→ 반복된다.

　가족 전문가들은 가족을 하나의 '만들어진 조직'으로서 주목한다. 즉 반복적인 상호작용을 통해 일종의 패턴을 지닌 시스템으로 운영된다고 말한다. 가정의 원래 목적은 그 안에서 안전과 편리, 소속감과 안정감, 안식과 평안을 누리기 위한 것임에도 구성원의 자기중심성이 작동하면서부터 가족들의 상호작용을 분산, 조종, 통제, 지배하는 역기능적 가족 시스템(Family System)이 가동되기 시작하는 것이다.

　예시1에서의 역기능은 그 이전부터 이와 유사한 패턴을 반복하고 있었는지 모른다. 아동이 어린 시절 부모와 맺었던 관계가 결국 또래와 어울릴 때, 그리고 나중에 연인을 사귀고 새로운 가정을 꾸리고 나서도 반복되는 경향이 나타나는 것이다.

과거 패턴의 전개 _ 예시 2

나에게 관심을 갖지 않는다.

→ 아이가 소리를 지른다.

→ 소리치는 아이를 쳐다본다.

→ 나의 필요가 해소된다.

→ 당분간 충족된다.

→ 또다시 나에게 관심을 갖지 않는다.

→ (소리 지른다) 처음 상황이 반복된다.

미래 패턴의 전개 _ 예시 3

배우자가 나에게 애정을 보이지 않는다고 여긴다.

→ 대화하는 중에 배우자에게 큰 소리를 지른다.

→ 소리치는 배우자에게 집중한다. 잘못을 구하거나 새로운 약속을 하게
　된다.

→ 나의 필요가 해소된다.

→ 당분간 충족된다.

→ 또다시 배우자가 나에게 관심을 두지 않는다고 여긴다.

→ (크게 소리 지른다) 처음 상황이 반복된다.

삶에서 나타나는 신념은 특정한 모델을 보고 배우게 되는 경우가 많
다. 따라하는 것이다. 아빠가 신문을 보면 아이는 그것을 따라하고, 엄
마가 말을 하면 아이도 그 말을 따라한다. 아빠가 헤엄을 치면 아이는
그 동작을 배우려 하고, 엄마가 울면 아이도 역시 그 옆에 가서 엄마와
함께 운다. 모델은 또 다른 모델을 만든다. 자신과 유사한 모델을 생성
한다. 자신과 다른 모델을 만들려고 아무리 애를 써도 모델을 만드는
가운데 심겨진 정서나 소통방식은 그대로 전수된다.

겉모습 또는 행위를 애써 바꾸려고 하지만 본능적인 감성, 인지, 행
동을 이어가는 습관적이고도 근본적인 기초 정보는 닮아 있다. 생득적
언어발달, 즉 아이가 배운 것과 할 것을 부모가 일일이 결정하는 것이
아니라, 부모가 제공한 것을 아이가 이행해간다는 것이다. 결국 살아오
면서 부여받은 가정에서의 메시지들이 그 선택을 일일이 강요하지 않

더라도 자발적으로 취합해가고 있다.

그래서 어느덧 성장한 뒤 자신이 입고 있는 옷들을 들춰보면 누군가 나의 선택에 도움을 주었던 손길을 보게 된다. 내가 입은 옷의 유래를 살펴보면 처음 그 옷을 입기 전에 옷감을 가져다준 사람이 있다. 손수 수를 놓아주기도 하고 그것을 나에게 맞게끔 고쳐주기도 한다. 때로는 헤진 부위를 기워서 다시 입혀준 이도 있다. 주 공급자는 부모이며 주 공급지는 가정이다. 스스로 입기 싫어도 우리는 그 옷을 입으려 한다. 왜냐하면 내 옷을 지어주고 보금자리를 함께 하는, 나에게 가장 중요한 사람들이니만큼 서로가 믿고 따르는 것이 안전하다고 본능적으로 여기기 때문이다.

패턴의 전개 _ 예시 4

1. 너무 편해도 안 되고 너무 행복해도 안 돼.

2. 사람은 모름지기 바빠야 해.

3. 어른에게 걱정을 끼쳐서는 안 돼.

4. 실패할 게 눈에 뻔히 보이는데 왜 해?

5. 나는 자격이 부족해.

6. 한 번 한 약속은 반드시 지켜야 해.

7. 그럴 형편이 안 돼. 돈이 없어.

8. 식구들 사이에 갈등이 있어서는 안 돼.

9. 사람은 늘 성실하고 최선을 다해야 해.

10. 부모님 말씀을 어기면 벌 받아.

11. 남자는 말을 아껴야 해. 과묵해야 돼.

12. 그러기엔 나이가 너무 많아(또는 '너무 어려').

13. 어디 가서 집안의 그런 이야기 하면 안 돼.

14. 약한 모습을 보여서는 안 되지.

15. 무슨 일이 있어도 항상 최고가 돼야 해.

16. 다른 사람에게 결코 의지해서는 안 돼.

17. 이 모든 것을 내가 해야 해.

18. 나중에 여유가 생기면 하지 뭐.

패턴의 전개 _ 예시 5

"돈이 없으면 얼마나 무서운 세상인데. 너 아니? 사람은 돈이 있어야 해."

→ '그렇지. 돈 없으면 사람 구실을 하기 어렵지. 다른 생각 말고 어서 돈을 벌어야겠다.'

"너는 집안의 장손이야. 너는 꼭 판검사가 돼서 이 집안을 세워야 해."

→ '그렇지. 난 이 집안의 장손이야! 부모님을 우선 편히 모셔야 해.'

"네까짓 게 무슨 유학이야. 네 동생과 가족들을 한번 돌아봐. 집안 형편을
생각해야지."

→ '그렇지. 내가 유학은 무슨 유학! 그리고 형제들 사이에 갈등이 있어서는 안 되지.
어른들께 걱정을 끼쳐서도 안 되고.'

"어서 인사해라. 높으신 분이야."

→ '그렇지. 웃어른을 공경해야지. 높은 사람에게는 인사를 깍듯이 드려야지.'

"어서 잘못했다고 싹싹 빌어. 무조건 빌어."

→ '그렇지. 나로 인해 괜히 불화를 초래할 필요는 없어.'

"실은 생모가 따로 있단다. 지금 엄마는 네 친엄마가 아니란다."

→ '키워주신 어머니께 고마워해야겠다. 키워주시느라 고생 많으셨으니까. 달라질 건 없어.'

"다 내 탓이다. 내가 그때 너 가졌을 때 그런 일만 안 생겼어도……."

→ '음, 할 수 없지. 내 팔자려니. 운명이려니 하고 내가 죗값을 치러야지.'

사람들은 순간순간 일어나는 외부 영향력에 따라 자동 온도계처럼 자신을 조절하고 행동하지 않는다. 오히려 사람은 변화하는 외적 상황에도 불구하고 자신의 안정적 입장을 고수하려 하기 때문에 이로써 어떤 선택과 행동에도 자신의 관점이 유지되는 것이다.

세대 간 패턴 전개 영역

세대간 패턴 돌아보기

CPC 패턴 진단을 토대로 나와 배우자, 그리고 부모 세대의 패턴은 어떤
성향에 가까운지 그려보고 배우자와 함께 이야기를 나눠보자.

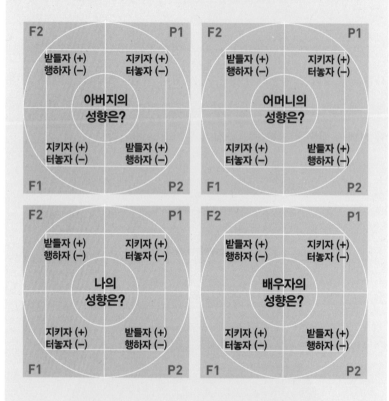

끊임없는 숨은그림찾기

애착 고통

나는 아내와 평소에 성격적인 보완관계를 주거니 받거니 하다가도, 누가 먼저냐 무엇이 먼저냐 앞에서는 별 효과가 없어진다. 친구를 보면 그 사람을 알 수 있다고 하듯 배우자를 봐도 그를 알 수 있다. 배우자로서 서로를 받아들이는 순간, 서로의 필요와 범위를 본능적으로 알아챈다. 역할과 기능에 맞춰 서로를 선택하고 이것을 또한 제공한다. 단, 순기능 안에서는 선순환으로 이어지지만 그렇지 않을 경우 마찰과 동반의존적 양상이 펼쳐진다.

불균형은 늘 있다. 이 세상에 완전무결한 사람은 없기에 상호 간에 시점의 오류, 상황의 오점이 생겨난다. 다만 이를 두고 부족한 밸런스를 맞춰가는 조화와 협력이 필요하다. 마치 험난한 길을 만났을 때 적재적소에 필요한 힘을 분배해 장애물을 뛰어넘는 4륜구동처럼, 혼자서는 할 수 없기에 필요를 요청하는 소통과 협력체계가 이를 가능하게 만든다. 그래서 그 필요와 지점이 불명확하다거나 서로 먼저 승리를 차지할 것을 주장하면서 시점은 어긋나고 갈등과 마찰까지 표면에 나타나는 것이다.

나와 아내가 처음 만나 대판 싸웠던 시초도 그러했다. 그때까지만 해도 우리는 서로 평생토록 싸우지 않을 줄로 알았다. 눈에 콩깍지가 씌웠는지 아내와는 전혀 그럴 필요가 없어 보였다. 그렇게 우리는 서로를 바라보았다. 하지만 제대로 된 사건 하나가 촉발되고 말았다.

여행을 함께 가기로 약속하고 각자 다니던 직장에서 휴가를 낸 적이 있다. 하지만 불과 며칠을 앞두고 나에게 피치 못할 출장이 잡혀서 그만 휴가를 포기해야만 했다. 뭐 그럴 수도 있지, 이해하고 넘어갈 수도 있으련만 아내는 나의 일처리 과정을 너무나 불편해 했다. "조짐이 있었을 텐데 왜 미리 나한테 정확한 이야기를 안 해줬어?" "그 정도는 대비할 수 있는 문제 아니야?" "어떻게 이렇게 될 걸 모를 수가 있어!" 이외에도 이런 이야기를 진즉에 나눴더라면 이렇게 실망하지는 않았을 거라는 등 수많은 화살이 내게 던져졌다. 워낙 기대가 컸기에 실망도 따라 컸겠지만 이처럼 꼬인 위기상황은 처음이었다. 서로의 입장이 첨예하게 부딪힌 최초의 사건이자 부부싸움의 효시였다.

우리는 그때 처음으로 서로에게 소리를 질렀다. 그리고 아쉽게도 그 동작과 대본을 하나의 틀로 자리 잡아가기 시작했다. 그때는 도대체 무슨 이유로 서로를 물고 뜯고 격렬하게 싸우고 있는지 알 수 없었다. 나 자신의 반응도 아내의 반응도, 사건을 둘러싼 정확한 근본 원인도, 문제를 바라보는 제대로 된 시선도, 패턴에 대한 예비지식이나 개념도 전혀 없던 때였다.

이것은 성격의 이슈가 아니었다. 성격이 아니라 근본적인 감정의 이슈였다. 즉 두려움의 이슈였다. 흔히들 부부 갈등이나 이혼 사유를 '성격 차이'라고 말하지만 성격이 만나는 그곳에는 각자의 두려움이 교차하곤 한다. 성격 차이란 '각자의 두려움이 만나는 교차 지점'을 뜻한다. 배우자 중 누구의 두려움이 더 강력하게 작동하느냐가 성패를 좌우하는 것이다. 누구의 자기애적 요소가 더 강하게 작동하느냐에 따라 격전지의 불꽃은 더욱 거세진다. 만약 이것이 더욱 크게 폭발해 자기애적인 격노함으로 쏟아질 때면 이때는 내 안에 의식하지 못했던 오래 묵은 공감의 한(恨)에서부터, 그 동안 받아오지 못했던 총체적인 애착의 결핍까지 전부 다 드러나게 되어 있다. 이때는 사건의 시시비비나 옳고 그름을 뛰어넘는 싸움이 된다. 두려움의 반대 개념에서 보자면 내가 받지 못한 사랑, 즉 내가 필요로 하는 사랑을 놓고 벌이는 한판 승부가 되는 것이다.

"왜 나를 안 알아줘!"

"왜 내 입장은 염두에 두지 않는 거야!"

"왜 나를 좀처럼 배려해주지 않는 거지!"

어느 누가 맞거나 틀리다고 할 수 없는, 또는 옳고 그른 판단마저도 초월하게 된다. 오로지 두려움을 지배할 '사랑'이라는 절대가치만이 해결할 수 있는, 그야말로 전쟁 같은 사랑 이야기가 되는 것이다.

흔히 화가 나서 이성을 잃는다든지 버럭 소리를 지를 때, 이 같은 두뇌 반응현상이 나타난다. 기질이나 성격이 아니라 두려움의 세기가 자신을 압도하는 것이다. 이때는 전두엽의 생각하는 역할은 소용이 없어진다. 차분한 이성적 판단은 사라지고 감성두뇌가 급격히 작동한다. 아무리 교육을 많이 받고 예비지식이 마련되어도 긴급한 상황, 충격적인 상황에서는 어림없다. 주변에서부터 '배운 사람이 왜 저러냐'는 평가가 자연스럽게 일어난다. 나이를 꽤 먹을 만큼 먹었어도 이미 예상되는 패턴은 현실로 나타나기 마련이다.

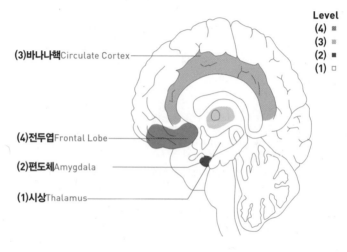

Level
(4) ■
(3) ▨
(2) ■
(1) □

(3)바나나핵Circulate Cortex

(4)전두엽Frontal Lobe

(2)편도체Amygdala

(1)시상Thalamus

〈그림 2-3〉 두뇌의 4단계 통제장치

　이때는 채워지지 않은 애착으로 인해 위의 그림에서 보듯 4번 전두엽의 기능이 멈춘다. 운전 중에 차가 열을 받으면 갑자기 멈춰버리는 경우가 있는데 이때 정비사들은 이른바 '엔진이 뻑 났다'고 이야기한다. 마찬가지로 두뇌 기능도 열 받으면 생각이고 뭐고 소용없어진다. 이때부터는 전두엽의 통제를 받는 이성에 의한 장치는 잠시 스위치를 내린다. 이제부터 시작되는 것은 '확 돌아버린다' '욱하고 받아버린다' '버럭 화를 낸다' '사람이 급변해 미친 것 같다'는 감정들뿐이다. 좌뇌가 확 꺼진 것이다. 이때부터는 이성적인 인간이 아니다.

열을 받으면 감정을 통제하는 3번 바나나핵이 신속하게 작동하기 시작하는데, 우뇌 기능에서 자율적으로 안정을 되찾으려 하지만 그마저도 실패하고 나면 결국 왜곡된 선택을 하게 된다. 물건을 집어 던진다든가, 사람에게 욕하고 때린다든가, 자학을 한다든가, 폭식하거나 폭음을 취한다거나, 잠만 잔다든가, 심지어는 자살을 하기도 한다. 이 모두가 안정을 찾기 위해 내리는 특단의 조치다. 결국 전두엽에서 처리하는 정보는 급박한 상황에서는 발휘되지 못한다. 우뇌가 더 빠르게 움직이고 좌뇌는 응답을 멈추는 셈이다.

그래서 이때 출생과 동시에 엄마와 함께 애착을 경험하고 기쁨을 담당하는 감성두뇌 즉, 1번 시상이 채워져 있지 않으면 우뇌에서 빈 애착이 나타나고 이로써 나도 모르게 애착 고통(Pain in Attachment)을 느끼게 된다. 일상에서 배우자에게 해대는 소리는 이러한 애착 고통의 울림이다. 더 사랑받고 싶고, 나를 좀 더 사랑해달라고 외치는 빈 애착의 외침이다. 무시당한 사랑, 거부당한 사랑, 채워지지 않은 과거의 사랑에 대한 공복감까지도 한꺼번에 밀려오는, 사랑을 위한, 사랑을 향한, 사랑의 간절한 메아리인 것이다.

가족이 만드는 공동각본

소통 장애는 나 자신을 제대로 설명하지 못하는 불안에서 비롯된다. 신생아들이 목이 터져라 울어젖히는 이유는 엄마가 와서 나를 좀 달래주기를 바라는 소통의 첫 신호다. 내게 와서 나를 좀 안아주면 내가 이로써 안정을 찾을 것 같다는 표시다. 아직 전두엽이 채 자라지 못한, 말로 표현하지 못하는 신생아들의 유일한 소통방식이기도 하다. 그야말로 이때는 엄마로부터 애착을 배우는 시기다. 자기가 지금 안전한지 아닌지에 대해서만 24시간 보초병처럼 느끼는 시기다. 애착이 형성되는 성장과정을 앞의 〈그림 2-3〉을 토대로 하여 좀 더 살펴보자.

(1) 애착을 담당하는 감성두뇌, 즉 시상(Thalamus)은 출생과 동시에 기쁨을 익히는 곳이다. 생애 첫 9개월 동안 하루 최대 8시간 엄마와 함께 기쁨을 교감하는 장소이다. 이러한 기쁨의 관계는 안정된 정체성과 두뇌 성장의 기초가 된다. 흔히 조이센터(Joy Center)로도 알려진 이곳은 주로 도파민 분비가 구체화되는 곳이다.

(2) 아미그달라(Amygdale) 또는 편도 핵이라고 부르는 이곳은 오로지 좋은 것, 나쁜 것, 위험한 것 세 가지만 감지한다. 그래서 24시간 쉬지 않고 이 기능만 작동하는 보초병이라고 할 수 있다. 이곳에선 주로 아드레날린 분비를 담당한다.

(3) 바나나핵(Circulate Cortex)으로 알려진 이곳은 슬픔, 고통, 괴로움, 외로움 등 다양한 감정을 느끼고 교류하는 곳이다. 감정센터인 이곳에서 두뇌는 기쁨을 축적하고 엄마와 함께 안정을 배우기도 한다.

(4) 전두엽(Frontal Lobe)으로 불리는 이곳은 정체성 센터라 할 수 있다. 무엇을 어떻게 할지에 대한 계획, 동기부여, 목표설정 등을 담당한다. 창의력(문제 해결, 전략적 사고, 상호협력), 만족도(자신의 만족도, 고통 평가), 목표 지향(목표설정, 생명력과 불일치 행위), 개인적 기호(자신이 원하는 것을

분별)를 관장하며 세로토닌 분비를 처리하는 장소라 할 수 있다.

사람은 누구나 출생과 동시에 사랑 받고 싶다는 본능이 내면을 지배한다. 특히 전두엽이 발달하기 전에 우리 두뇌에 마땅히 채워져야 할 감성 두뇌는 언제나 현재 시각 기준을 갖고 있다. 마치 배고프니까 지금 밥을 달라고 조르는 신호를 보내는 것이다. 하지만 이것이 충족되지 않았을 때 부적절한 사랑으로라도 채우려는 것이 문제다. 배가 고프면 밥을 먹어야 하지만 이것이 채워지지 않을 때 썩은 밥이라도 먹으려 한다는 것이다.

비행청소년들이 벌이는 반사회적 행동은 부적절한 행동을 통해서라도 사람들의 이목과 집중, 관심을 받겠다는 뜻이다. 사랑의 유사행위인 것이다. 일상에서 아이들이 소리를 지른다거나 심통과 짜증을 부리거나 마음의 문을 확 닫아버리는 것도 마찬가지다. 지금 부족한 사랑을 채워달라는 공복감의 점호 표시이다. 문제는 아이들에게 드러나고 비춰지는 그 모습은 자녀의 모습 이전에 부모 자신의 모습이라는 것이다. 같은 말과 같은 소통방식이 그대로 전해진다. 동일한 기호와 주파수, 시그널을 사용하게 된다. 부모가 영어를 하면 아이도 영어를 한다. 부모가 한국말을 하면 아이도 한국말을 한다. 부모가 자신의 것을 설명하기 시작하면 아이도 마찬가지다. 부모가 자신의 감정을 설명하면 아이도 그러할 것이다. 부모가 내면의 불쾌하거나 답답한 감정을 충실하게 설명한다면 아이 또한 그것을 그대로 전할 수 있다. 같은 말을 똑같이 하는 것이다.

그리고 그 동안 주고받은 무수한 신호체계가 하나하나 모여 일종의 각본이 마련된다. 구성원의 캐릭터가 자연스럽게 정립되고 이야기의 대본이 눈치껏 주어진다. 인간은 합리적 동물이 아니라 합리화하는 동물이다. 세대를 이어 대물림되는 가운데 필요한 역할을 자연스럽게 받아들이면서 그것에 길들여지는 것이다. 그리고 배역이 탄생한다.

- 가정 안에서 벌어지는 불편한 사건을 두고 이어폰을 끼고 현장을 외면한다거나 → **방관자 또는 미아로서의 역할**
- 일이 벌어질 때마다 구성원 주변을 맴돌며 사람들의 기분을 좋게 하려한다거나 → **어린양 또는 희생양의 역할**
- 가족이 절실하게 원하는 영웅이 되려고 죽도록 노력한다거나 → **영웅 또는 해결사의 역할**
- 마음속의 잣대로 잘잘못을 가려 언젠가 칼을 들이미는 역할 → **심판자 또는 정죄자 역할**

이러한 배역은 그 동안 주고받은 무수한 신호체계가 걸러진 방대한 각본의 결과다. 처음부터 주어진 본래의 역할이라기보다는 연대성을 지켜가고 기존의 항상성을 유지하는 가운데, 어떤 형태로든 가족 안에서 사랑이라는 메시지를 나름 나누고 실천하는 공동각본이 되는 것이다. 물론 본연의 정체성은 아니다. 가정에서 구성원 간에 살아있는 극이 전개되면서 그 역할에 익숙해졌을 따름이며 생존을 위한 대처 방안이다. 고착된 자기 역할을 이끌어가면서 의도치 않게 본 모습이 탈바꿈되기도 한다. '피는 물보다 진하다'는 고전을 증명이라도 하듯 돌고 돌아 강력한 드라마로 전개된다. 그렇게 세대와 세대를 이어가고 있다.

우리는 사람들로부터 거부당하는 것에 본능적으로 고통 받게 되어 있다. 따돌림 당할 때 인간이 느끼는 고통은 자신의 피부를 도려내는 아픔의 크기와 동일하다. 하물며 서로 사랑하며 함께 살아가는 사람들 사이에서야 그 고통이 어떠할까? 이처럼 나의 나 됨은, 부적절하지만 또 다른 역기능적 사랑의 이름으로 내가 아닌 남의 옷을 입고 줄곧 남의 인생을 살아가기도 하는 것이다.

2단계 스위칭 실전연습 2
부부관계의 밑그림 그리기

이제 처음 서로를 알아가는 자세와 기분으로 배우자의 어린 시절과 지나온 성장과정을 물어봐주자. 서로의 자리로 돌아가보자. 고통이 있었다면 그 당시 겪었던 아픔 그대로, 애환이 있었다면 그때의 슬픔 그대로를 들어주자. 말하는 사람은 자신의 생각이나 판단 대신 사건을 둘러싸고 벌어진 기분과 느낌을 중심으로 이야기하고, 듣는 배우자는 상대의 이야기를 있는 그대로 묵묵히 들어주면서 상대방의 감정을 안아주자. 서로가 서로의 상담자와 내담자가 되어보는 것이다.

1.
1) 당신은 자라오면서 아버지에게서 주로 무엇을 느꼈는가?

----

2) 당신의 어머니는 당신에게 어떤 사람이었는가?

----

3) 어린 시절 당신의 아버지와 기억나는 추억은 무엇인가?

----

4) 어린 시절 잊지 못할 어머니에 대한 기억은 무엇인가?

2.

1) 당신이 아버지와 닮았다고 여기는 것은 무엇인가?

----

2) 당신이 어머니와 닮았다고 생각하는 것은 무엇인가?

----

3) 당신의 아버지에 대해 싫다고 생각하면서도 여전히 따라하는 것은 무엇인가?

----

4) 당신의 어머니와 달라지고 싶으면서도 여전히 비슷한 점은 무엇인가?

3.

1) 당신의 어린 시절, 잊지 못할 사건이나 특정한 기억이 있었다면 무엇
   인가?

----

2) 당신이 부모님으로부터 강요받거나 주입된 가치가 있다면 무엇인가?

----

3) 남편이 당신의 아버지와 특별히 닮았다고 생각하는 것은 무엇인가?

----

4) 아내가 당신의 어머니와 특별히 닮았다고 여겨지는 것은 무엇인가?

4.

배우자의 이야기를 듣고 새롭게 알게 된 점이 있다면 무엇이었는가? 그
리고 이에 따른 자신의 감정을 또한 솔직히 서술해보자.

가계도 그려보기

배우자와 함께 자신의 윗세대와 그 윗세대, 3대를 중심으로 간단하게 가계도(Genogram)를 그려보고 서로 이야기를 나눠보자. 가계도를 그리는 지침은 다음과 같다.

- 본인 위로 3세대 모든 혈육들을 넣는다.
- 자녀가 있으면 본인 아래로 1세대를 추가한다.
- 왼편은 어머니의 원 가족, 아버지 쪽은 오른편에 놓는다.
- 자녀들은 장남, 장녀를 제일 왼쪽에 두고 나이순으로 표기한다.
- 유산이나 사산한 자녀도 포함시킨다.
- 남자는 동그라미 안에, 여자는 네모 안에 표기한다.
- 가족원들의 나이는 각자 동그라미, 혹은 네모 안에 기입한다.
- 이름은 동그라미 또는 네모 바로 아래에 기입한다.
- 만일 그 사람이 사망했으면 동그라미 또는 네모 안의 나이 위에 X 자로 표시한다(사망연도는 앞에 기재하고 사망에 대해 특이사항이 있으면 기재한다).
- 혈육에 속한 모든 가족들은 사망했을지라도 반드시 포함시켜야 한다.
- 이전의 결혼 관계와 사실혼 관계도 포함시켜야 한다.
- 이혼했다면 ' ‖ '라고 단절 표시를 한다.
- 가족원들의 문화적 배경을 기재한다.
- 그 가족의 종교생활의 정도(독실한, 명목상)를 기재한다.
- 중독이나 심각한 정신질환, 그 밖의 심각한 만성질환같이 세대적인 문제가 될 가능성이 있는 사항을 기재한다.
- 가족원의 이름 옆에 관련 기타정보를 적는다. 여기에는 특이사항, 직업, 아동학대의 가해자 또는 피해자, 자살, 행방불명, 기타 가족비밀과 같은 것들이 포함된다.

A : Alcohol addiction (알코올 중독 – 과거 혹은 현재상황인지 명시)

D : Drug addiction (약물 중독 – 어떤 약물인지 명시)

P : People (사람 – 동반의존, 관계중독, 낭만중독)

E : Eating addiction (음식중독 – 어떤 유형인지 명시)

S : Sexual addiction (성 중독)

Sm : Smoking addiction (흡연 중독)

W : Work holism (일 중독)

G : Compulsive gambling (도박 중독)

EX : Exercise addiction (운동 중독)

SP : Sport addiction (스포츠 중독)

T : Compulsive thrill-seeking (충동적인 스릴 중독)

R : Religious addiction (종교 중독)

P : Power addiction (권력 중독)

V : Domestic Violence (가정폭력)

M : Serious Mental illness (심각한 정신질환 – 어떤 유형인지 명시)

I : Serious Physical Illness (심각한 신체질환)

CR : Criminal behavior (범죄행위 – 어떤 유형인지 명시)

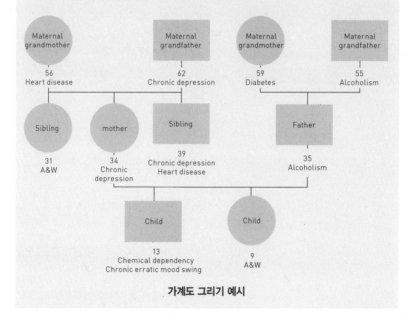

가계도 그리기 예시

Identifying
3단계 팀플레이 _ 함께 알아가기

달래주거나 달라지거나
Is it caring or changing?

현대인들이 감정에 휘둘리며 산다거나 감
정의 노예가 되어 산다는 말들을 쉽게 하
는데 실은 정반대이다. 감정을 따라 제대
로 살지 못하는 것이 현실이다. 오히려 감
정 대신 '감정적으로'만 살기 때문에 문제
가 생기는 것이다. 진짜 감정은 만나지 못
하고 산다.

부부 행동패턴 진단
(CAC, Couple Action Pattern Checkup)

다음 24가지 행동패턴 가운데 자신에게 반복적으로 드러나는 행동패턴은 무엇인지 스스로 점검해보자(아래 목록의 번호에 붙은 AP는 Action Pattern(행동패턴)의 약자임).

AP-1. 나 안다 다 안다 – 가르침을 거부함
다른 이들의 생각이나 지적에 대해 수용을 거부하는 태도
특징 다른 사람이 지적하면 자존심 상해 한다.

AP-2. 나 복수 '한' 복수 – 결과 보복주의
참고 기다리고 있다가 자신에게 유리한 상황이 되면 공격성을 드러내는 태도
자주 쓰는 말 "너 한번 두고 보자" "내가 그대로 똑같이 갚아줄게"

AP-3. 나 이미 간파한 – 결과 증명주의
상황을 재고 판단을 유보하고 있다가 일의 결과가 나오면 자기가 이미 예견한 일이라며 으스대는 태도
자주 쓰는 말 "내가 이럴 줄 알았다니까" "내가 이렇게 된다고 했잖아" "그러게 내 말대로 했어야지"

AP-4. 나의 선 넘지 마 – 경계 선언
자신이 정해놓은 영역에 타인이 들어오는 것을 거부하는 태도
자주 쓰는 말 "나 빼고 해" "난 괜찮아" "난 지금 만족해"

AP-5. 나 해본 다 해본 – 경험주의

자신의 과거 경험이나 업적으로 현재 자신의 가치나 위치를 조정하려는
태도

자주 쓰는 말 "내가 왕년에 이랬는데" "내가 어떤 사람인 줄 알아?" "내가
그 사람 잘 알잖아"

AP-6. 나 말해 다 말해 – 넌 들어라, 난 말한다

상대방에게 말할 틈을 주지 않고 상대의 상황이나 형편을 무시하면서 자
기 이야기만 일방적으로 하는 태도

자주 쓰는 말 "글쎄, 내 이야기를 들어봐" "들어보라니까 그러네"

AP-7. 나 편해 너 말해 – 당신이 말해요, 난 들을게요

다른 사람이 하자는 대로 하는 수동적인 태도

자주 쓰는 말 "내가 뭘 알겠어요" "내 식으로 하다 일을 망치면 안 되니까"
"당신 방법대로 할래요"

AP-8. 나 간다 쭉 간다 – 독주

남의 의견이나 가치를 무시하고 홀로 결정하고 일하는 태도

자주 쓰는 말 "나는 내 길을 가련다" "싫으면 넌 빠져"

AP-9. 나 몰라 골 아파 – 부인

웬만한 사실이나 상황을 잘 받아들이지 않고 모르는 척하는 태도

자주 쓰는 말 "그런 건 잘 모르겠고 아무튼" "글쎄 무슨 말인지 나는 잘 모
르겠지만"

AP-10. 나 부족 다 부족 – 불충분

무엇을 하기엔 상황이나 능력이 부족해서 새로운 일을 할 수 없다고 생
각해버리는 태도

자주 쓰는 말 "내가 준비가 안 됐는데" "내가 아직 그럴 형편이 못 되는데"

AP-11. 나 조심 너 다침 – 비난
좋지 않은 결과의 원인이 상대방에게 있다고 말하며 그 책임을 전가시키는 태도

자주 쓰는 말 "그 사람은 잘못돼도 한참 잘못됐어" "내가 사람을 잘 본다니까"

AP-12. 나 꼬임 왕 꼬임 – 삐뚤어짐
심사가 틀리면 맞는 상황도 아니라고 우기는 태도

특징 대놓고 우기거나, 그냥 인정하기 싫어서 이상행동을 함

AP-13. 나 삭힘 막 삭힘 – 삭힘
부당한 대우를 받더라도 자신의 감정을 좀처럼 표현하지 않는 태도

자주 쓰는 말 "……"

AP-14. 나 과연 왕 글쎄 – 자기 의심
자기 능력과 가치를 의심하며 실수할까봐 탐색만 하다가 행동할 기회를 놓치는 태도

자주 쓰는 말 "음……" "과연" "이럴 때는 어떡하지?" "그러다 잘 안 되면 어떡하지?"

AP-15. 나 구구 나 절절 – 정당화
자신의 행동에 대해 구구절절 사연을 대고 변명하는 태도

자주 쓰는 말 "그때는 그럴 수밖에 없었고" "어쩔 수 없는 상황이었어" "누구라도 그랬을 거야"

AP-16. 나대로 왕 생각 – 조종
자신이 원하는 것을 얻기 위해 온갖 수단을 동원해 자기 뜻대로 통제하려는 태도

자주 쓰는 말 "무조건 내가 원하는 대로 해야 해" "일단 저지르고 보자"

AP-17. 나 정한 잘 정한 - 은폐
자기가 이미 정해놓은 기준을 지키기 위해 합당한 일을 의도적으로 배제하거나 덮어버리는 태도
자주 쓰는 말 "그게 무슨 도움이 되겠어?" "네 의견은 별로 필요 없어"

AP-18. 나 조용 안 시끌 - 침묵
자신이 원하는 것을 이루기 위해 의도적으로 말이나 행동을 억제하는 태도
자주 쓰는 말 "가만히 있으면 중간이라도 가지" "그냥 있어야 돼. 그래야 돼"

AP-19. 나 정해 잘 정해 - 판단
자신이 정한 기준에 따라 다른 사람의 행동이나 말의 옳고 그름을 정하는 태도
특징 시시비비, 설왕설래, 따따부따

AP-20. 너 깎아 다 깎아 - 폄하
상대방의 가치를 감소시킴으로써 상대적으로 자신의 가치를 높이는 태도
자주 쓰는 말 "그런 것쯤은 누구나 다 하는 것 아냐?" "그런 거 못하는 사람이 어디 있어?"

AP-21. 나 갑갑 나 단속 - 폐쇄
자신의 변화를 거부하기 위해 상대방의 제의나 접근 등을 의도적으로 막는 태도
자주 쓰는 말 "그래 봤자 난 안 바뀌니까 다가오지 마" "더 이상 오지 마"

AP-22. 나 쓸쓸 위로해 - 피해 보상감
언제나 위로가 필요하고, 위로를 통해서만 보상받을 수 있다고 여기는 태도
자주 쓰는 말 "누가 나를 위로해주지?" "나 같이 운 없는 사람은 어디에도 없을 거야"

AP-23. 나 부림 왕 부림 - 협박
상대방이 자신보다 더 열등하다고 협박해 복종시키거나 두려움을 주는 태도
자주 쓰는 말 "내가 가만히 있을 줄 알아?" "넌 나한테 안 돼" "네가 그러면 안 될 걸?"

AP-24. 나 이리 나 저리 - 회피
지금 상태를 그대로 유지하기 위해 상황을 직면하지 않고 이리저리 피해 다니는 태도
자주 쓰는 말 "아, 귀찮아. 싫어" "나는 그 사람 만나기 싫은데"

위 항목 중에서 자신에게 나타나는 항목 세 가지를 골라 아래 표에 순서대로 적어보자. 각각의 특성과 정의를 살펴보고 반복되는 행동패턴을 통해 자신의 모습을 돌아보자.

첫 번째 행동패턴	두 번째 행동패턴	세 번째 행동패턴

이번에는 배우자에게 가장 많이 드러나는 세 가지 패턴을 찾아보고 서로가 그 결과를 가지고 자신의 것과 맞춰보자.

첫 번째 행동패턴	두 번째 행동패턴	세 번째 행동패턴

AP-7	당신이 말해요, 난 들을게요
AP-9	부인
AP-10	불충분
AP-13	삭힘
AP-14	자기 의심
AP-18	침묵

AP-1	가르침을 거부함
AP-3	결과 증명주의
AP-5	경험주의
AP-8	독주
AP-11	비난
AP-19	판단

F2 P1

F1 P2

AP-4	경계 선언
AP-12	삐뚤어짐
AP-20	폄하
AP-21	폐쇄
AP-22	피해 보상감
AP-24	회피

AP-2	결과 보복주의
AP-6	넌 들어라, 난 말한다
AP-15	정당화
AP-16	조종
AP-17	은폐
AP-23	협박

기초패턴(P1~F2)별 주요 행동패턴

이별을 예감하는 변화

대화 패턴 분석

미국 워싱턴대학에서 실험을 했다. 결혼을 앞둔 커플 3,000쌍을 대상으로 3분 동안 서로의 대화를 분석했다. 그리고 그들 가운데 4년 안에 이혼할 커플이 누구인지를 추적했다. 적중률이 얼마나 되었을까? 무려 94퍼센트나 되었다. 무엇을 보고 알았을까? 부부 간에 대화만 분석해도 알 수 있는 그것, 바로 경멸과 냉소였다. 배우자를 위아래로 훑어보며 곁눈질하는 시선, 상대를 외면하면서 옆으로 흘겨보는 시선, 입꼬리를 삐죽이는 비언어적인 메시지들 말이다.

부부상담을 할 때도 서로 얼굴을 마주 보고 아이컨텍 할 것을 지속적으로 주문하는 이유도 바로 이 때문이다. 눈에서 멀어지면 마음에서도 멀어진다는 서양 속담도, 우리들이 종종 '바람났네'라고 말하는 대신 '눈이 맞았다'고 이야기하는 것도 다 같은 맥락이다. 서로 친하지 않은 사람끼리는 상대의 눈을 쳐다보지 않는다. 시선을 향하고 있다 하더라도 상대방에게 정확히 초점을 맞추고 있는 것은 아니다.

부부끼리 시선을 마주하지 못하는 이유는 스스로 방어태세를 갖추고 있기 때문이다. 다시 말해 언제든지 공격할 준비를 하고 있다는 얘기다. 사람은 '내가 누군가로부터 환영 받고 있구나'라는 사실을 알아채는 데 무려 4,000분의 1초면 충분하다고 한다. 본능적으로 눈치 채게 되어 있다. "빨리 밥상 가져와!" "술상 차려와!" 이와 같은 강압적인 명령에 일일이 순종한다 하더라도 밥상을 내려놓는 순간 재빠른 곁눈질로 흘깃하는 것이다. 관계 안에서 드러나는 모든 동작들은 자기보호를 위해 경험된 산물들이다. 겉으로는 공격적이거나 방어적 태도를 취하지만 내적으로는 자신이 경험한 과거의 상처, 아픔으로 쌓여온 고통을 태도적 메시지로 이야기하는 것이다.

부부의 이별을 예견하는 치명적인 행동패턴은 이외에도 다음과 같은 행동으로도 나타난다. 세 가지만 꼽자면 첫째 '투덜거리기'다(Lashing Out, lashing=whipping, flogging, '채찍으로 휘어 갈기다'라는 뜻). 또 다른 말로 '빈정거리기'가 된다. 이 빈정거리기도 공격적 빈정거리기와 수동적 빈정거리기로 나뉜다.

수동적 빈정거리기

"아니 뭘 그런 걸 가지고 그래?"

"저이는 나한테 맨날 저러더라."

공격적 빈정거리기

"저 웬수! 귀신은 뭐하나? 저거 안 잡아가고. 내가 못살아."

"으이그, 저 화상. 또 x랄을 한다."

단순히 버럭 소리를 지르거나 분을 표출하는 것 외에 치명적인 언사가 없혀짐으로써 상황은 점점 용납하기 어려운 극단으로 치닫게 된다. 상대방을 채찍으로 휘어 갈기는 듯한 심리적 폭력이 언어로 구사되는 것이다. 자기 내면의 감정을 차분히 설명하지 못하기에 빈정거리기와 같은 유사행위를 드러낸다. 흔히 '부정적인 감정에 지배당하지 마라' 또는 '부정적 감정에 휘둘리는 사람이 되지 마라'고 하는데, 여기서의 부정적 감정은 진짜 감정이 아니다. 분노처럼 실제 감정을 제대로 표현하지 못하는 데서 나타나는 감정적인 유발행위를 말하는 것이다. 그래서 현대인들이 감정에 휘둘리며 산다거나 감정의 노예가 되어 산다는 말들을 쉽게 하는데 실은 정반대이다. 감정을 따라 제대로 살지 못하는 것이 현실이다. 오히려 감정 대신 '감정적으로'만 살기 때문에 문제가 생기는 것이다. 진짜 감정은 만나지 못하고 산다.

이로써 자신 안의 어색한 괴리를 언사와 행동으로 재구성한다. 감정은 항상 욕구와 연결되어 있다. 그런데 자기감정을 느끼지 못하면 자신이 무엇을 원하는지도 알 수 없다. 자신이 원하는 것을 이루는 힘 또한 얻지 못한다. 게다가 현재의 감정을 느끼고 말하지 못하는 상황이 되면 그때는 그 감정을 당연시하며 받아들이게 된다. 즉 감정이 아닌 부적절한 감정적 메시지까지도 당연한 것처럼 스스로 받아들인다.

부부의 이별을 예견하는 그 다음 두 번째 행동은 '깎아내리기(Belittling)'다. 배우자를 중요하지 않은 사람의 자리에 앉힘으로써 사람에게 원래 부여한 인간의 존엄성과 제 가치를 축소시킨다. 소위 배우자를 같잖게 여김으로써 상대의 가치를 낮추고 그 사람을 그다지 중요하지 않은 사람으로 재탄생시킨다.

"잘~한다. 아니 왜 맨날 잘 알지도 못하면서 그래!"

"아니, 당신이 대체 뭘 안다고 그래?"

"지 까짓 게 알긴 뭘 알아! 주제를 알아야지!"

누구나 욕하고 싶은 심리가 있다. 살다보면 이런 일 저런 일로 분노를 표출하고 싶을 때가 생긴다. 지긋지긋한 상황에서 벗어나고픈 탈바꿈의 심리도 있다. 과거의 상처가 크면 클수록 첫눈에 이성에 확 끌리기를 꿈꾸는 탈바꿈의 심리는 더욱 크다고 한다. 이를 한꺼번에 뒤집기를 바라기 때문이다. 로또와 같은 일확천금을 꿈꾸는 심리 또한 마찬가지이다. 현재 처한 형편이 절박하면 절박할수록 기대의 폭이 제법 큰 법이다. 오는 말이 고와야 가는 말이 곱다는 속담처럼 나에게 온 것을 돌려주기 마련이다. 누군가에게 돌려주게 되어 있다. 억눌린 분노나 증오도 누군가로부터 전해진 것이 고스란히 되풀이되는 것이다. 마치 '호된 시집살이가 못된 시어머니를 낳는다'는 식과 같다. 내면에 쌓인 것은 사라지지 않고 돌고 도는 악순환이 이어진다.

비교와 열등감에 시달릴수록 남들보다 우월해지고 싶고 인정받고 싶어진다. 누군가를 비난하고 습관적으로 욕하는 이유도 역시 그 동안 받아온 비난과 욕설로 빚진 자신의 심리 상태를 바로 잡고자 하는 것이다. 부모로부터 받지 못한 빚을 되갚거나 그 힘을 청산하지 못하는 데서 오는 반사적 태도가 나타난다. 따라서 욕설과 비난, 비교와 폄하와 같은 일련의 행동패턴들은 그 동안 받아온 처우와 불균형에 대한 자기 정당화를 이루려는 조치와도 같다. 상대방을 이야기한다고 하지만 사실은 자기 내면을 이야기하고 있는 셈이다.

부부 사이의 친밀감을 파괴하는 또 다른 세 번째 행동은 '잡아떼기 (Denial)'다. 이것은 금전 문제와 같은 물리적인 소재에서부터 순결, 신실함, 서약, 신의, 배신, 정직성, 신뢰, 도덕성, 조작, 조종, 거부, 융통성 등과도 연결된 정신적 책임 소재와도 직결된다. 다른 표현으로 '부인하기'가 된다.

"아니라니까 그러네! 왜 맨날 생사람을 잡고 그러냐!"

"또 그런다. 내가 대체 뭘 잘못했다고 그래?"

"넌 왜 맨날 나한테 그러냐? 제발 잔소리 좀 그만해!"

자기방어에서 지칭하는 방어(Defense)의 개념은 상대방의 공격에 대한 방어도 있지만 좋은 것마저도 방어한다는 뜻이 더 크게 담겨 있다. 인간은 누구나 자율적이고 싶다. 따라서 누군가 지시하면 반동하기 마련이다. 하지 말라고 하면 더 하고 싶다. "먹지 마!" 그러면 더 먹고 싶어진다. 하지만 사랑으로 한 지적은 또 다른 관심의 표현이 된다. 칭찬이나 인정과 마찬가지의 성격을 지닌다. 하지만 이와 같은 기초에서 비롯된 가르침이 결여되면 제 자신이 무엇인가 잘못되었다는 점을 받아들이지 못한다. 즉 나에게 진정한 유익을 가져다주는 깨달음, 은혜, 희열, 숭고함 등의 유용한 가치마저도 받아들이기를 거부한다. 긍정적 관심을 받지 못하면 오히려 부정적 관심을 받는 식이 된다.

사람은 누구나 사춘기를 거치면서 두뇌의 대 격변기를 지나친다. 이 시기에는 전두엽이 폭발한다. 그러면서 감정과 판단을 순차적으로 일치시키면서 제자리를 잡아 나간다. 따라서 이때는 불일치가 나타날 수밖에 없는 시기다. 한복저고리에 운동화를 신겠다고 고집을 피우고, 높다란 힐을 신고 파자마를 입겠다고 우기는 때인 것이다.

사람이 여타 동물이나 기계와 확연히 구별되는 것은 공감 능력이 있다는 것이다. 개나 로봇이 다가와 "지금 무척 슬프지?" 하면서 위로와 돌봄의 손길을 내밀지는 않는다. 하지만 부작용도 있다. 개나 로봇은 상대에게 복수하지 않는다. 스스로 목숨을 끊고 자살하는 경우도 없다. 인간만이 이러한 기능을 지닌다. 하지만 사람이 지닌 더욱 놀라운 기능은 용서 또한 실행한다는 것이다. 청소년기는 반항하고 거부하고 부인하는 시기를 반드시 거치게 되어 있다. 이것은 두뇌 성장과 동시에 자연스러운 성장 메커니즘이다. 하지만 이것이 부적절한 생존 메커니즘과 맞물리면서부터 자신을 보호하려는 성향이 본능적으로 작동된다. 이로써 어른이 되어서도 반복되는 행동패턴이 거세게 나타난다.

이 시기에는 성장 메커니즘을 지켜주는 것이 필요하다. 아이들의 잘못을 보복하지 말고 있는 그대로 용서하는 경험이 필요하다. 생존 메커니즘을 성장, 발전시켜 나가는 길은 아이들의 행위를 정죄하는 대신 있는 그대로를 용납해주고 용서하는 것이다. 결국 외부에서 나를 인정해주면 사실상 자기방어는 불필요하다. 있는 그대로의 모습으로도 내가 사랑 받는다는 확신이 있다면 이 같은 자세는 군이 필요가 없다. 도망친다거나 뒷걸음질할 이유가 없다. 자신을 부풀리거나 뒤틀려 말할 필요도 없다.

'부인하기'는 따라서 좋은 것을 내 것으로 수용하는 '받아들이기'의 반대개념이 된다. 잘못된 것을 바람직한 것으로 되돌리는 복원성과는 반대되는 개념이다.

배우자를 판단하는 대화

소통에 실패하는 원인은 '너와 나는 동등하지 않다'고 서로 주장해서이다. 사람들은 자기 자신을 대하듯 상대방을 대하지 않는다. 본인을 더 생각하고 훨씬 더 우대한다. 결혼한 지 오래된 부부들도 마찬가지다. 오랜 시간을 함께 보냈으니 신혼부부들보다 서로에 대해 더 잘 알고 상대방을 이해하는 폭이 더 크다 싶지만 실제로는 그렇지 않음을 여러 실험들이 증명해준다. 이는 생각의 기초가 다 다르기 때문이다. 공자와 맹자의 생각이 다르고 플라톤과 아리스토텔레스의 생각이 다르다. 서로 다른 생각을 하면서 각자 자기가 원하는 쪽으로 흘러가길 바란다. 찰스 스윈돌(Charles R. Swindoll)은 그래서 '우리가 판단하지 말아야 할 이유'로 다음 일곱 가지를 꼽았다.

　　첫째, 우리는 모든 사실을 다 알지 못한다.

　　둘째, 어떤 사람의 동기를 완전히 이해하지 못한다.

　　셋째, 완전히 객관적으로 사고할 수 없다.

　　넷째, 그 상황에 있지 않으면 정확하게 알 수 없다.

　　다섯째, 보지 못하는 부분이 있다.

　　여섯째, 편견이 있고 시야가 흐려질 수 있다.

　　일곱째, 불완전하고 일관성이 없다.

그럼에도 불구하고 배우자와의 대화에서 사실보다는 판단을 계속해서 적용하고 싶다면 다음처럼 소통하면 된다. 첫째, 표현의 절대화다. '늘' '언제나' '항상' '모두' '매번' '진짜로' '전부' '다'와 같은 부사를 사용하면 된다. 곧바로 판단이 일어난다. 일이 잘 안 풀릴 때 "왜 매번 난 이 모양이지?" "허구한 날 이런 식이더라" "언제나 늘 이 모양이야" "맞아요. 항상 되는 일이 없어요" "내가 뭐 매일 그렇지"…… 이와 같이 말하듯, 배우자에게도 아래와 같은 식으로 말해주는 것이다.

"당신은 맨날 그런 식이더라."

"늘 하는 일이 그래."

"가만 보면 제대로 하는 게 하나도 없어."

"당신이야 늘 그렇지 뭐."

"당신네 식구들은 언제나 그래."

"당신도 하나같이 똑같아."

이런 식으로 일반적인 사실을 절대적인 부사로 바꾸면 판단이 된다.

둘째, 표현의 주관화다. 즉 형용사로 꽃단장을 하면 된다. 집을 나서려는데 배우자가 신발을 오래 신는 상황에서 "계속해서 기다리려니까 지겹다"라고 하며 당신이 느끼는 기분을 이야기할 수도 있다. 하지만 "신발 신는 데 뭐가 그렇게 오래 걸려? 게을러 터져가지고" 하면서 자신의 생각을 이야기할 수도 있다. 배우자가 머리를 짧게 자르고 와서 "내 머리 어때?" 하고 물어보면 "글쎄, 그렇게 짧은 머리를 처음 봐서 그런지 좀 어색하다" 하면서 자신의 감정을 이야기할 수도 있다. 반면 "글쎄, 좀 이상한데? 별로야~ 너무 짧지 않아?" 하며 자기의 판단을 이 야기할 수도 있다. 사실 서로에게 있어서 '게을러 터지는' 기준이나 '이 상한' 기준은 각자 조금씩이나마 다를 수 있다. 따라서 이상하다, 나약 하다, 게으르다, 용감하다, 똑똑하다, 멍청하다 등의 형용사를 주관화시 켜 구사하면 곧바로 사실보다는 판단이 된다. 매우 주관적인 판단이 이 루어지는 것이다.

셋째, 표현의 폐쇄화다. 명사로 압축해 표현하면 된다. 남편이 오늘 도 내 부탁을 무시했다. 마음속으로 '미친X', '저 화상', '저 인간' 하고 생각할 수 있다. 하지만 이런 상황에서도 특정한 필터나 렌즈로 여과해 서 보지 않는 것이다. 예를 들어 어린 아이들이 "야! 저기 거지가 나타 났다!" "저기 바바리맨이다!"라고 말하는 대신 "그 아저씨 가까이에 가 면 고약한 냄새가 나요!" 또는 "그 아저씨 이빨 사이에 때가 많이 끼어 있어요!"라고 말한다면 어떨까? 이런 식으로 눈에 보이는 사실, 피부로 와 닿는 느낌에 충실해서 그 내용을 전달하는 것 말이다. 있는 그대로 의 사실로 투과해서 설명해보라는 얘기다.

예를 들어 "당신은 말이야, 내가 하는 말을 매번 무시해!"라고 했다 면 지금 이 표현에서 사실을 넘어선 것은 무엇인가? '매번'이다. 또는 '무시'라는 표현도 정말 그러했는지 짚어봐야 할 것이다. 따라서 굳이 부풀려 말하지 않고 과장하고 판단해서 상대에게 절대성을 부여하지 않더라도 이 부분을 사실로 고쳐 말할 수 있다. 즉 "당신이 이 같은 부 탁을 들어주지 않는 게 이번으로 세 번째야." 이렇게 말이다. 때로는 속이 터지고 답답하기도 하겠지만 이런 시도를 하는 데는 이유가 따로 있다. 소통의 중심에 있는 본인에게 보다 정확한 사실을 인지시켜주는 것이 나 자신에게 훨씬 유리하기 때문이다.

누군가 나의 연약함을 지적하면 아프다. 아무리 가까운 배우자라 하더라도 고통스럽다. 때로는 나를 이해해주지 못하는 점에 더 큰 원망이 쌓이기도 한다. 따라서 내 것은 내가 직접 인정하는 것이 상대적으로 덜 아프다. 남들이 나를 이야기할 때 종종 비교당하는 느낌을 갖게 된다. 비교는 그 자체만으로도 수치스럽기 때문이다. 따라서 내가 나를 먼저 인정하는 작업은 서로의 판단을 줄이고 나의 아픔도 상대적으로 줄이는 효과를 가져온다.

예를 들어, 두 손에 사과를 쥐고 있다고 해보자. 그런데 새로운 사과를 쥐려면 어떻게 해야 하나? 손에 쥔 것을 버려야 할까? 아니다. 말해야 한다. 상대에게 내가 사과를 쥐고 있다고 먼저 말해야 한다. 그때부터 교류의 문이 열리게 된다. 상대방이 "그래? 내가 잠깐 들고 있어줄까?"라고 말하면서 드디어 오고 가는 소통이 발생한다. 이것이 상호 호혜의 원리다. 내 것을 인정하면서 교류의 문이 열리며 상대방과 대화의 공간이 마련된다. 그래야 새 것을 쥘 수 있는 기회가 나에게 생긴다.

찔림이 있다는 것은 한편으로 좋은 신호다. 깨어짐이 없이 새로운 그릇을 만들어내기는 불가능하기 때문이다. 과거부터 행해온 패턴도 마찬가지다. 우리가 자라오면서 온 몸으로 빚어온 질그릇이 깨어지는 순간, 아픔을 경험하는 재창조의 시간을 거침으로써 새롭게 탄생한다. 다시 성장하고 비로소 제 권위를 찾는 것이다.

부부 대화 기초훈련 4단계

이제 기초적인 감정 교류에서부터 화해와 용서를 향한 대화의 단계까지 서로를 마주보며 교대로 연습해보자.

1단계 대화훈련 _ 감정 전하기

연습 1

- 배우자의 시선에 말없이 적어도 6초 이상 머물러주자. 그리고 천천히 서로의 손을 잡아주어도 좋다. 어깨를 가볍게 비벼주며 몸의 긴장감부터 덜어주자.
- 이제 하루 동안 있었던 일을 중심으로 자신의 감정을 배우자에게 이야기해보자.
- 배우자는 상대의 이야기를 그저 들어만 주자. 고개를 끄덕여주거나 "그렇구나~" 정도로 간단히 맞장구를 쳐주자. 단 중간에 이야기를 끊거나 자기 생각이나 의견은 잠시 보류해보자. 그리고 이야기 가운데 배우자가 드러낸 감정 표현을 아래에 적어보자.

▶ **배우자의 감정 표현**

연습 2

- 이번에는 자신이 좋아하는 음식을 가지고 이야기해보자. 배우자에게 그때의 기분과 느낌을 생생하게 전해보자.

• 마찬가지로 배우자는 상대의 이야기를 들어만 주자. 고개를 끄덕여주거나 "그렇구나~" 정도로 맞장구를 쳐주어도 좋다. 마찬가지로 중간에 이야기를 끊거나 자기 의견이나 생각은 보류하자. 그리고 배우자의 이야기 가운데 드러난 생생한 감정 표현을 아래에 적어보자.

▶ **감정 표현**

다시 언급하지만 '기분이 좋다' '기분 나쁘다'는 적절한 감정 표현이 아니다. '기분이 없다' '기분이 별로다' 역시 적절한 감정 표현은 아니다. 감정은 옳고 그름으로도 구별할 수 없다. 이처럼 구별할 때의 감정은 판단이 된다. 엄밀히 말해 이는 도덕적 판단이다. 감정은 생각처럼 맞고 틀리는 문제가 아니다. 감정은 가치판단 이전에 우리 몸과 밀착된 1차적인 지각반응에 좀 더 닿아 있다. 만약 감정 표현이 낯설고 생소하다면 다음과 같은 보기의 예를 참조해볼 수 있을 것이다.

〈감정 표현의 예시 단어〉
즐거운 / 어색한 / 편안한 / 흥미로운 / 통쾌한
몽롱한 / 신나는 / 후회스러운 / 행복한 / 슬픈
피곤한 / 괴로운 / 부끄러운 / 초조한 / 재미있는
벅찬 / 두려운 / 망설이는 / 들뜬 / 외로운
어리둥절한 / 황홀한 / 겸연쩍은 / 기쁜 / 수치스러운
고통스러운 / 울화가 치미는 / 홀가분한 / 조급한
신기한 / 지긋지긋한 / 수줍은 / 설레는 / 얼떨떨한
맥 빠진 / 조심스러운 / 불안한 / 지루한 / 실망스러운

2단계 대화훈련 _ 교감하기

연습 1

- 최근에 일어난 답답했던 일을 중심으로 자신의 감정을 배우자에게 이야기해보자.
- 이번에는 배우자가 드러내는 감정 표현을 그대로 되돌려주자. 예를 들어 "내가 그래서 속상했어"라고 한다면 "그래서 속상했구나~" 식으로 피드백해보자. 1단계에서처럼 대화 중에 고개를 끄덕여주거나 "그렇구나~" 정도로 간단하게 맞장구를 쳐주어도 좋다. 이번에도 자기 의견이나 생각은 잠시 보류하자. 그리고 배우자의 이야기 가운데 본인이 피드백했던 배우자의 감정을 아래에 적어보자.

▶ **감정 표현**

참고로 '화가 난다'는 표현도 적절한 감정 표현이 아니다. '짜증난다' 역시 감정 표현이 아니다. 엄밀히 말해 이때는 행위가 된다. 분노 행위인 것이다. 심리적 상태를 외부반응으로 드러낸 조건반응이 된다. '방구 뀐 놈이 성낸다'는 속담에서 성낸다는 것이 그가 지닌 감정은 아니듯이 말이다. 부끄럽다거나 민망하다거나 창피한 1차적인 감정은 따로 있다. 본인에게도 화가 난다거나 짜증을 부리는 반응 이면에 보다 밀착해서 맞닿은 감정을 발견할 수 있을 것이다.

연습 2

배우자가 갑자기 어떤 부탁을 했을 때 만약 그 부탁을 들어주고 싶지 않다면 그때의 자기 의사를 건강한 자기표현으로 바꿔보자.

▶ 감정과 욕구 표현

마찬가지로 배우자는 상대방의 이야기를 들어주자. 그리고 배우자의 이야기에 대한 자신의 감정을 표현하면서 대화를 이어가보자.

▶ 감정과 욕구 표현

3단계 대화훈련 _ 화해하기

연습 1

A1. "어제 일은 미안해. 늦게라도 전화를 했어야 했는데."
A2. "맞아. 솔직히 당신이 전화 안 해서 나 지금 무척 속상해."

계속해서 상대방에게 화해를 구하는 대화를 이어가보자. 상대방도 배우자의 이야기를 듣고 자신의 감정을 표현하면서 대화를 이어가보자.

A1. 화해 구하기

연습 2

B1. "입이 열 개라도 할 말이 없어. 내가 도대체 어떻게 말을 해야 좋을
지 나도 잘 모르겠어. 미안해."

B2. "나는 당신이 그럴 때마다 매번 나만 속는 기분이야. 지긋지긋해. 더
이상 속기 싫어."

배우자에게 계속해서 화해를 구하는 대화를 이어가보자. 상대방도 배우
자의 이야기를 듣고 자신의 감정을 표현하면서 대화를 이어가보자.

B1. 화해 구하기

4단계 대화훈련 _ 용납하기

연습 1

C1. "당신이 그럴 때마다 난 정말이지 쥐구멍에라도 숨고 싶어. 꼭 다른
사람들 앞에서 그래야 해? 안 그러면 안 돼? 너무너무 속상해!"

C2. "미안해. 나도 어쩔 수 없었어. 그리고 잘 안 돼. 나도 잘 해보려고 노
력하는데…… 당신 속상하게 해서 정말 미안해."

C1. 용납하기

연습 2

D1. "나 그 동안 당신 때문에 매우 힘들었어."

D2. "맞아. 나 때문에 당신이 많이 힘들었을 거야. 사실 그때는 내가 왜 그랬는지를 나도 잘 몰랐어. 미안해."

D1. 용납하기

여기서 한 가지 의문이 들 것이다. 3, 4단계의 예시 중에서 3단계에서는 왜 '화해 구하기'인 데 반해 4단계에서는 '용납하기'라고 씌어 있을까? 대화의 패턴 모두 '미안하다'라는 표현을 잘 전달하고 있으며 그로써 '사과하기'의 형식을 갖추고 있다. 하지만 그 중에서도 4단계의 예시는 화자가 전달한 감정 표현을 정확히 짚어주었다. 예를 들어 "너무 속상해!" "너무 힘들었어!"에 대한 구체적인 감정호소에 대해 "당신 속상했구나" "너무 힘들었지"라는 식으로 배우자에게 동일한 반응을 보이고 있다. 물론 계속해서 어떤 대화를 이어갈 것인지는 주관적으로 결정할 문제다. 단 이같은 예시 안에서 배우자의 감정 표현에 대해 되짚어주고 되돌려주는 피드백이 형성되었다면 이 점을 수용해서 상대방을 용납하는 대화를 이어가보라는 것이다.

그렇지 못한 3단계의 경우에는 다시 한 번 상대방의 감정을 되짚어 화해 구하기를 시도해보라는 의도이다. 그렇다면 3단계 A2번의 경우, "맞아. 당신이 전화 안 해서 나 지금 무척 속상해!"는 '속상해'에 주목해서 다시 한 번 화해 구하기의 대화를, B2번 "당신이 그럴 때마다 매번 나만 속는 기분이야. 지긋지긋해"는 '지긋지긋하다'라는 감정 표현에 주목해서 부부 대화를 계속해서 이끌어 갈 수 있을 것이다.

대화로써 상처 달래기

잠들었던 신뢰 호르몬을 깨워라

아내는 결혼 전에 배우자를 고르는 조건으로 세 가지를 늘 생각했었다고 한다. 첫째는 상대가 김 씨는 아니었으면 했고, 둘째는 형제가 아주 많은 집안이었으면 했으며, 셋째는 목회자 가정에서 자란 터라 남편이 교회를 다니는 사람이었으면 했단다. 공교롭게도 나는 이 세 가지 조건을 전부 다 충족시키지 못했다.

하루는 아내가 예비신부로 우리 집에 놀러오게 되었다. 나이가 연로했던 나의 홀어머니는 나중에 치매가 오기 훨씬 전부터 사람을 의심하는 증세를 보이셨다. 아니나 다를까 그날따라 집 안에 반지가 없어졌다고 소란을 떨게 되었다. 그리고는 아내가 반지를 훔쳐갔다고 다짜고짜 의심하기 시작했다. 아내는 그 상황을 두고, 그 때 왜 자기가 그 집을 나오지 않았는지, 뒤도 안 돌아보고 그때 나왔어야 했는데 그러지 못했다면서 여전히 기막혀 한다. 나는 평생 동안 요리 한번 안 하던 사람이었는데 그날따라 예비신부인 아내에게 김치볶음밥을 해주겠다고 주방에서 부산을 떨고 있었다. '이 결혼을 때려 쳐, 말아?!' 속으로 아내가 갈등하던 찰나에 부엌에서 자신을 위해 일하는 내 뒷모습을 보았다고 한다. 그렇게 아내는 나와의 결혼을 굳게 결심했다. 내 뒷모습이 너무나 처량해서 '저런 홀어머니와 어떻게 살고 있을까?' 하며 한 인간을 구해주는 차원에서라도 결혼해야겠다고 생각했다는 것이다.

우리 몸이 물질로 만들어져 있다는 주장을 지지한다면 우리가 어떤 생각을 한다거나 행동을 선택할 때도 이에 상응하는 신경분비물질이 흐르고 있다는 것에 동의할 것이다. 그렇다면 아내가 나를 배우자로 받아들여야겠다고 결심했을 때 어떤 물질이 분비되고 있었을까? 어처구니없는 방금 전 상황에서 아내의 몸에서는 옥시토신이라는 호르몬이 분비되고 있었다. 아이들에게 젖을 물릴 때 나타나는 양육 호르몬 말이다. 내 주위의 커플 중에서도 연애 때 노발대발 싸우다 상대가 떠나는 뒷모습이 너무나 쓸쓸해 보여서 결혼한 경우가 있었는데 따지고 보니 우리 부부도 그런 셈이었다. 때때로 여성 보호본능이나 모성애를 자극한다고 할 때 바로 이 옥시토신의 분비와 관련되었다고 볼 수 있다.

그렇다면 마음에 드는 여자를 보았을 때 남자에게는 어떤 호르몬이 분비될까? 테스토스테론이라는 남성 호르몬이다. 여자도 상대방이 싫지 않다면 에스트로겐이라는 여성 호르몬이 분비된다. 사랑에 빠지면 노르에필레플린, 페닐에틸아민, 엔돌핀, 세로토닌 같은 신경전달물질이 왕성하게 분비된다. 노르에필레플린은 흥분된 아드레날린의 자극으로 인해 심장을 더욱 두근거리게 하고, 페닐에틸아민은 묻어둔 열정을 분출시키는 역할을 하며, 엔돌핀은 만족스런 쾌감을 자극한다. 그리고 세로토닌은 상대방의 결점을 인식하지 못하도록 두 눈에 콩깍지를 씌운다. 하지만 이 같은 호르몬이 분출된다고 해서 남녀 사이의 결혼을 당장 결정짓지는 않을 것이다. 저 여자를 갖고 싶다, 혹은 저 남자 품에 꼭 안기고 싶다고 해서 곧바로 백년가약을 맺는 건 아니다. 즉 옥시토신이 마련되어야 한다.

상담가들 사이에서 '상담은 곧 옥시토신의 분비과정이다'라는 말이 자주 오간다. 바로 배우자의 이야기를 들어줄 때도 마찬가지로 옥시토신이 분비된다. 배우자의 두려움을 골라내어 서로가 상대의 감정에 깊이 있게 다가갈 때 이것이 분비된다는 말이다. 이는 상대의 격노함과 마음속에 억누르던 압박감을 풀어주고 부드럽게 달래는 효과를 가져온다.

하지만 옥시토신은 우리를 기분 좋게 만드는 도파민과는 성격이 다르다. 예를 들어, 가게에서 마음에 드는 옷을 골랐다. 디자인이 마음에 들고 가격도 저렴해서 기분이 좋았다면 이때 분비되는 것이 도파민이다. 잠시 걸어가는데 예쁜 지갑이 눈에 띈다. 아내에게 사다주면 무척 좋아할 것 같다. 그래서 이것을 사가지고 아내에게 빨리 주기 위해 집으로 가는 길이 즐겁다면 이때는 옥시토신이 함께 분비되고 있는 것이다. 옥시토신은 관계 안에서만 형성되는 내분비 물질이다. 생식, 출산, 수유와 같이 사회적 결속을 기반으로 한 호르몬이며, 봉사활동을 한다든지 남을 위해 자원하고 베풀고 나눌 때 발생하는 관계성 호르몬이다. 아이와 놀아줄 때도, 심지어 강아지와 놀 때도 이것이 분비된다고 한다.

옥시토신의 효능은 또한 코티솔 분비를 억제한다. 가장 좋은 명약은 사랑만한 게 없다는 말을 증명이라도 하듯 옥시토신은 암 분비물질로 알려진 스트레스 호르몬, 즉 코티솔을 제어함으로써 불안, 공포, 두려움, 미움, 화, 원망, 용서 못함의 수치도 감소시킨다. 독일에서 행해진 한 실험에서 남자들에게 옥시토신을 주입하고 불륜의 척도를 재어보았더니 그 지수가 현격히 줄더라는 것이다.

오랫동안 부부 사이의 대화가 단절이 되어 있는 상태에서 서로의 눈을 마주하면 대부분 눈물이 절로 난다. 오랫동안 쌓여 있던 감정이 울컥해서 그렇기도 하지만 그 동안 잠재워진 신뢰 호르몬이 우리 몸에서 활동하기 시작하는 것이다. 전쟁 같은 사랑을 두고 너와 나의 사랑의 호르몬이 또 다시 체내에서 작동을 시작한 것이다.

상대방의 상처 달래기

나의 아버지의 모토는 '정신일도 하사불성'이었다. 정말 성질이 불같으신 분이였다. 학창시절 만주에서 운동선수까지 하셨던 분이라 기운도 세지만 화가 한번 나면 물불을 안 가리셨다. "칼 위에 올라 서라!" 그러면 정말로 올라 서시는 분이었다. 그런 아버지가 나는 세상에서 제일 무서웠다. 나는 엄격한 아버지가 무서워서 어려서부터 돈 달라는 소리 한번 못하면서 자랐다. 나중에 성인이 되어 내 안에 지닌 아버지상을 치유하는 데 꽤 힘이 들었다. 내 안에 자리 잡은 깊숙한 두려움도 함께 말이다.

내가 초등학생이던 70년대만 해도 아버지들은 대부분 월급을 봉투째 가지고 오셨다. 오는 길에 대포도 한잔 하고 한 손에는 고기를 신문지에 말아서 들고 오셨다. "얘들아~, 아빠 오셨다." 이 한 마디에 자녀들은 도열을 했다. 집집마다 벌어지는 풍경이기도 했다. 끼니때는 집안의 어른인 아버지가 제일 먼저 숟가락을 들었다. 나는 밥 먹으면서 아버지한테 종종 작살이 났는데 어른보다도 먼저 수저를 든다는 이유 때문이었다. 뿐만 아니라 국에 수저를 어른보다 먼저 집어넣는다고, 또 밥상머리에서 밥알을 질질 흘린다는 이유로도 혼이 났다.

돌이켜보면 나중에 성인이 되어 아버지가 돌아가신 날 나는 꽤 많이 울었는데 한편으로는 속이 시원했다. 그때는 마치 하늘이 열린 것 같았다. 내 기분이 그랬다. 하지만 아이를 낳고 내가 아버지가 되고 보니 아버지의 모습을 다시금 들여다보게 된다. 그리고 공교롭게도 내 모습과 아버지의 모습이 공존하는 것을 발견할 수 있었다. 나 역시도 당신을 따라하고 있는 게 아닌가.

대한민국 남편들이 달라지긴 했다. 유모차를 미는 것은 기본이고 백화점, 공원에서 아기 띠를 매고 있는 아빠들을 찾기란 그다지 어렵지 않다. 아빠가 기저귀를 갈고 애들 데리고 놀러 다니고 캠핑 가서 밥 해주고 고기도 구워주고 토닥토닥 잠까지 재워주는 일이 일반화되었다. 더 중요한 것은, 아…… 그러고도 실은 별로 좋은 소리를 못 듣는다는 것이다.

하지만 세대가 바뀌고 남자들의 조류가 바뀌었음에도 여전히 달라지지 않는 것들이 있다. 나의 아버지처럼 버럭! 소리친다든지 어머니처럼 말로 이야기하는 대신 아예 입을 굳게 닫아버리는 것 말이다. 말을 아주 크게 하거나 아니면 아예 안 한다. 쏟아내거나 혹은 묻어버린다. 때때로 남자들도 아내와의 말다툼이 싫어서 피한다고 하지만 사실은 회피도 마찬가지로 수동적인 공격이다. 화를 내는 것과 똑같은 양상이다.

나와 아내는 주로 피한다기보다는 공격형이 된다. 참다 참다 못해 터지는 식이다. 그리고 풍선이 부풀어 오르더라도 꼭 터지는 데서 터진다. 가장 연약한 부분이 터지는 것이다. 하지만 내가 아는 어느 부부는 반대로 일주일이고 한 달이고 서로 말을 안 한다. 그렇다고 우리처럼 싸우다 말이 안 통해서 말을 안 하는 것이 아니다. 그냥 말없이 홀로 집을 떠나서는 3일이고 4일씩 여행을 다녀오기도 한다. 참 신기하다. 그러고는 아무 일 없었다는 듯이 제자리로 돌아와 일상을 산다. 궁금해서 "괜찮냐" 하고 물어보면 아무 일 없다는 듯 "서로가 그러면서 풀린다"고 한다. 어느덧 둘 사이에도 패턴이 되어버린 셈이다.

종종 여자들은 자기 마음에 안 들면 말을 잘 안 한다. 그때마다 남자들이 하는 질문이 있다. "왜 여자는 삐치면 말을 안 하냐?"는 것이다. 여자들이 답하기를 "아니, 자기가 나를 삐치게 해놓고서 그 이유를 나에게 물어보면 말을 하고 싶겠어?"라고 답한다. 여기서 주의할 점은 남자가 그렇다고 가만히 있으면 더욱더 위험하다는 것이다. 오히려 난리가 난다. 겉으로는 그러면서도 조심스레 다가와 풀어주기를 기대한다. 자칫 속이 부글거리다 기다림에 지쳐 여자 마음의 문이 굳게 닫히기라도 하면 이때부터의 단절은 더욱 오래 간다. 이럴 때는 배우자의 반응에 포기하지 말고 부드럽게 다가가 살살 달래줘야 한다.

하지만 무턱대고 "여보. 미안해" 그러면 "미안해? 뭐가 미안한데! 이유가 뭔데!?" "……" "이유가 뭔지도 모르면서!" 그러면 산통은 더 깨진다. 남편은 그러는 아내를 도저히 이해할 수 없다. '아니, 미안하다고 했으면 됐지. 또, 뭘?' 그런데 아니다. 배우자가 왜 그러는지 정확한 이유를 파악해서 분명히 가지고 가야 한다. 사실 남편은 자기가 무엇 때문에 아내를 화나게 했는지 확실히 모른다. 매우 불편하지만 사실이다. 나중에 만약 그 이유를 알았을 때도 "뭘, 그런 거 가지고 그러냐?"라고 말할 확률이 높으며, 그러면 또 다시 산통 깨지는 일만 남았다.

앞서 이야기했듯 위기가 촉발되는 상황에선 이성적인 전두엽이 닫히고 감성의 아미그달라가 대신 작용한다. 생각으로 달라지는 타이밍이 아니다. 상처 난 감정을 싸매줘야 하는 일만이 유일한 방법이다. 구멍 난 조각을 꿰매줘야 할 시점인 것이다. 네가 맞고 내가 틀렸다고 잘잘못을 가려봐야 달래지지 않는다. "무조건 내가 잘못했다"고 빌어봐도 소용이 없는 것이다. 그리고 더이상 효과적이지도 않다.

이때는 채워지지 않은 허기를 드러낸 시점이다. 지금 밥 달라고 조르는 때이며, 현재 채워지지 않은 애착의 공복 시제이다. 이것이 채워지지 않으면 갓난아이들처럼 조르고 투정부리고 생 난리를 치게 된다. 애나 어른이나 다를 바가 없다. 나이를 먹고도 왜 저러냐는 평가는 당연히 일어난다. "배운 사람이 왜 그래! 오히려 더하네!"와 같은 반응도 일어난다. 나이나 지위, 학력, 성별과는 전혀 무관하다. 배우자에게는 지금 이것이 고픈 것이다.

이는 누구나 지닌 현상이다. 그 어느 누구도 부모로부터 완전한 사랑을 받아보지 못했기에 더욱 그렇다. 게다가 본인이 받아본 사랑을 결국에는 기초 정체성으로 참조한다. 도둑질도 해본 놈이 알고 고기도 맛본 사람이 그 맛을 안다. 가본 길을 참조해서 따라가는 것이다. 종종 이 같은 애착 결핍을 구분해서 '트라우마 A'와 '트라우마 B' 형으로 일컫는다. 양육자로부터 받아야 할 것을 받지 못했다면 A형, 받지 말아야 할 것을 받았다면 B형으로 나타낸다. 즉 성장 과정에서 부모로부터 받아야 할 보살핌과 관심, 애정을 받지 못해서 생기는 상처를 트라우마 A형이라 하고, 반대로 부모로부터 학대를 받았다거나 구타, 폭력, 비교, 강압적 지시, 지적 행위, 부당한 규칙의 강요 등으로 마음에 씻을 수 없는 상처가 자리 잡은 것을 트라우마 B형이라고 한다.

A형은 비의도적 학대다. 무방비로 방치되기도 했지만 오히려 이것을 발판으로 자수성가한 사람들도 많다. 집안의 영웅, 집안의 착한 아이, 마스코트의 역할을 하기 쉽다. 그러면서 진짜 감정에는 무감각한 사람들이 많다. 자극에 주로 반응하기 쉽고 성과와 업적과는 상관없이 오히려 무존재감을 지닌다. 독립된 인격체로 서다 보니 상호관계적인 인격체 안에서는 죽는 것이다. 사람이 혼자 있다는 것은 죽는 것이나 마찬가지다. 인간의 독특한 모습이다. 이는 수치심과도 연관되어 있다.

B형 학대는 사랑 받아야 할 사람에게 공격을 받았다는 것이 그대로 수치가 된다. 강박, 완벽주의, 통제, 조종…… 이 모두가 수치심을 다시 경험하지 않기 위해 몸부림치는 것이다. 정신병리와 중독 문제의 45퍼센트 이상이 수치심과 연결되어 있다. 중독자들은 수치심이 더 많이 노출되어 있는 경우일 뿐이다.

심리적 외상의 종류 _ 트라우마 A형, B형

A형 외상

- 정서적인 안정감과 함께 공급되어야 할 필요가 채워지지 못한 것

- 있는 그대로 소중히 여김을 받지 못함

- 가족 구성원에게 존재 그 자체로 즐거움이 되어본 경험이 없음

- 적절한 신체 접촉과 보호를 받지 못함

- 개인의 재능과 자원, 역량을 개발할 여건과 기회를 갖지 못함

- 자신의 가치나 신념에 대해 무조건 또는 제한 없는 지지를 경험하지 못함(예를 들어 "네가 원하지 않으면 너는 그것을 하지 않아도 괜찮아. 그래도 좋아"와 같은 말)

B형 외상

- 일어나지 말아야 할 일이 일어난 것

- 마구 흔들기, 따귀 때리기, 머리채 끌어당기기 등

- 상처와 자국을 남기는 폭력적인 체벌

- 부적절한 터치, 키스, 성교와 같은 성 학대

- 언어적 학대, 욕설, 무분별한 지적

- 분노로 아이를 징계하고 유린하고 격리하는 것

심리적 상처는 아무 일 없이 물 흘러가는 상황에서는 전혀 문제시되지 않는다. 급격히 꼬인 상황, 예견되지 못한 상황에서 보란 듯이 촉발

되는 것이다. 사랑 받아야 할 사람에게서 학대를 받았다거나 사랑이 결핍되었다면 곧바로 수치심이 마련되고 이것이 작동한다. 이는 인간만이 지니는 독특한 현상이다.

상황에 따라서는 분노를 넘어서 자기애적 격노함이 쏟아져 나오게 된다. 이때는 신체적으로 온 몸에서 기운이 빠져나가는 것 같이 맥이 빠진다거나 주눅이 들고 자신감을 잃게 된다. 아니면 피가 확 몰리거나 쏠려서 가슴 한켠이 뻐근해진다거나 뒷목이 뻣뻣이 굳어진다거나 하는 식이 된다. 그 동안 묻어두었던 잠재된 상처가 현재형으로 솟구쳐 오르는 것이다. 그 동안 막혀 있던 불통의 회한, 소통하고 공감하지 못한 데 따르던 관계에서 단절된 고통이 폭포수처럼 터져 나온다. 생각해서 나타나는 것이 아니다. 우리가 분노를 다스리는 법에 대한 책을 끝까지 읽지 않았기 때문에 분노를 못 다스리는 건 아니지 않은가. 과거 어린 시절의 상처를 전혀 몰라서 그렇던가? 알더라도 그것이 설마 그 자리에서 바로 회복이 되고 치유가 되던가?

이러한 근본적인 이유를 이해한다면 서로의 형편을 따지지 말고 지지하는 게 우선이다. 하지만 실제 상황에서 벌어지는 우리네 현실은 또 다르다. 따지기 쉽다. 잘못을 가리기 쉽다. 돕는다 하더라도 당장 축대가 무너지고 있는데 "너 왜 그러느냐?" "왜 든든하게 세우지 못했느냐?" "무너지지 않도록 참아야 하지 않겠느냐?" "잘 막고 견뎌야 하지 않겠느냐?" "다 지나간다. 언젠가 아무 일도 없었다는 듯한 때가 올 것이다" 이런 조언을 하기 쉽다. 자신도 두렵기 때문이다. 해결하지 못할 두려움 때문이다. 그래서 따지고 고치려 든다. 자신의 문제도 함께 테

이블 위에 올라가는 것이다.

  배우자에게 총을 겨누다 말고 배우자를 지지해보자고 하는 그 와중에 자신도 견디지 못하고 무너진다. 결국 다 함께 생 난리를 치고야 만다. 그 두려움으로 인해 더욱더 큰 소리를 지르거나 문을 닫고 침묵으로 달리는 수동적인 분노를 최종적인 해결 방안으로 취할 뿐이다.

대화로써 결핍 풀어내기

배우자가 지닌 두려움

아내는 아직도 어릴 적 외가에서 경험한 수치심에서 헤어나지 못했노라며 여전히 고개를 절레절레 흔들곤 한다. 아내의 외가 쪽은 그 지역에서 꽤 내로라하는 집안이었다. 여성편력이 심했던 아내의 외할아버지에게는 배 다른 자식들이 있었다고 한다. 그런데 어느 날, 외할아버지가 한 집에 살던 일가를 집 밖으로 내몰았다. 하지만 명절 때면 이들을 불러 모아 식사를 하곤 했는데 아내는 그때마다 큰엄마 댁 사촌언니들을 보기가 수치스러웠다고 한다. 같은 할아버지 밑에서 누구는 보란 듯이 떵떵거리고 사는데 자기네 식구는 그렇지 못한 것이 너무나 치욕스러웠다고 했다.

그때 입었던 사촌언니들의 옷차림, 자신에 비해 훨씬 하얗고 뽀얀 피부, 깍쟁이 같은 말투, 뻣뻣한 행동거지, 사람을 대하는 그들 나름의 태도가 비록 어린 아이였음에도 불구하고 온몸에 거부감이 들 정도로 기억에 생생히 남아 있다고 했다. 그래서 나이가 들어서도 그때와 같이 비슷한 환경에 처하면 스스로도 어찌할 수 없는 자괴감과 알 수 없는 분노가 함께 밀려온다는 것이다.

나는 어릴 적에 조립식 과학교재를 한번 사보는 것이 소원이었다. 노벨과학사에서 나온 모터 달린 전차나 탱크 같은 것들 말이다. 물질적인 풍요가 지금보다는 덜한 시대였고 게다가 나는 아버지가 무서워서라도 나의 필요나 욕구를 당당하게 말하지 못했다. '나도 갖고 싶어요'라고 자연스런 욕구를 말해볼 수도 있었으련만 이를 참는 것은 내가 지켜야 할 도리라고 합리화했다. 아버지가 몹시도 두려웠지만 아버지 자체가 두렵다기보다는 아버지로부터 거절당하는 것이 더욱 두려웠다. 두려움 중에서도 거절감이 상당히 자리 잡고 있었던 것 같다.

나중에 어른이 되어 직장생활을 시작하면서 기업들을 상대로 마케팅 업무를 했다. 성과가 무척 좋았다. 하지만 내면에서 끓어오르는 묘한 정체를 그 당시에는 알지 못했다. 단순히 내가 하던 업무가 전문적인 경력을 필요로 했기에 힘들 수밖에 없다고만 여겼다. 하지만 고객을 대하고 전략을 수립할 때마다 스멀스멀 올라오는 고통의 뿌리에 바로 권위자의 모습을 한 아버지가 있었다. 거절당할 것에 대한 깊은 두려움이 깔려 있었던 것이다. 특히 아버지와 같은 스타일의 기관장들에게는 더더욱 큰 부담감을 느꼈다. 그들의 냄새, 말투, 옷매무새, 사람을 대하는 태도, 지시하는 요령, 요구하는 자세 등등에서 말이다.

자녀를 갖게 되면서 나는 이러한 두려움이 대물림되는 것이 무엇보다도 싫었다. 그래서 이것을 극복하려 했지만 쉽지 않았다. 이제는 그 원인을 보다 잘 알고 있지만 때로는 이것이 더 큰 화근이 되기도 한다. 알고 있으면서도 다르게 행동하지 못하는 나 자신을 이중으로 책망하는 것이다. 특히 거절감의 반사작용으로 자리 잡은 절제의 미학이 자칫 아이들에게까지도 심겨질까 조심스러웠다. 그러면서도 나와 같은 부자연스런 행동이 아이에게 드러나는 것을 볼라치면 오히려 더 엄중하게 꾸짖고 혼내며 야단을 치고 있었다. 어떤 때는 내 아이가 어릴 때의 나처럼 형편과 상황을 꾹 참지 못하고 칭얼거릴 때면 더더욱 요동을 치는 것이었다.

이렇게도 저렇게도 내 안의 평정심을 잃기는 마찬가지였다. 자신의 어린 시절 감정이 아이를 통해 대신 나타나는 것을 대 감정(Meta-Emotion)이라고 하는데, 이 같은 대 감정으로 인해 나도 그렇고 아내도 그렇고 서로를 붙들고 괴로워하기는 마찬가지였다.

공감의 결핍, 소통의 결핍

자신의 필요가 채워진다면 이로써 두려움이 사라져야 하는데 두려움이 없는 사람은 없다. 물질적 풍요를 경험한 사람들을 보면 안다. 남들보다 큰 부를 축적한 카네기도, 록펠러도, 그 어느 한 사람도 자신의 두려움을 원초적으로 해결하며 살지는 못했다. 폴 트루니에(Paul Tournier)는 그래서 "그 누구든 자기가 원하는 것을 성취하지 못할 것이라는 두려움 없이 무엇인가를 바랄 수는 없다. 자기의 욕망을 성취하는 데 안으로든 밖으로든 방해받을 수 있다는 두려움 없이 살 수 없는 것이다. 따라서 인간에게 두려움이 없는 삶은 없다"라고 말했다.

게다가 물질이 공급되는 상황에서도 정신적인 결핍을 경험하며 산다. 화려한 밥상에서 서로 말 없이 먹다 남기는 식사 한 끼보다는 단칸

방에서 상다리를 둘러싸고 흥겹게 벌이는 밥 한 톨의 전쟁이 오히려 진정한 결핍이 무엇인지를 재조명하게 한다. 오히려 우리가 삶에서 고통 받는 결핍은 물질 자체의 문제라기보다 그것을 둘러싼 공감의 결핍이 더 크게 작용한다.

물질의 수급은 언제 어디서나 끊임없이 일어나는 현상이다. 그래서인지 부모는 아이에게 이 문제를 근본적으로 해결하려고 나선다. 자녀에게 미칠 부족함을 차단하고 필요를 공급함으로써 부모 역할을 다하려고 한다. 그것으로 위안을 삼으려 한다. 1등 신화를 향한 극성적인 자녀 교육이나 기러기 아빠들도 탄생하게 된다. 그러나 이것으로는 채워지지 않는 또 다른 결핍이 발생한다. 완전하지 못하다.

영화 〈사운드 오브 뮤직〉에서 트랩 대령은 아이들의 필요를 그때마다 공급함으로써 "대체 무엇이 문제냐?"며 접근한다. 하지만 가정교사인 마리아 수녀는 물질의 공급이 아니라 그것을 주고받는 과정에서 아이들에게 결핍된 교감을 채워주려 한다. 굳이 비교하자면 물질을 둘러싼 교감이 물질 자체보다 강력하며 더욱 효과적이다. 물질로 채워지지 않는 허전함보다는 사람과 사람 사이에 교감이 채워지지 않음으로써 생기는 공복감이 삶에서 훨씬 더 오래 가기 때문이다.

배우자가 느끼는 빈곤은 그래서 경제적인 박탈감, 지난 시절에 있어서 환경의 궁핍함만을 말하는 것이 아니다. 그 심층에 채워지지 않은, 인간으로서 누릴 당연한 권리의 박탈감, 공감을 둘러싼 권위의 박탈감이 더욱 큰 것이다. 그것은 못 입고 못 먹고 못 살아서 한이 되는 것이 아니라, 물질적 화려함 안에서도 그러한 감정을 털어내고 옆에서 알아

주고, 서로에게 이를 나누고 지탱해주는 소통의 결핍이 더 큰 통한이
된다.

그래서 이것을 보다 깊고 강력한 수준에서 흘려보내는 작업이 필요
하다. 그렇다면 서로의 필요를 채워주는 대상은 자명하다. 심순애에게
바치는 이중섭의 다이아몬드 반지가 아무리 화려하다 하더라도 이것
을 나누는 근본적인 마음이 상대에게 채워지지 않는다면 내면의 결핍,
관계의 수립은 쉽게 이루어지지 않는다.

대화를 향한 심화훈련

부족한 내 사랑의 실험실

갑자기 곰이 나타나면 우리는 본능적으로 두려움을 느낀다. 어두운 골
목길을 걷다가도 괜히 섬뜩한 느낌을 받는다. 이 같은 두려움 말고도 무
언가 일이 잘못 되어가고 있는 느낌, 혹은 내가 뭘 잘못했나 싶을 때에
도 두려움을 느낀다. 스스로 자책하고 책망하기도 하며 소위 죄책감을
느끼게 된다. 그렇다면 이 같은 죄책감과 수치심의 차이는 무엇일까?

"저의 행동이 잘못되었습니다. 미안합니다"는 죄책감이다. 반면 수
치심은 "미안합니다. 제 실수입니다"의 경우이다. 둘 다 미안하기는 마
찬가지다. 하지만 자신의 행동이 잘못되었다고 해석한다면 그것은 죄
책감인 데 반해, '내가 나쁘다' '나라는 존재가 나쁘다'라고 해버리면
이는 수치심이 생긴 것이다.

잘못된 것이 아니다. 잘 안 된 것이다. 하지만 이것을 반대되는 능력
으로 바로 잡으려 하기에 힘이 든다. 자신을 지치게 만든다. 건강한 죄
책감은 어긋난 행동을 수정하고 양심을 바로 잡는 기능을 제공하는 반
면, 수치심은 존재 자체를 극적으로 전환시키기 위해 자신을 증명해 보

이려는 행위로 이어진다. 즉, 혁혁한 성과나 빛나는 일을 남 보란 듯이 드러내려 하거나 또는 옳은 일을 찾아 강박적으로 나섬으로써 존재의 위로로 삼으려 한다. 아니면 계속해서 상대방의 부탁을 거절하지 못한다거나 아니라고 말하지 못함으로써 좋은 사람 놀이를 이어가려는 행위로도 나타난다. 이를 통해 주위의 찬사와 칭송으로 존재감을 대체하려는 부작용이 이어진다. 결국 보이는 결과가 아무리 칭찬받을 만하더라도 그 뿌리는 내가 아닌 남의 모습으로 살아가는 것이다.

구분	죄책감	수치심
기준	잘못된 행위	존재 그 자체
판단	"내 잘못"	"내가 잘못"
보상	행동 바꾸기	존재감 바꾸기
교정	행동 전환	존재 전환의 일체 노력 – 과도한 성과 – 강박적 선행 – 자신 알리기 – 위장시키기

아이는 한마디로 실수를 통해 커간다. 반면 죄책감과 수치심은 모두 실수를 둘러싸고 벌어진다. 오류와 잘못을 둘러싼 심리적 해석에서 비롯되며 관계를 두고 자리를 잡아간다. 사회적인 존재로서 자신이 택한 행동이 다른 이들에게 어떤 영향을 가져올지에 대한 종합적 사고를 거치면서 만들어진다. 이 과정은 성장 과정에서 누구나 저지르는 실수나 오류를 거치면서 나타나는데, 누구나 잘하기 위해 잘못을 저지르면서 성장해가는 것이다. 수저를 놓치면서 수저를 잡아가는 기능을 배우고 사탕을

떨어뜨리고 나서야 사탕을 손에 꼭 쥐는 방법을 학습하는 것이다.

그런데 자신의 기능을 조절하고 제자리를 잡아가는 과정 중에 부모가 늘 있다. 말은 부모에게 배운다. 인간이 소리를 낸다는 것은 내부의 어떤 변화를 말한다. 그리고 그 소리는 부모가 내는 것과 같은 소리를 만들어낸다. 이 같은 조절과 학습 과정에서 명령을 부여하는 부모의 코드, 즉 부모와 자식 상호 간의 관계가 정체성의 기초가 된다. 아이는 모든 것이 새롭다. 처음 태어나보지 않았던가. 그래서 처음 경험하는 실수도 자신의 독자적인 해석 이전에 부모의 판결문을 미리 확보한다. 독자적인 행보가 아니다. 이를 둘러싼 의사 진행 발언과 그 판결문이 이것을 굳게 만든다. 예를 들어, 아이가 소소한 실수를 저지를 때 우리는 '아이가 잘못했다'고 해석하고는 다음처럼 이야기한다.

"너, 그게 뭐하는 짓이냐!"

"너 또 왜 시키는 대로 안 하니!"

"왜 또 징징거리냐!"

"너 지금 내 말을 듣는 거니?"

"네가 그걸 한다고? 지금 제 정신이냐!"

"옷 입은 꼴이 그게 뭐냐. 칠칠맞게!"

"이게 뭐냐 도대체! 책상 정리는 왜 안 해!"

"밥 먹을 때 제발 다리 좀 똑바로 해!"

"머리가 어떻게 된 거 아니야! 이걸 왜 틀려!"

"나도 이제 너한테 손들었다. 너한테 이제 질려버린다!"

무심결에라도 부모가 내리는 의사 진행 발언은 '이 아이는 잘못된 아이, 또는 나쁜 아이'라는 해석을 심어준다. 은연중에 아이들은 자기가 좋은 아이라면 당연히 부모님 말씀을 잘 들어야 한다고 생각한다. 게다가 자칫 고함을 치고 소리를 지르게 되면 아이는 직관적으로 자신이 받아들여지지 않는다고 해석한다. 위협 자체가 이미 처벌을 내린 것이다. 이것이 통했다면 그야말로 두려움을 통해 아이의 자발적인 의도를 꺾는 효과인 셈이다. 자기가 받은 처벌에 대한 해석은 곧 거절감으로 자리 잡게 된다. 자신의 있는 그대로는 받아들여지지 않는다는 두려움이 개입되는 것이다.

또한 아이의 행동을 수정하기 위해 내리는 조치마저도 행동 그 자체가 아니라 존재 그 자체를 지목하기 쉽다. 이 경우 더더욱 깊은 수치심으로 뿌리를 내리게 된다. 건강한 죄책감은 자신의 행동을 바로 잡는 훌륭한 조타수가 된다. 어른이 되고 내적으로도 성장하면서 자칫 어긋난 발걸음을 돌리고 방향을 바꾸는 네비게이터 역할을 할 수 있다. 하지만 행동 대신 그것을 벌인 아이 자체를 지적하게 될 때 방향성을 잃고 멈춘다거나 달리는 속도를 극단으로 치닫게 할 수 있다.

아이가 실수했을 때 자기 수정은 당연히 필요하다. 누구나 실수하기 마련이고 남들처럼 잘하지 못하는 경우도 있고, 그럼에도 더 갖고 싶을 때도 있다. 이때 '아이들의 OO은 지적하되 OO은 지지하라'고 이야기한다. 행위는 지적하되 감정과 숨겨진 욕구는 우선적으로 지지하라는 것이다. 잘못을 지적하기 전에 먼저 그렇게 하라는 것이다. "실수해도 된다. 그러니 계속해서 실수해라!"라고 두둔하라는 것이 아니라 "실수할 수도 있고, 다를 수도 있고, 더 가질 수도 있다"고 그 오류의 차이를 일시적으로 용납하라는 것이다.

또한 "너에게는 책임이 없다! 네 책임이 아니야"라고 위안하라는 것이 아니라 그럼으로써 궁극적으로는 용서를 배우게 하라는 것이다. 누군가를 풀어주고 그 행위를 용서해줄 때 행동전환에 미치는 영향은 보다 더 크고 길다.

아이는 부모의 사랑을 참조한다. 누군가를 용서하는 사람을 옆에서 바라보고 그 과정을 직접 배워보지 못하면 스스로도 용서하는 법을 배우지 못한다. 말을 배우는 과정과 동일하다. 부모에게 인사하는 예절을 배우고 예의를 배우는 것과도 동일하다. 원하는 것에 대한 인내심을 겪어보지 못한다면 다른 사람의 상실감을 자신의 것처럼 존중할 줄을 모른다. 타인의 고통과 상처, 내면에 깊이 숨겨진 아픔을 파악할 줄 모른다. 권위자와의 사이에서 문제를 둘러싼 저항과 갈등을 건강하고 친밀하게 처리해나가는 법을 배우지 못하면 사회의 부당한 권위에 맞서고 자의적인 자발성을 키울 기회를 얻지 못하는 것이다.

따라서 결핍된 자존감을 원래의 자리로 복원시키는 처방은 행위로는 다루어지지 않는다. 오히려 행위로 수정하려 할 때 내면 깊숙이 잠재워져 있는 욕망을 불태울 뿐이다. 가난은 반드시 부자가 되어 탈바꿈하고 원수는 복수함으로써 심정을 갚아주겠다는 식이 된다. 관계의 문제를 물질의 것으로 채우려 하지만 내면의 이야기는 풀리지 않는다. 그 기분이 일시적일 뿐 근원이 해소되지는 않는다. 따라서 반복적인 행위를 끝없이 초청하는 것이다.

자신의 있는 그대로의 가치를 지지하지 못하는 수치심을 회복시키는 길은 정말로 받지 못한 그것을 찾아 그것으로 채우는 것뿐이다. 여전히 결핍 가운데 허전해 하는 자신에게 다가가 나를 공감해주고 다시 관계 안에서 이것을 서로가 지지하는 것이다. 즉 수치심이 약점이 아니라, 스스로 수치스럽다고 말하지 못하는 것이 치명적인 약점이 된다. 부러우면 지는 것이 아니라 부러우면 부럽다고 이야기해야 이기는 것이다. 그래야 자신을 이길 수 있다.

다음 예시를 읽고 존재에 대한 지적에서 행위에 대한 수정으로 전환하여 빈 칸을 채워보자.

존재로 지적	행위로 전환
"너, 밥 먹으면서 그게 뭐하는 짓이냐!"	"바로 앉아서 먹어라!"
"니가 그걸 한다고! 제 정신이냐!"	"다시 한 번 생각해보면 어떨까?"
"옷 입은 꼴이 그게 뭐냐! 하고 다니는 짓은 또 뭐고, 칠칠맞게!"	
"머리가 어떻게 된 거 아니야? 이걸 또 왜 틀려!"	
"세상에, 넌 도대체 이게 뭐냐! 책상 정리는 왜 안 해!"	
"왜 또 징징대니! 내 말이 말 같지 않아?"	
"나도 이제 너한테 손들었다. 너한테 이제 질려버린다!"	

자신의 감정을 구별하기 시작했다면 이제 자신을 보다 깊이 마주할 준비가 마련되었다는 신호다. 하지만 자신의 내면 가운데 웅크리고 있

는 수치스러움을 일일이 찾아 그 연약함을 드러내기란 쉬운 일이 아니다. 게다가 이것을 누군가에게 감정으로 *끄*집어내 표현하기란 더더욱 쉬운 일이 아니다. 오로지 나만 바라보기보다는 자신의 타이틀, 사회적 역할, 책임, 주변인과의 관계를 의식하지 않을 수 없다. 이때 서로의 격려와 지지가 절실히 필요하다. 어느 누구나 자신의 안전이 보장되지 못하면 내면의 것을 온전히 드러내지 못한다. 따라서 배우자가 자신의 연약함을 가감 없이 드러내기 시작했다면 부부 대화의 궁극적인 목적은 달성된 것이다.

　이제 서로 감정을 열고 배우자의 뿌리 깊은 상처를 돌아보고 함께 돌보는 시간을 가져보자. 한 번으로 끝나는 것이 아니라 삶에서 틈틈이 반복해서 행하는 자세로 심도 있게 다가가보자.

3단계 스위칭 실전연습 2

부부대화 심화훈련 _ 두려움 고백하기

연습 1

1) 배우자의 시선에 말없이 6초 이상 머물러주자. 그리고 천천히 서로의 손을 잡아주거나 어깨를 만져주어 몸의 긴장감부터 덜어주자.
2) 지금 있는 그대로의 감정에 대해 서로에게 이야기해 보자.
3) 배우자끼리 상대의 이야기를 그저 들어만 주자.
4) 이제 배우자에게 그 동안 살면서 가장 두려웠던 순간에 대해 묻고 그 이야기를 들어만 주자. 고개를 *끄*덕여주거나 "그렇구나" 정도로 간단하게 맞장구를 쳐주어도 좋다. 이야기를 끊거나 자기 생각이나 의견도

잠시 보류하자. 그리고 이야기를 다 듣고 배우자의 이야기 가운데 두려움과 함께 드러낸 감정 표현을 사실과 함께 아래에 적어보자.

▶ **감정 표현**

연습 2

1) 이제 각자의 자리로 돌아가 자신이 경험한 두려움, 그리고 반복적으로 괴롭히는 두려움이 있다면 무엇인지 이야기해 보자.
2) 그리고 그 두려움의 뿌리를 둘러싼 스스로의 이야기를 살펴보고 발견해보자. 차분하게 정리가 되었다면 배우자와 다시 모여 마찬가지로 서로에게 자신의 이야기를 해보자. 다음은 참조할 만한 예이다.

- 스스로 불순하고 도덕적으로 결함이 있다고 여기는 두려움
- 스스로 자격이 부족하다고 여기는 두려움
- 타고난 재능이 없다고 여기는 두려움
- 쓸모없고 무능해질 것이라는 두려움
- 자신의 것을 빼앗기거나 고통에 빠질 것이라는 두려움
- 누군가의 도움을 받지 못할 것이라는 두려움
- 누군가 자신을 해칠 것이라는 두려움
- 사람들에게 거절당할 것이라는 두려움
- 자신은 보살핌을 받지 못할 것이라는 두려움
- 자신은 용서받지 못할 것이라는 두려움

SWITCH

Tracing
4단계 팀플레이 _ 함께 추구하기

만끽하거나 만족하거나
Is it savoring or satisfying?

배우자를 향한 답답한 감정도 아픔을 겪고 나면서 바뀌기도 한다. 그리고 그 아픔은 오히려 실컷 앓아봐야 알게 될 경우가 있다. 그 아픔은 나의 결핍과 배우자의 결핍이 만나는 아픔이다. 그 아픔은 고통이 어우러져 소리를 반복하고 밖으로 불거져 나온 애착의 외침이기도 하다. 치고받고 몸으로 다투는 과정도 사실은 그렇게 앓고 있는 것이다.

부부 패턴 중간점검
(CBC II, Couple Basics Checkup II)

1. 각자 배우자의 자랑을 세 가지씩 써보자.
   1)   2)   3)

2. 배우자의 인품 중에서 가장 높이 살 만한 것은 무엇인가?

   ----

3. 지금 당신 삶에 보람을 주는 것은 무엇인가?

   ----

4. 결혼생활 중에 배우자로부터 얻는 만족감을 꼽으라면? (세 가지만)
   1)   2)   3)

5. 당신에게 있어 이상적인 배우자란?

   ----

6. 지금의 배우자를 선택한 계기는 무엇이며 배우자의 어떤 점이 가장 좋았나?

계기 _____

강점 _____

7. 삶의 경험 가운데 배우자와 나누었던 것 중 가장 만족스러웠던 것에 대해 이야기를 해보라.

_____
_____
_____
_____

8. 우리 부부에게 '있는 것'을 자랑한다면? (세 가지만)

1)   2)   3)

9. 우리 부부에게 '없는 것' 중에 세 가지만 자랑한다면? (예를 들어 '서로 눈치 보는 것이 없다' 등)

1)   2)   3)

10. 지금까지 배우자와 함께 지켜온 것이 있다면 무엇인가?

11. 당신이 결혼생활에서 가장 중요하게 생각하는 것은 무엇인가? (세 가지만)

1)   2)   3)

12. 다음 주어진 대화의 주제 가운데 다루고 싶은 내용의 우선순위를 매겨보자.

    □ 자녀 육아   □ 가사분담   □ 시댁 처가 식구

    □ 재정 문제   □ 미래 인생설계   □ 음주 흡연 건강

    □ 잠자리 부부관계 □ 컴퓨터 오락 게임 □ 사교 취미 교제

    □ 외식 식사 기호   □ 사소한 문제   □ 기타

13. 부부 사이의 친밀한 관계를 방해하는 요소가 있다면 무엇인지 세 가지만 적어보자(예를 들어 과다한 인터넷 접속, 잦은 술자리, 습관적인 외출, 과다한 업무 등)

    1)   2)   3)

14. 당신이 배우자에게 양보하고 싶지 않은 것이 있다면 무엇인가?

15. 배우자가 당신에게 가장 고마워하는 점이 있다면 무엇인가?

16. 당신이 배우자에게 가장 고마워하는 점은 무엇인가?

17. 당신이 배우자에게 심어준 상처 중 가장 후회스러운 것이 있다면 무
   엇인가? 사건은 무엇이며 어떤 말과 행동을 했는가?

   사건 ....

   언어 ....

   행동 ....

18. 만약 당신이 그 사실에 대해 배우자에게 용서나 화해를 청한다면 상
   대방으로부터 예상되는 반응은?

   ....

   ....

   ....

19. 배우자에게 이것만은 특별히 부탁할 것이 있다면 무엇인지 작성해
   보자.

   ....

   ....

   ....

20. 이번에는 19번 항목을 가지고 부부가 직접 대화를 하되, 이제까지 배
   운 대화 요령으로 그 대화가 어뗘했는지 사실과 자신의 기분을 중심
   으로 써보자.

   ....

   ....

   ....

배우자 보충하기

어느 날 짐 정리를 하다 아내의 어린 시절 일기를 보게 되었다. 중학교에 갓 입학할 무렵, 장인어른 회사의 부도로 인해 하루아침에 2층 양옥집에서 길 맞은편 차고로 쫓겨난 상황이었다. 일기장 안에는 '……그런 상황에서는 꿀꺽하고 속으로 머금는 것이다. 그리고 세상을 힘껏 이겨내는 것이다.' 이와 같은 역경 보고서가 빼곡히 쓰여 있었다. 환란을 참고 견뎌내는 용기백배한 어린 소녀의 이야기가 펼쳐져 있는 것이다. 시간이 지나고 보니 결혼 전에 나와 아내가 정서적으로 닮았다고 여기던 것은 바로 이런 모습이었다. 흔히 말하는 '케미(케미스트리)가 맞았다'고나 할까? 아무튼 우리 부부는 다음과 같은 것이 꼭 닮았다.

- 다른 사람의 도움을 안 받고 뭐든지 이겨내기
- 도리나 의에 매여 나도 다른 사람을 그렇게 판단하기
- 다른 이에게 좋은 사람으로 비춰짐으로써 인정받기

나는 무섭고 엄격한 아버지 밑에서 내가 원하는 것을 떳떳하게 말하

지 못했고 그 시절에 합당한 나의 순수한 욕구를 드러내지 못했다. 어린아이로서 원하는 것을 스스럼없이 말해볼 수도 있으련만 그로 인해 아버지로부터 되돌아올 가공의 재판을 미리 판단하다 보니 나의 정당한 필요를 입 밖으로 표현하지 못했다. 말로 꺼내기도 전에 포기하거나 속으로 꿀꺽 삼키는 훈련을 줄곧 해왔던 셈이다. 그래서 우리 부부는 그런 점들이 꽤나 닮아 있었다.

나와 아내는 '아무것도 느껴지지 않는다'라기보다는 오히려 '괜찮아. 나는 아무렇지도 않다'라고 현실을 부인하는 편에 가까웠다. 그래서 자신의 순수한 욕구를 가감 없이 시시콜콜 발설하던 여타 연애 상대자들을 보며 그들을 어린아이로 취급해버렸다. 그들의 조건이 아무리 훌륭하다 하더라도 배우자감으로 삼는 눈높이에서는 제법 벗어나기 마련이었다. 이는 나중에서야 깨닫게 된 우리 부부의 모습이기도 했다.

만족하기 VS 완벽하기

겨울이면 보일러에 물 보충을 해달라는 신호가 들어온다. 순수한 욕구를 참고 자란 아이들의 내면은 언제나 현재형의 결핍이 대기 중이다. 애착이 더 없이 마르고 꽝꽝 얼어붙는 상황이 닥치면 이것을 달래줄 특단의 조치, 절대 공급원이 필요하다. 지속적으로 이것이 채워지기를 기다리고 있는 것이다.

따라서 자신이 경험한 상처나 결핍을 기반으로 순수한 욕구가 차단되면 자기 존재에 대한 불확신이 생긴다. 두려움에 기반을 둔 특정한 감정이 당신을 부끄럽게 만들었다면 이때도 불확실성을 낳는다. 존재의 불확신, 자존감의 결여, 모두 다 수치심의 또 다른 표현이다. 그리고 이로 인한 수치심을 가리기 위해 엄격한 도덕이나 철학, 종교적 규범 등을 외부에서 끌어오게 한다. 하지만 이타적으로 행동하고 노력하며 열심히 기도해도 개인적인 욕구는 살아있다. 인간으로서 삶의 생동감을 주는 순수한 내적 욕구는 여전히 원활한 흐름을 기대하고 있는 것이다.

반사회적인 일탈도 마찬가지다. 무언가 자신을 지탱해줄 조치를 외부로부터 끌어오지만 사람에게 주어진 본래 기능인 내적 욕구의 생동감에서 시작하는 대신, 밖으로부터 만족을 채우기 위한 외부게임에 의존하게 되는 것이다.

부모는 이것의 원인 제공자이기도 하고 결과적인 표적이 되기도 한다. 철학이나 행위, 종교 또는 물질로라도 자신의 결핍을 막아보려는 이유는 그 동안 받지 못한 불통의 한을 대신 조정하고자 함이다. 부모의 잘잘못을 재판하려 하기보다는 이로써 애정을 대체하려는 노력이 된다. 부족한 사랑의 문제를 부적절하지만 또 다른 사랑으로 승화시키려는 눈물겨운 작업인 것이다. 이 모든 것이 사랑하는 가족이기 때문에 발생하는 일이다. 아무도 부끄러운 일로 나를 비난하지 않게 하기 위해 이것을 더욱더 철저하게 지키려고 하고, 일이든 돈이든 종교든 업적이든 물질이든 자극이든 이로써 보충하려 한다.

나와 아내는 성장과정에서 채워지지 않은 애정의 결핍을 극복하기 위해 다음과 같은 메시지를 내면에서 반복하면서 이를 보완하고자 했다.

이는 우리 부부의 강점이기도 했다. 지난 시절의 역경을 이겨낸 주역

자기 대화	감춰진 내면의 대화
"난 괜찮아" "혼자 할 수 있어" "난 할 수 있어"	"넌 고통을 느낄 자격이 없어" "다른 사람을 의지할 자격이 없어" "내가 인정받기 위해 괜찮은 사람으로 비춰져야 해"

이 되기도 했지만, 여전히 자기 자신을 자체적으로 만족하지 못하는 결핍이 잠재되어 있었다. 주어진 상황을 끝까지 누리지 못하고 흠뻑 즐기지도 못했다. 이는 경제적 여건이 충족되었을 때도 마찬가지였다. 불안함이 늘 잠재되었다. 겉으로는 군중들의 웃음을 따라하고 대중들의 기쁨을 흉내 내고 있었지만 미지근하면서도 은근한 염려가 깔려 있었다.

외형적으로는 세련된 여가나 삶을 청해보지만 여전히 내면의 밀도는 충분히 빠져들지 못하는 것이었다. 이 같은 기초 정서를 나도 지니고 아내도 지녔다. 그럴싸한 리조트에서 휴가를 보내는 중에도 나는 마무리할 일에 대한 책임과 염려에 눌려 있었다. 즐기는 제스처에는 능숙하나 정말로 즐기는 그 자체, 그 깊은 내적 충만함에는 빠져들지 못하는 것이었다. 술을 마신다고 할 때도 술을 즐기는 시간보다는 술로 잊고자 하는 효과가 더욱 컸었다.

성인이 되어서 무엇을 즐기라 해도 충분히 즐기지 못하는 데는 맥락이 있다. 원인이 작용을 한다. 채워지지 않은 애착은 자기 자신에 대해 더 나은 느낌이 있을 것이라는 기대 또한 가로막는다. 너무 행복해도 안 되고 너무 크게 성공해도 안 되고 너무 즐거워도 죄책감을 불러일으킨다.

아내는 어린 시절 가정의 경제적 고비를 겪고 난 이후 가족 구성원 전체가 경험했던 평범하지 않았던 삶에 수치심을 지니고 있었다. 그래서 아내의 궁극적인 꿈은 아주 평범하고 그야말로 정상적으로 사는 것이었다. 엄밀히 말해 현실과 가장 거리가 먼 것을 꿈꾸는 탈바꿈의 심리인 것이다. 그리고 이 같은 수치심을 가려줄 만한 충분한 꺼리(?)들을 현실에서 찾아 나서곤 했다.

- 인정받을 일을 찾아 나서기
- 힘들고 아픈 일에도 '아니오'라고 자신에게 변명하기
- 부모와 가족 구성원의 또 다른 수치를 내 것으로 가져오기
- 도덕적으로 다른 사람을 판단함으로써 자신의 수치심을 부인하기
- 마치 수치스럽지 않게 행동함으로써 자신의 수치심을 또다시 부인하기
- 다른 사람에게 인정받기 위해 충동적으로 다시 연락을 취하기
- 어떤 느낌도 거부함으로써 수치심에서 달아나기
- 자신에게 좋은 느낌을 얻기 위해 바른 일로 인한 찬사에 의존하기
- 다른 사람과 정말로 가까워지는 것으로부터 달아나기
- 다른 사람의 감정을 책임짐으로써 자신의 수치심을 피하기

나와 아내는 정도의 차이, 시간의 차이를 두고 어찌 보면 욕구를 드러내지 못해 좀 더 일찍 성장한 모습을 띤 사람들이었다. 무엇을 알지 못했다기보다는 아무렇지도 않다고 대응했다. 어른처럼 행동한다기보다는 '어린아이로 행동하는 것이 무엇인지를 몰랐다'가 적절한 표현일

것이다. 감정의 절제, 회피, 갈등상황을 유발하지 않기 위해 '용서'라는 항목을 도덕적 종교적 양상으로 대입시키기도 하고, 감춰진 분노를 '정의'의 이름을 빌어 표출하였다.

그것은 진정한 사랑이 아니라 자신의 가치를 세우기 위함이었다. 그것을 따르고 지켜나가는 것이 본인에게는 멋지고 훌륭한 전인적 인간이 되는 지름길이기는 했지만 사랑을 실천하는 길은 아니었다. 특히 나자신을 진정으로 사랑하는 길은 더더욱 아니었다. 나로써가 아니라 내가 취하는 행동으로써 자신의 실제 모습인 양 만들어가길 원했다. 본인을 다시 적절한 존재로 바꿀 좋은 수단으로 이용하려 했던 것이다.

'완벽하기'의 폐단

내 경우에는 이 같은 폐단이 '일'로 뚜렷하게 번졌다. 자신의 두려움을 혼자서 감내하고자 하는 사람들은 이것을 회피할 대상을 찾아 나선다. 술, 돈, 섹스, 업적, 지위 등등. 일은 자기실현의 길이기도 하지만 나 자신만의 안전한 장소를 만드는 한 방편이기도 했다. 다른 가치를 모두 버리고서라도 일에 집중함으로써 생존과 번영을 위한 타인의 관심을 필히 확보한다고 여겼기 때문이다. 나로서 사는 것이 아니라, 나를 증명하는 기회로 살게 된다. 기분을 바꾸고 대체하는 수단이 종종 목적으로 바뀌고 있었다.

게다가 연약해서는 안 된다는 자기 암시마저 작동하였다. 실수해서는 결코 안 된다는 압박감을 부여하고 있었다. 스스로 만족하지 못하기에 완벽하려는 완벽주의가 자연스럽게 삶의 전략이자 생존 기제가 되었다. 이것을 버리고서는 살아갈 수 없는 것이었다. 다시 말해 스스로를 만족할 수 없게 된 것이다. 약점을 감추기 위해서라도 강점에 눈을 돌릴 만한 일들을 꾸준히 찾아 나섰다. 그리고 다음과 같은 자기 대화를 일상 중에서도 계속적으로 반복하였다.

"실수를 해서는 안 되겠지?"

"할 일은 꼭 해야지. 벌써 놀면 안 돼."

"언제나 노력해야 해. 멈추면 안 돼."

"조금만 더, 더 해야지. 여기서 쉬면 곤란해."

"정확하지 않으면 남들이 뭐라 할 걸?"

"바쁘지 않으면 내 꼴이 우습겠지? 사람들이 날 우습게 여길거야."

"이왕이면 최고가 되는 것이 널 돋보이게 할 거야."

"무엇이 널 만들까? 널 만드는 것은 너라고. 네가 힘을 내야 돼."

"이거 안 하면 안 돼. 안 그러면 다른 사람들이 날 뭘로 보겠어."

"이게 제일 좋을 거야. 안 그러면 내가 무슨 의미야?"

나의 초등학교 1학년 생활 통지표를 보면 '위 학생은 학습능력이 뛰어나고 활발하며 성실하나 자기보다 못하는 아동을 놀림'이라고 적혀 있다. 시기심이 많고 경쟁적이었던 나는 다른 아이들의 실수를 꼬집어내고 비교하곤 했다. 나의 가장 큰 장점은 '다른 사람의 약점을 정확히 꿰뚫어 보는 것!'이었는데 완벽하기에 따른 당연한 결과물이기도 했다. 점차 비판적이 되고, 어른이 되어서도 타자의 공덕을 쉽게 축소하곤 했다. 내가 한 일에 대해서는 크게 떠벌리다가도 다른 이가 한 일은 냉소로써 말을 아끼고, 그러다 입을 열면 그 진가를 최소화하는 데 곧잘 활용하기도 했다. 누구나 이런저런 사안을 두고 선택적인 완벽주의자가 되지만, 나는 나를 대하는 태도에 있어서도 정도가 심한 편이었다. 스스로 만족하지 못하는 결핍된 수치심이 내적 순탄함을 거슬렀던 것이다.

하지만 그 정체가 무엇인지를 몰랐다. 일하면서 탁월한 성과를 냈지만 나 자신을 지치게 하는지를 몰랐다. 그래서 쉴 줄 몰랐다. 휴가는 휴가 기간을 위한 휴가였다. 형식이었다. 진정한 쉼이 없었다. 삶의 휴지기가 없었다.

결국 불현듯 회사에서 실직을 당하고서야 내가 돌던 쳇바퀴를 들여다보게 되었다. 그제야 겨우 나를 바라볼 수 있게 된 것이다. 나는 나 자신을 전혀 기쁘게 바라본 적이 없었다. 나는 나 자신을 존재로서 만족하지 않고 있었으며 나조차 나를 수단으로 대하고 있었다. 내가 한 일로써 나의 가치를 평가했지, 있는 그대로의 나, 가만히 숨 쉬는 나를 받아들이려고 하지는 않았다. 외부 온도에만 좌지우지했지 스스로를 보호하며 보온을 유지하는 자기조절 기능은 지니고 있지 못했다. 내가 할 수 없는 것이 있다는 것을 알면서도 시인할 줄 몰랐으며 그러한 나를 인정해주지 못했다. 나를 바르게 사랑할 줄 몰랐으며 속으로 계속하여 분노했다. 매사에 꼭 쥐려 했으며 나의 호흡을 마음 편히 풀어주고 흘려보내지는 못하였다.

수치심의 불문율

1. 느끼지 않는다.

2. 나는 언제나 잘 해나가고 있다.

3. 집안에서 일어나고 있는 부정적인 일들을 부인한다.

4. 다른 사람들을 별로 신뢰하지 않는다.

5. 서로 수치심을 느낀다.

6. 따르는 규칙이 종종 비현실적이거나 불가능하다.

7. 죄책감을 피하기 위해 자신을 속인다.

8. 거절감에서 벗어나게 하기 위해 교묘히 조정한다.

9. 사람이나 상황의 차이를 허락하지 않는다.

10. 변화를 위협으로 간주하고 반기지 않는다.

배우자 체감하기

감정보다 생각이 앞선 사람들

우리가 입고 있는 옷 가운데 제일 먼저 입는 옷은 바로 표정이다. 가장 먼저 눈에 띄는 옷이기도 하다. 표정에는 웃는 표정도 있고 무뚝뚝한 표정도 있다. 80개에 달하는 얼굴 근육을 통해 7,000가지의 표정을 지을 수 있다고 한다. 그런데 겉으로 드러난 표정만 있는 것이 아니다. 마음에도 표정이 있다. 감정이다. 그런데 마음의 표정은 얼굴 표정처럼 웃기 위해서만 존재하는 것은 아니다. 슬플 때는 슬프다고 표정을 지어야 한다. 이것이 자연스러운 표정이다. 그렇다면 자연스럽지 못한 마음을 구별하는 기준이 드러난다. 웃긴데 웃지 못하고 슬픈데 슬퍼하지 못하는 것이다.

그런데 제 아무리 표정을 지으려 해도 이것이 안 되는 사람들이 있다. 모비우스 증후군(Mobius Syndrome)에 속한 이들은 선천적 장애로 인해 표정이 무심코 굳어진 채로 딱딱하다. 이들은 감정을 느끼지 못하고 대신 생각한다. 얼굴 근육을 움직이는 능력을 상실한 이들은 슬픔을 느끼기보다 슬프다고 생각하고, 기쁨을 피부로 체감한다기보다 기쁘다고 생각한다.

감정을 신체로 표현하는 능력이 발달하지 못하면 그 감정을 느낄 수 있는 능력도 비례해서 영향을 받는다는 것이 얼굴 표정 피드백의 가설이다. 에릭 핀지(Eric Finzi)와 에리카 워서맨(Erika Wasserman) 박사는 이러한 가설을 입증하기 위해 흔히 보톡스라고 불리는 보툴리움 톡신 A(Botulium A)에 관한 연구를 했다. 2~17년에 걸쳐 우울증을 앓고 있는 36세에서 63세 사이의 환자들을 대상으로 그들의 찡그린 주름 위, 미간, 콧등에 필러를 주입했다. 2개월이 지난 결과는 놀라웠다. 평균 10명 중 9명이 완치를, 나머지 1명 또한 탁월한 효과를 고백하였다.

사람의 얼굴은 제아무리 무표정하게 있으려 해도 감정을 드러낼 준비가 되어 있다. 그래서 종종 사람이 변했다 싶으면 그 사람의 인상이 달라져 있음을 발견하게 된다. 애드거 앨런 포는 "그가 어떤 생각을 하고 있는지 알고 싶을 때, 되도록 정확하게 그 사람 표정을 흉내 낸다. 그러고 나서 내 머리의 마음이 어떤 생각과 느낌을 가지는지를 살핀다. 이로써 나는 사람들이 얼마나 착한지 악독한지를 알고 싶거나 혹은 지금 그가 어떤 생각을 하는지 알고 싶을 때 그렇게 한다"고 했다. 막심 고리키는 "사람의 눈은 그가 현재 어떻다는 인품을 말하고, 사람의 입은 그가 무엇이 될 것인가를 말한다"고도 했다. 또한 발자크는 "사람의 얼굴은 하나의 풍경이요 한 권의 책이다"라고 했다.

면접관은 그 사람의 표정을 통해 인상을 보기도 하지만 이로써 드러난 인성을 보기도 한다. 보이지 않는 아젠다가 있다는 것이다. 면접관은 옷에 드러난 이미지를 보기도 하지만 사실은 그 사람 얼굴 표정에 나타난 자기형상을 보기도 한다. 이는 온몸으로 이어진다. 굳이 어깨를 움츠리지 않아도 될 자리인데 몸이 접혀져 있다면 이로써 무엇인가 있다는 것이다. 굳이 뻐딱하게 서 있지 않아도 될 상황인데 짝다리를 하고 서 있다면 혼자라도 하고 싶은 이야기가 있다는 것이다.

개들도 사람들로부터 공격당할수록 사람과의 거리가 점점 멀어지게 된다. 결국 안아주려고 다가오는 사람에게까지 공격적인 자세를 취하게 된다. 자신을 보호하기 위해서다. 얼굴을 찡그리며 으르렁거리는 소리는 두려움의 표시이다. 사람도 마찬가지다. 신체적으로 환영받아본 사람은 자기 몸을 얼굴 표정 짓듯 활용할 수 있으며, 정신적으로 환영받아본 사람 또한 자기감정을 드러낼 수 있다. 반대로 나에게 꺼려지는 것이 있다면 상응하는 기억과 경험이 한 편의 틀로 작용하고 있는 것이다.

당신에게는 모든 감정이 허락되어 있다. 하지만 수치심은 감정을 선별하고 선발한다. 수치심을 가지면 가질수록 수치스럽다고 말하는 경우는 없다. 그리고 수치스러운 사람이 똑같이 수치스러운 행동을 한다. 우리가 알고 있는 유명인 중에 빌 클린턴과 마이크 타이슨이 그러했다. 전 세계 최고의 권력, 최고의 선수 자리에 올랐지만 어려서 경험한 자신의 수치는 성인이 되어서 그대로 드러나지 않았는가. 백악관에서의 지퍼 스캔들이 그러했고, 미스 아메리카 폭행과 성추행으로도 드러났으니 말이다. 어렸을 때 친자 입양이 거절된 스티브 잡스도 결국 나중에 자신의 친자를 거부하기도 했다. 이들이 느끼는 밑바닥의 감정은 자신의 지위와 업적과는 별개의 세계다.

이는 누구에게나 마찬가지다. 아무리 찬사와 칭송을 받더라도 내면의 공백과는 별개다. 수치심은 그래서 당신의 귀에다 대고 '인정받을 만한 일을 하라'고 속삭인다. 그럼으로써 일상에서의 진정한 만족이나 시시각각으로 벌어지는 순수한 표정까지도 앗아가 버린다. 감정을 제거하기도 하고 감정의 순기능을 흩트려놓기도 한다. 마치 욕구를 갖고 있다는 것에 부끄러움을 느끼게 함으로써 진짜 당신이 누구인지 알지 못하게 하는 식으로 말이다. 이 같은 정서적 장애물을 제거해야만 수치심은 당신 안에서 더욱 떳떳하게 활동할 수 있다. 당신이 정말로 마음으로도 표정으로도 활짝 웃지 못한다면 이는 과거의 경험으로 인해 생각처럼 표정을 짓지 못하는 모비우스 증후군 환자와 다를 바가 없다.

보다 강력한 감정 일깨우기

내가 어려서 자주 듣던 말 중에 하나는 "아빠가 좋아? 엄마가 좋아?"라는 질문이었다. 혹은 "그거 맞았어? 아니면 틀렸어?"라는 질문도 심심치 않게 들어왔다. 이런 논리에 익숙해지다 보니 '아빠는 좋은 분' '엄마도 좋은 분' 하는 식으로 구별을 하게 된다. 혹은 '날 때리고 구박해도 알고 보면 좋은 분' '아무리 생각해도 그건 좀 심했어. 결국 나쁜 사람' 식으로 판단하는 것이다. 감정이나 기분을 논리 기준에 맞추고 있다. 실제로 내가 경험하고 느낀 것들을 있는 그대로 밀착해서 충실하게 풀어내는 대신 좋다 나쁘다의 선악 기준, 옳다 그르다의 도덕적 판단의 틀에 맞춘다. 이것에 익숙해질수록 다른 관점과 다른 방식으로 생각하는 것에서 멀어진다.

내 안에 살아서 숨쉬는, 때로는 말로는 표현할 수 없는 다양한 느낌의 세계가 있는데, 종종 우리는 선악의 이분법으로 한데 몰아서 결정한다. 마치 대자연을 몽땅 새 둥지에 몰아넣는 식이다. 점차 있는 그대로 느끼고 표현하고 존재하는 방식에서 멀어지고 있다. 그래서 나의 순수함을 잃어버린다. 나를 잊게 한다. 내가 느낀 아버지는 분명 무서운 사람인데 그렇게 말하면 말하는 나도, 아버지도 나쁜 사람처럼 되어버린다. 그렇게 생각되도록 말이다.

"아빠 무서워요."

"뭐가 무서워. 사내 녀석이."

"엄마, 무서워요."

"아니, 그까짓 게 뭐가 무섭다 그래. 다 큰 지지배가."

"그래도 무서워요."

"괜찮아. 안 무서워! 그런 건 안 무서운 거야!"

무섭다는데 아니란다. 따라서 생각한다. 무서우면 안 되는구나…… 무서운 것은 안 좋은 것이구나 하고 또 생각한다. 그래서 무서운 것도 부인하게 된다. 결국 얼굴 표정 역시 무서운 표정 대신 다른 얼굴을 찾아 나선다. 무섭다는 감정의 얼굴 대신, 다른 생각으로 이 얼굴을 대체한다. 다른 감각을 계발한다. 무서운 느낌 대신 다른 것을 그 느낌이라고 믿어버린다. 왜곡이 일어난다. 하지만 그 왜곡을 이내 또 합리화한다.

좋은 것도 마찬가지다. 좋은 것인데 받아들이질 못한다. 이미 가던 방향에 길들여져 있기에 선택을 되돌리기 어렵다. "좋지만 아냐. 나하고는 안 어울려." 결과적으로 정말로 유익한 것을 분별하지 못하며 정말로 바람직한 감각을 계발하지 못하고 이로써 감정을 주도적으로 승화시키지 못한다.

다음 감정도 그 중 하나다. 우리가 느끼는 여러 가지 감정 중에 하나인 이것은, 시시각각 변하는 감정보다 좀 더 오래 지속되는 기분을 말한다. 날마다 변하는 감정을 통합하고 확장시키기도 하며 때때로 고통이나 슬픔과 같은 뼈아픈 감정을 지배하기도 한다. 종종 상처를 건설적으로 해석하고 역경을 극복하기도 한다. 이것은 무엇일까?

다름 아닌 감사다. 마치 우리 표정에 자리 잡은 영구적인 미소나 찌푸림이 공존하듯, 감사는 시시각각 변하는 감정보다 훨씬 오래 지속되는 또 하나의 정서로서 존재한다. 보다 약효가 오래 지속되는 정서로서의 감사는 그날그날의 다채로운 감정 가운데 드러나는 마음의 응어리, 굳은 심경, 전부 뱉어내지 못한 잔재, 토로하지 못한 답답함을 승화된 감각으로 해석하고 지금의 억눌린 기분을 압도한다. 그리하여 현실의 역경을 일으켜 세워 상황을 보다 낙관적으로 해석하고 시련을 건설적으로 재구성하는 원동력이 된다.

감사가 생각과 구분되는 이유는 감정을 좋다 나쁘다로 구별할 수 없는 이유와 같다. "아버지께 감사하더라도" 이로써 "아버지가 좋은 사람인지, 나쁜 사람인지"를 판단하지 않기 때문이다. 아버지가 아무리 나를 때렸어도 내가 감사함을 느끼는 또 다른 영역은 존재한다. 설령 아버지가 날 때리지 않았어도 감사함을 전혀 느끼지 못하는 경우도 있다. 이로써 내가 느끼는 감사는 나의 세계에 보다 밀착된다. 현실에 걸맞게 맞춰진다. 따라서 진정한 감사는 판단하는 대신 순수한 자신의 감각으로 받아들일 때 살아난다. 여러 가지 다양한 감정을 찾아 만나주고 말해줌으로써 나의 순수함을 되찾듯 감사에 대한 느낌 역시 자신의 생명력을 되찾아 삶으로 일깨워준다.

멕 크라티의 심장박동에 관한 연구는 심장박동과 감사함의 연관성을 알려준다. 즉 인간의 심장박동 주파수는 0.1Hz가 가장 이상적인 상태인데, 우리가 감사의 마음을 가졌을 경우에 심장 주파수가 정확히 0.1Hz라는 것이다. 격한 분노나 좌절감을 느끼는 경우 그 진폭은 심화되고, 휴식할 때 진폭은 규칙적으로 정화되는데, 감사할 때의 심장박동은 오히려 휴식을 취할 때보다도 주기가 더욱 고르고 일정하며 이때 신체적인 몸 상태, 두뇌상의 학습능력은 최고조에 다다른다.

미네소타대학에서도 실험을 했다. 노트르담 수녀원의 수녀들 180명을 대상으로 그녀들이 입수 직전에 쓴 자기소명서를 모아 그들의 장수 여부를 추적했다. 특별히 소명서의 내용 중 감사에 관한 정서를 구별하였다. 감사의 빈도나 감사의 종류가 많은 상위 25퍼센트와 하위 25퍼센트 이렇게 둘로 나누었다. 이 두 그룹을 비교한 결과 감사를 표현한 분량에 있어서 상위 25퍼센트를 차지한 수녀들이 하위 그룹에 비해 평균적으로 9.4년을 더 오래 살았다. 그리고 감사 표현의 종류가 많은 경우, 마찬가지로 상위 그룹이 하위 그룹보다 10.7년이나 긴 수명을 누렸다.

따라서 다음처럼 감사를 몸으로 체화하는 명제는 일반적인 예절 교육이나 원활한 처세활동 너머의 자기 암시이자 또 하나의 생존수단이 된다.

- 감각이 살아있음에 반응하기

- 감상을 피력할 수 있는 능력이 있음에 감동하기

- 감탄할 수 있는 지각에 감격하기

- 느낄 수 있는 존재 그대로를 온몸으로 받아들이는 그 자체를 감사하기

자신을 향해 웃어주기

부부 멤버 케어링을 현장에서 실시하기 전에 사전 설문지를 돌린다. 특별히 다루었으면 하는 점을 적어달라면 여러 종류의 답변들이 나온다. 배우자와 소통하지 못하는 답답함, 문제점, 고통과 갈등, 그 해결방안 등등. 그 중에서도 '단 한 번만이라도 실컷 웃어봤으면 좋겠다'는 요구사항을 제법 듣게 된다. 부부관계를 측정할 때 '두 사람이 얼마나 유쾌한 감정을 많이 공유하는가?'를 척도로 사용하는 것처럼 어찌 보면 지금으로서 가장 결핍된 요소가 바로 웃는 일일 것이다. 지치고 이해관계가 깨질수록 이 같은 체험이 필요하다.

요새는 스트레스 암환자가 흔해지고 있는데 이들은 특히 생각을 많이 하는 사람들이다. 쓸모없는 걱정, 불필요한 근심, 반복적인 염려로 병을 얻은 경우가 대부분이다. 실제로 바쁘기보다 습관적으로 마음이 분주하다. 습관의 사전적 의미는 '너무나 기계적이어서 중단하기 어려운 습득된 행동의 형태'를 말한다. 그러면 아침에 눈 뜨자마자 배우자가 제일 먼저 하는 행동은 무엇인지 살펴보라고 주문한다. 대부분 이빨을 닦으러 간다든지, 주섬주섬 옷을 입는다든지, 혹은 식사준비를 하며 부지런히 움직이게 된다.

나는 그들에게 제일 먼저 자신을 향해 웃어주라고 주문한다. 온몸으로 하나 되어 명치끝에서부터 웃을 때 내 몸 안에 체화된 기억의 독소, 생각의 독소, 언어의 독소가 함께 빠져나간다. 아이들의 웃음소리는 어른과는 현격히 다르다. 그야말로 배꼽에서부터 울려 퍼지는 까르르 소리가 가능하다. 생각하고 탐색하지 않는 순수한 웃음인 것이다. 티베트 속담에 '인생을 향해 미소 지으면 미소의 반은 당신의 얼굴에, 나머지 반은 다른 사람의 얼굴에 나타난다'는 말이 있다. 하루를 처음 여는 순간 세상이 나와 어떤 관계를 맺느냐에 따라 자신의 세포 반응이 달라진다. 하지만 이 전에 우리가 간과하는 것이 있다.

'눈이 아침에 그냥 떠진다. 왜냐하면 내가 자기 전에 그렇게 결정했기 때문이다.'
'나는 매일 숨쉬기로 생각했다. 그래서 지금도 숨을 쉬고 있는 것이다.'
'게다가 내 심장을 헐떡이게 하도록 오래 전부터 결심했다. 그래서 지금도 멈추지 않고 규칙적으로 뛰고 있는 것이다.'
'나는 결국 오늘을 살기로 마음먹었다. 그래서 여전히 죽지 않고 살아 있다.'

이와 같은 순탄함들은 무엇으로 설명할 것인가. 살아간다는 것은 생각이나 판단, 이성적 논리로는 설명되지 않는 영역이 있음에도 우리는 이조차 느끼려 하지 않는다. 매일매일 지속되는 생명과의 만남이야말로 거저 받은 선물임에도 아침에 눈이 떠진 것을 느껴보는 경우가 있던가. 밤에 자기 전에 제발 아침에 눈이 떠지게 해달라고 기도하고 자는 사람이 있던가.

습관적으로라도 아침에 눈이 떠지며 몸이 깨어나는 선순환을 느낀다면, 이에 대해 자기 자신에게 보이는 첫 반응이 어떠했는지 잠잠히 살펴보도록 하자. 설명하지 말고 감각으로 느껴보라는 것이다. 이 같은 현상 앞에 스스로 무슨 대화를 하고 있는지를 되돌아보라는 것이다. 그야말로 '까르르'와 같은 보조동작으로라도 생각의 짐과 존재의 무게를 잠시나마 내려놓자. 나 자신을 의식적으로라도 반겨주고 온몸으로 감사의 체감각을 살펴보라는 것이다. 감사를 드러내는 행위가 인간수명을 연장시키고 체질을 보완하며 면역력을 증대한다는 사실을 현대 과학이 너 나 없이 입증하고 있지 않던가.

4단계 스위칭 실전연습 1

배우자를 위한 감각 마사지

다음의 이야기를 배우자에게 서로 돌아가며 읽어주자. 눈을 감고 들으면서 주로 어떤 감각을 느끼고 있었는지, 그 기분은 어떠했는지 함께 이야기를 나눠보는 것이다.

창문을 반쯤 밀어젖히자 낙엽 향기가 주방까지 밀고 들어옵니다. 프라이팬에서는 올리브 기름이 튀어오를 채비를 하고 있었고, 냄비는 증기방울을 품어내고 있습니다. 열기로 채워진 주방 시계를 바라본 시각은 아침 7시 15분이었습니다. 일요일이라는 생각과 함께, 순간 바깥 공기를 쐬고 싶은 마음이 밀려옵니다. 가스레인지를 전부 돌려 끄고는, 의자에 걸쳐진 트레이닝 복을 집어 듭니다. 어깨를 들춰 한 팔씩 쑥쑥 밀어 넣고는 커피 한 잔을 들고 집 밖을 나섭니다. 현관을 밀치자 안개와 낙엽 냄새가 콧속으로 들어오는 것을 느낍니다. 커피를 한쪽으로 후후 불면서 창고 한켠에 비스듬히 세워둔 자전거 쪽으로 다가갑니다.

창문 틀 위에 커피잔을 가까스로 걸쳐놓고, 자전거를 끄집어내어 몸 안쪽으로 세워봅니다. 핸들에 녹슨 가루가 껄끄럽게 만져집니다. 손을 비벼 털어내고, 안장에 쌓인 먼지도 팔꿈치로 비비고, 입으로도 후후 불어냅니다. 아침 이슬에 진득해진 흙 위를 굴려 나와 제법 한산한 도로 위에 섰습니다. 낙엽이 구석구석으로 굴러다니고 있었고, 여름 내내 우거졌던 아름드리나무도 한산해질 채비를 하고 있습니다. 크게 심호흡을 들이마시고, 자전거에 몸을 싣고 페달을 돌려봅니다.

앞으로 밀고 나갑니다. 앞으로 나갈 때마다 거센 공기가 콧속으로 쑥쑥 밀려듭니다. 머리가 흩날리고, 귓속이 시원해지는 것을 느낍니다. 쭈욱쭈욱 밀고 나가다 이리저리 커브도 틀어봅니다…… 경사진 내리막이 보입니다. 페달을 돌리지 않아도 시원하게 치고 나갑니다. 몸을 쭈욱 뻗어 페달 위에 서봅니다. 이젠 눈이 시렵기까지 합니다. 잠시나마 눈을 감아봅니다…… 여전히 길에는 인적이 드뭅니다…… 허기가 몰려옵니다. 왔던 길을 되돌아봅니다. 거슬러 페달을 밟아 처음 왔던 제자리에 자전거를 세워둡니다. 창틀에 걸쳐놓았던 커피잔을 들고 집으로 돌아옵니다. 현관문을 열자 주방의 뜨거운 열기와 음식 냄새가 한가득 밀려듭니다.

배우자 향유하기

감사하기 이전에 만족하기

'감사하기' 이전에 넘어야 할 분수령이 바로 '만족하기'이다. 용납함으로써 용서의 폭을 넓히듯 만족함으로써 감사의 경계를 확장시킬 수 있다. 학자들은 자족하고 만족할 때 기쁨을 느끼는 도파민이 분비된다는 사실을 발견했다. 그렇다면 도파민이 분비되는 경우는 언제일까? 일상에서 택할 수 있는 손쉬운 방법들은 적절한 운동을 한다든지, 모니터를 피해 잠시 휴식을 취한다든지, 틈틈이 환기를 해주며 바람을 쐰다든지, 적절한 교제와 담소의 시간을 갖거나 취미활동을 택하는 소소한 방법들을 제시한다. 하지만 특별히 간추려 꼽자면 아래의 세 경우로 정리할 수 있다.

1) 적절한 수준의 도전을 하는 경우
2) 뇌에 좋은 음식을 즐겨먹을 경우
3) 정말 좋아하는 것을 하는 경우

이때 도파민 분비가 보다 활성화된다고 한다. 삶에서 만족을 느끼기 위한 방법적 선택일 것이다. 그러나 분명한 것은 행위를 통한 도파민 자극은 오래 가지 못한다는 것이다. 우리는 행복해지고 만족하기 위해 이 같은 일련의 시도를 하지만 그 만족도는 결코 평생토록 유지되는 것이 아니다. 엄밀히 말해 그런 식으로 사람의 몸과 두뇌가 반응하지는 않는다.

만약 한 번의 자극이 영원히 유지된다면 한 번 주입한 마약은 평생토록 우리를 환상에 젖게 할 것이며, 처음 만난 연인에게 느낀 호감은 평생토록 기억되어 결코 헤어지지 못하게 만들 것이다. 처음 맛본 기막힌 음식조차 그 맛에 취해 죽을 때까지 다른 요리는 먹어볼 필요도 없게 만들 것이다. 하지만 우리가 느끼는 자극은 쉼이 있고 휴지(休止)가 있으며 이내 망각되도록 설계되었다. 아픈 기억과도 마찬가지로 말이다.

배우자에 대한 처음 느낌의 변화, 감각적 변화는 그래서 당연한 것이다. 쾌감은 더욱 그렇다. 첫 만남의 불꽃은 3개월 이상 지속되지 않는다는 물리적 수명도 이 같은 이유다. 결혼한 지 수십 년이 지났는데도 불구하고 처음 만났을 때의 불꽃과 판타지를 매일 꿈꾼다는 것이 오히려 부자연스럽기만 하다. 그러지 말라는 법도, 그런 기대를 지니지 말라는 법도 없지만 문제는 우리 몸이 그처럼 반응하지 않다는 데 있다.

그렇다면 우리가 보다 만족하기 위해서는 이 같은 자극을 끊임없이 선택해야 할까? 엄밀히 말하자면 그렇다. 동일한 자극을 반복하려 한다면 그래야 한다. 결국 새로운 배우자를 찾아 나서야 한다. 처음 신경을 자극하던 찌릿찌릿한 쾌감과 흥분을 찾아 그 첫 느낌을 새롭게 찾아나서야 한다.

하지만 그 전에 꼭 알아둬야 할 것이 있다. 인간은 무엇을 하든 '과정'이라는 것을 경험해야만 진정한 만족을 느끼도록 설계되었다는 점 말이다. 다시 말해, 도파민 분비 차원에서만 보더라도 목표를 이뤘을 때보다는 한발 한발 다가가는 목표의 과정 가운데 더 활발한 호르몬 분비를 촉진한다는 것이다. 이때야말로 보다 만족스러울 수밖에 없다. 과정에서 두뇌가 느낀 만족도가 결과적 시점보다 훨씬 더 큰 만족감을 채워준다. 그래서 공짜로 얻어진 대가보다는 일한 후에 받는 임금이 훨씬 더 기쁘다는 연구결과들이 나타난다. 거저 얻은 100불보다는 한땀 한땀 1불씩 모아 축적한 100불이 훨씬 더 만족스럽다는 얘기다.

만족의 시점은 성취한 그 순간이라기보다는 밟아온 과정의 긴긴 연속이며, 만족이 나타나는 분포는 특정 지점이 아니라 지속적으로 연결된 선분이 된다. 그래서 신경 자극을 통한 쾌감과 달리 꾸준히 이어온 감사함의 정서는 감정의 길이보다 훨씬 더 연장된 직선에 가까워지는 것이다.

만족하기 준비동작

예전에 신용카드 활성화 바람이 일 무렵, 나는 일반카드 소지자였지만 실버 등급으로 업그레이드될 자격이 충분했다. 만 25세 이상, 거래기간 만 2년 이상에, 직장이 있으며, 금융기관 연체 사실이 없는 사람이면 일반카드에서 실버카드로 교체가 가능했다. 그래서 당당히 카드사에 전화했다. 그리고 떳떳하게 나의 권리를 주장했다. 나는 그때 내가 그럴

만한 가치가 있는 사람이라고 굳게 믿고 있었다.

카드 발급 하나를 두고도 본인에게 충분한 자격이 있다고 믿고 그 권리를 주장하듯, 견고한 소속감과 사랑을 느끼고 있는 사람은 자신이 사랑 받고 있으며 좋은 것에 소속될 가치가 있다는 것을 굳게 믿는다. 그리고 자신이 유익한 가치에 소속되었다고 느낄수록 좋은 것을 선택할 가능성은 높아진다. 반면 자신이 가치가 없다고 생각할수록 이것에서 멀어지는 것은 당연한 일이다.

'아냐. 나는 자격이 없어.'

'나는 거절당할 거야.'

하지만 어떻게 해서든지 그 가치에 속하려는 후속 조치도 일어난다.

'아니, 어떻게 나한테 그럴 수 있어!'

'내가 누군 줄 알고 감히 함부로!'

이 같은 반응도 나타난다. 우리가 주목해야 할 것은 바로 '어떻게 해서든지'와 '미리부터'인 것이다. 어떻게 해서든 그 가치를 얻어냈다 하더라도 이는 결과로 판단할 것이 아니다. 마음의 중심이 어떠하며 이로써 얼마나 내면이 힘들어하는지를 살펴보라는 것이다.

대인관계에서도 사람을 만나면 굶주린 상태에서 폭식을 하듯 과다한 친밀감을 확보하려고 한다. 그래서 배우자에 대한 기대가 크며 자신에게 더욱더 신경 써주기를 원한다. 자기 자신을 안심시키기 위해 수없이 전화를 하고 상대의 관심과 애정의 징표를 원하고 또 원한다. 친밀감을 여유롭게 섭취하고 즐기는 법을 모르는 것이다.

어려서부터 건강한 경계선과 친밀감을 교류하는 방법을 자연스럽게 취득하지 못했기 때문에 대인 관계에도 이 같은 습관이 반복되는 것이다. 버림받을 걱정에 수시로 애정을 확인하려 하기도 하고 의심을 곧잘 하다가도 상대방에게 지나치게 의존한다. 굶주린 사랑을 얻기 위해 어떻게 해서든 말이다. 스스로 결함이 많은 사람이라고 생각해서 지레 겁을 먹고 도망치기도 한다. 상대가 나를 자세히 알면 떠날 것이라고도 생각한다. 그래서 상대가 가까이 오면 뒷걸음치는 경우도 많다.

'그 사람과 잘해보고 싶지만 보나마나 실패할 거야.'

'또 상처를 입겠지. 그냥 여기서 포기하는 게 나을 거야.'

전교 1등의 가치보다 내가 더 큰 가치를 지닌다면 전교 1등은 나의 보조가치가 된다. 반면 나의 가치가 전교 1등을 해야만 얻게 되는 가치라면 나는 전교 1등의 보조가치가 되는 것이다. 가정에서 내가 누구인지 꾸준히 인정받아온 아이는 굳이 이것을 밖에서 찾지 않는다. 집에 커피가 있으면 굳이 밖에 돌아다니며 커피를 구하려 들지 않는 것처럼 말이다. 집에 라면이 있으면 굳이 슈퍼에 가서 "혹시 라면 있어요?" 묻지 않는다. 내가 누구인지 아는 사람은 굳이 '내가 누구다!'라며 떠들고 돌아다니지 않는다. "내가 왕년에 이런 사람이었다"면서, 혹은 "내가 그런 일을 진즉 해봐서 안다"면서, 혹은 "내가 그 사람을 아주 잘 알잖냐!"라면서 시끄럽게 떠들고 다닐 필요가 없는 것이다.

수치심이 하는 역할은 그래서 존재가치보다는 행위가치로 눈을 돌리게 한다. 끊임없이 증명하도록 말이다. 그래서 나에게 없는 것을 계속해서 찾아 나서게 한다. 결과적으로 밖에서는 찾을 수 없음에도 여전히 주위를 두리번거리게 만든다. 내 안에서 관계적으로 마련되는 것임에도 그 기분을 외부에서 대체시키려 한다. 관계적인 사랑으로밖에 채워질 수 없는 것임에도 의존적인 사람을 찾아 분주히 방황하게 만든다. 따라서 일시적인 만족감만 찾아올 뿐이다. 지속적인 만족을 이어갈 수가 없다. 좋은 것을 선택하는 기반이 불안하며 만족을 누리는 시간이 불편하다.

호랑이는 적들을 살피는 자기방어 본능으로 인해 교미시간이 길어야 10~20초를 넘기지 못한다고 한다. 자신을 보호하려는 강박관념으로 인해 끊임없이 고개를 돌려 주위를 살피면서 더 이상 지속할 수 있음에도 시종일관 멈추게 된다는 것이다.

건강한 자존감은 건강한 기분을 지속시킨다. 요새는 잘사는 가정에서 자란 아이가 성격도 좋다는 이야기를 종종 한다. 예전과 달리 상처받을 일이 줄어들고 부모가 아이의 자존감을 가정 안에서 넉넉히 채워줌으로써 건강한 정서를 오래 지속할 힘을 공급해주고 있다는 뜻이다. 감사의 맛을 거부하면 감사의 감각을 잃게 된다. 나중에 기쁨이 다가와도 그것이 기쁨인 줄 모르고 행복이 찾아와도 행복한 줄 모른다. 환상 속의 행복을 향해 또다시 긴장과 불안 속으로 걸어 들어간다.

배우자 환영하기

환영의 품이 환경의 폭을 넘다

미국 마케팅협의회(AMA)에서 조사를 했다. 신규 판매를 위해 고객에게는 평균 통화 횟수에 대해서 말이다. 평균 5회라는 통계치가 나왔다. 한 번 걸고 포기하는 확률이 48퍼센트나 되었다. 계속해서 다섯 번 이상 시도한 경우가 10퍼센트였고 결국 이들이 신규 판매를 이루는 것으로 조사되었다. 이야기의 요점은 '신규 판매를 성공시키려면 고객에게 다섯 번 이상 전화를 걸어라' 또는 '회가 거듭될수록 세일즈맨의 절반이 중도에 포기한다'가 아니다. 그 뒤에 벌어지는 뒷이야기가 중요하다.

잘 알려진 사실로 링컨은 대통령에 당선되기까지 여덟 번의 낙선을 경험했다고 한다. 마이클 조던은 경기에서 3,000번이 넘는 슛을 실패했으며, 피겨여왕 김연아 선수도 한 해 연습 중에 7,000번 넘게 엉덩방아를 찧는다고 한다. 발명왕 에디슨도 1,093개가량의 특허를 냈다지만 5만 건이 넘는 특허 출원이 거절되었다고 한다. 그렇다면 이들은 성공한 경험이 많았는가, 아니면 실패한 날이 더 많았는가? 하고자 하는 이야기는 이제부터다. 에디슨의 어머니가 남긴 말이다.

"나는 그저 에디슨이 실패한 뒤에도 누군가에게 의지해도 된다는 사실을 알려주었을 뿐이에요."

실패 이후에 반겨주는 공간은 이 모든 일련의 과정을 그야말로 과정으로 남게 한다. 실수나 오류, 실패를 기다리고 있는 것은 여전히 사건이 아니라 사람인 것이다. 실패를 뒤로 한 사람의 가치에 대한 제 해석이 기다린다. 그래서 에디슨의 성공신화는 오히려 그의 실패에 대한 일화로 이어진다. 그의 나이 67세 때 뜻밖의 화재로 인해 공장이 완소되고 평생의 발명품이 대부분 불타버렸다. 재산 피해도 막대해서 23만 달러 상당의 보험으로는 200만 달러 이상의 발명 가치를 보전할 수는 없는 상황이었다. 에디슨은 가족과 친지들의 위로 앞에 공장 잔해를 만지면서 이렇게 말했다고 한다.

"이번 재난으로 인해 오히려 나는 커다란 가치를 얻었어. 감사하게도 그 동안 실수했던 것들까지 다 사라져버렸지 뭐야. 나는 완전히 새로 시작할 수 있게 되었다고."

놀랍게도 화재가 난 3주 후, 온 세상을 떠들썩하게 한 그의 발명품은 바로 축음기였다. 살림살이를 잘 꾸려가는 것이 경영의 조건이라면, 사람을 잘 살리는 것이야말로 성공하는 경영의 선행 조건이 된다. 아픈 배를 제 아무리 혼자 문질러봐도 기별이 없던 것이 '엄마 손은 약손'처럼 누군가 문질러줄 때 신기하게 낳는 경험을 한다. 이때 자신의 몸이 살아있는 느낌을 받는다. 스스로 간질여봐야 반응이 없다. 혼자 만지는 것이 죽은 느낌이라면 누군가로부터 만져지는 것은 내가 살아있는 느낌이 된다. 고립됨에서 생명감을 얻게 되는 것이다. 그제야 내가 숨 쉰다. 이때는 나의 아픔, 나의 오류, 나의 실수, 나의 잘못을 만져주는 다른 사람의 보살핌이 나를 다시 일으켜 세워준다.

말 한 마디의 재판이 실수를 실수로 떠나보낼지, 영원한 실패로 규정할지를 좌우하기도 한다. 말더듬이 잭 웰치를 두고 그의 어머니는 "얘야, 말을 더듬는 것은 네가 모자라서가 아니라 남들보다 네 생각이 빨라서란다"라고 종종 이야기했다고 한다. 있는 그대로의 모습으로도 환영받아 본 사람은 환경을 뛰어넘는다. 내면에 심겨진 대본 그대로 인생을 펼쳐나가는 것이다.

미국 카우아이(Kawai) 섬에서 태어난 833명의 신생아들을 30년 동안 추적한 결과도 어찌 보면 뻔히 짐작 가는 이야기였다. 이들의 부모가 지닌 공격성, 정신적 결함, 알코올 중독, 10대 미혼모, 범죄복역, 세대를 흘러 자녀들에게 미치는 영향 등 이 모든 게 익히 예상되는 바였다. 오히려 추측치를 계량화하기 위한 작업이었다. 하지만 정작 문제는 앞서 언급한 부정적 환경마저 전혀 문제가 되지 않는 데 있었다. 오히려 반대 결과가 나타났다.

미국에서 환경적으로 가장 열악하다고 판단되는 이 지역에서 1955년 처음 시작한 이 연구는 심리학자 에미 워너(Emmy Werner) 교수에 의해 고위험군에 속한 201명의 아이들을 다시 추적하기 시작하였다. 그 결과 미숙아, 입양아, 10대 편모와 가정폭력, 장기 복역수, 실직자, 신경질적 성향에 신체적 학대 등과 같은 부모의 환경적 악조건과는 전혀 별개의 인물들을 만났던 것이다.

마이클, 케이, 메리로 이어지는 이들의 발견은 일상에서 외향적이고 주관이 뚜렷하며, 맑고 명랑하며 배려심이 강하고 협조적이고 강한 자긍심과 긍정성, 자기 확신과 공동체 정신을 겸비한 채 미국 SAT 상위권 10퍼센트 이내, 동아리 회장, 사회적 지위 등등을 골고루 갖추고 있었다. 다시 말해 환경적 조건과 삶의 성취도는 우리의 짐작과는 달리 특정한 연관이 없다는 결론에 다다랐다. 그럼 과연 무얼까?

이같이 풀리지 않는 수수께끼에 대해 내린 다년간의 연구결과는 이러했다. 아이의 인생 가운데 그들의 입장을 무조건적으로 받아들이고 이해해주는 사람이 주위에 한 명은 반드시 있었다는 것이었다. 환영받아 본 경험은 악조건 환경, 부정적 사건, 역기능 반응기제, 기능적 고정성을 극복하고 최악의 환경에도 굴하지 않는 본래적 원형을 회복하는 능력을 제공한다. 그래서 환영받은 자들은 환경의 제약을 뛰어 넘는다는 것이 오랜 추적연구의 결론이다. 그들이 환영받은 환경은 "그들의 있는 그대로의 모습을 환영해주는 그런 환경이었다"는 게 에미 교수의 결론이었다.

비교에서 벗어나기

출생 시에 살아 있던 감각을 삶에서 잃게 되는 경우 이를 '중도 장애'라고 부른다. 그런데 우리 감각 중 어느 하나를 잃게 될 경우 다른 감각들도 함께 바뀌게 된다고 한다. 예를 들어 시각을 상실할 경우, 처음에는 상황을 받아들이기 힘들어 몸부림치고 통곡한다. 시시각각 다가오는 어색함과 체내의 깊숙한 울분을 표출하고 나서야 비로소 현실을 차츰 수용하게 된다는 것이다. 그때부터는 소리에 집중하지 않으면 바보처럼 느껴지는 현상이 찾아온다. 전에 없던 예의를 주섬주섬 갖추게 되고, 상대가 하품하는 소리, 부스럭거리는 소리, 주머니에 손 집어넣는 소리, 자리를 떠나는 소리, 침묵 가운데 생각하는 소리, 혼자인지 아니면 여러 명이 내는 소리인지까지도 마음으로 듣게 된다는 것이다.

이들은 그 동안 눈으로만 보아왔던 것들을 보다 잘 느끼게 되는 변화를 입는다. 일반인들은 쉽게 분별하지 못하는 것을 소리 하나만 듣고도 지금 이 사람이 나를 지겨워하는지, 실망하는지, 기뻐하는지 감정선 끄트머리 하나까지도 세밀하게 발견하고 느낀다. 결국 자신의 감각 하나를 잃는 대신 전과는 다른 감각이 생겨나고 이로 인해 색다른 감정까지 느끼게 된다. 이로써 감사함까지 느끼게 되고, 그 감사의 깊이와 폭 또한 달라진다는 것이다.

내가 일하던 곳의 직장상사가 암으로 투병 중이었다. 어느 날 우연히 그를 만나게 되었는데 그는 지금까지 내가 알던 사람이 아니었다. 그는 직원들의 업무를 사사건건 간섭하고 조종하는 악명 높던 인물이었다. 하지만 크게 앓고 난 후로 그는 확실히 달라졌다. 부드럽게 미소 지으며 그가 말했다. "나 때문에 많이 힘들었었지. 아프고 나니까 이제는 내가 조금 알겠더라고. 내가 조금 달라졌어. 허허허."

조금 전까지만 해도 죽을 만큼 붙잡고 있었던 자신의 감정이나 사고방식도 언제나 변함없는 구조로 지속되는 것은 아니다. 그 동안 자신이 헌신적으로 지지해왔던 뼈아픈 감정체계도 고정 불변하는 형체는 아닌 것이다. 경험에 따라 달라지기도 하고, 전혀 다른 느낌의 정서가 내면에 새겨지기도 한다. 사람이 확 달라지기도 하고 바라보는 시각이 갑

자기 바뀜으로써 전혀 다른 차원의 세계가 열리기도 한다. 존재를 바라보는 프레임이 바뀌면 사람의 행동은 바꾸지 말라고 해도 저절로 바뀌기 마련이다.

배우자를 향한 답답한 감정도 아픔을 겪고 나면서 바뀌기도 한다. 그리고 그 아픔은 오히려 실컷 앓아봐야 알게 될 경우가 있다. 그 아픔은 나의 결핍과 배우자의 결핍이 만나는 아픔이다. 그 아픔은 고통이 어우러져 소리를 반복하고 밖으로 불거져 나온 애착의 외침이기도 하다. 치고받고 몸으로 다투는 과정도 사실은 그렇게 앓고 있는 것이다. 가정과 공동체에서 완벽하게 사랑 받지 못한 우리 모두가 사건과 사고로 마음의 감각 어느 한 부분을 잃어버리기도 하고 이로써 또 다른 길을 찾아나서기도 하기 때문이다.

이는 치유의 과정이기도 하다. 회복 중이기도 하다. 어느덧 그 아픔이 나만의 이기적인 아픔이 아니라 "내 남편(아내)도 똑같이 앓고 있구나!"라는 사실을 불현듯 깨닫는 순간, 그 '앓음'은 어느 순간 '아름다움'으로 승화되는 것이다.

우리가 살면서 정작 중요하다고 판단되는 것들을 살펴보면 의외로 거저 공급되는 것들이 많다. 하나뿐인 태양, 하나뿐인 하늘, 하나뿐인 지구, 하나뿐인 가정, 엄마, 아빠, 나 자신과 하나하나의 신체적 감각기관들까지도 말이다. 그런데 이것들이 나에게서 소거되어야만 그제야 피부에 와 닿고 새삼스러워지는 경험을 하곤 한다. '발 없는 사람을 보기 전까지는 내 신발이 없음을 슬퍼한다'는 페르시아 격언이 있다. 중요한 것이 내게서 없어져야 비로소 그 깊이를 조금씩 깨닫게 된다는 의미일 게다. 내면의 본질은 그제야 온몸으로 선명하게 드러난다.

감사는 그래서, 이러한 긴긴 소거의 프로세스를 현실 안에서 역으로 환영하는 과정이라 할 수 있다. 잃지 않고도 덤으로 얻는 복리 개념인 것이다. 정서란 곧 감정을 불러일으키는 기분이나 분위기를 말한다. 하지만 남들과의 비교 속에 자란 정서는 자기만족의 능력을 잃게 만든다. "걔는 말이야, 학교에서 공부를 글쎄~""걔는 집에서 글쎄~""걔는 어려서 글쎄~" 이와 같은 내레이션은 어른이 되어서도 "걔네 아빠는 글쎄~""걔네 집안은 글쎄~""그 집 남편은 말이야~" 식으로 이어지게 된다.

비교는 선택을 저울질하면서 존재를 불안하게 만든다. 자신의 발판을 후회하게 하고 내일의 기반을 못 미덥게 만든다. 그리고 이것을 존재로 가져오면서 수치심을 만든다. 남들과의 비교가 자신의 존재가치에는 전혀 영향을 미치지 못함에도 중심 전체를 흔드는 것이다. 그래서 그때마다 불안하고 고통스럽다. 이는 지금 이 자리의 단순비교가 아니다. 성장 과정 내내 부모의 입으로 또는 무의식적으로 비교당한 두뇌가 반복해서 형편과 상황을 스캐닝하고 있는 것이다. 그래서 현재의 시간이 불안하다. 그래서 현재의 선택에 만족하기가 어려워진다.

사건 용의자에게 범행조사를 할 때도 접근 동기에 대해 끈질기게 캐묻곤 한다. "왜 그랬어?""그게 사실이야?""목적이 뭐야?" 진술 이면에 감춰진 회피 의도를 가려내는 것이다. 마치 상대 배우자를 전인적으로 사랑하기 위해서 다가선 것과, 나의 외로움을 어떻게든 달래기 위해 접근한 것의 동기가 구별되는 것처럼 말이다. 그 접근 동기에 따라 역할과 지배력이 확연히 달라지기 때문이다.

비교는 곧 불만족을 초청한다. 후회를 개입시키고 또 다른 일을 벌이도록 만든다. 하지만 그것을 추진하는 동기가 능동적인 자기실현에 의한 접근 동기인지, 아니면 세인들의 평가를 피해 타인의 눈높이로 나의 자존심을 재조정하는 회피 동기인지가 구별된다. 후자의 의도라면 그 만족은 결핍을 전제로 한다. 자신에게 없는 것을 늘 겨냥하기 때문이다. 나에게는 없고 남들에게 있는 것만을 찾아 나서기 때문이다. 결혼 생활에서의 불만족 역시 비교에 기반을 두고 이로써 불안해하기는 마찬가지다.

"그 사람을 사랑하는 것은 맞아요. 하지만 과연 나랑 딱 맞는 사람일까요?"

"아직도 여전히 나를 위한 또 다른 세계가 있지는 않을까요? 나의 자유를 온전히 이루게 해줄 또 다른 누군가가 말이죠."

사랑 받는 느낌을 채우기 위해 만족을 한켠에 비워두지만 그 공간은 결코 채워지지 않는, 그래서 또 다른 사랑을 찾아 나서게 하는 영원한 원동력이 된다. 세월 앞에는 장사가 없다. 사랑을 두고도 시간 앞에서는 약효가 변한다. 사랑은 변하지 않는 대신 사람이 변한다. 처음 두근거리던 설렘은 약효가 3개월에서 길어야 2년이라고 한다. 불꽃 튀기던 무수한 신경호르몬의 농도는 시간과 관계의 익숙함 안에서 수위가 낮아진다. 대신 옥시토신을 통한 서로의 친밀감과 결속력이 이것을 대체한다. 성질은 바뀌나 본질은 변하지 않는 것이다. 계절이 변화함에 따라 옷의 디자인을 바꿔 입는 대신 자신의 사이즈를 바꾸려 하면 옷 입는 행위 자체가 부자연스럽고 삐걱거리기 시작한다.

세네카는 그래서 '가난한 자는 적게 가진 자가 아니라 더 많이 원하는 자다'라고 말했다. 새것으로 기분을 전환하려는 자극적인 욕망과 시시각각 유행처럼 다가오는 대중문화의 무차별한 공급을 자신의 진정한 필요와 구별할 줄 아는 지혜가 필요하다. 그렇게 하기 위해서라도 주어진 내 상황에 만족할 수 있는 '내적 거리 두기'를 유념하여 실천해보자.

내적 거리 두기의 자세

1) 이만하면 충분하다는 마음

2) 이미 가진 것을 감상하는 마음

3) 익숙해진 것에서 감동을 되찾는 마음

4) 잃기 전에 향유하는 마음

5) 거저 받은 것 또한 누리는 마음

배우자 껴안기

초등학교 졸업앨범을 꺼내 묻은 먼지를 털고 펼쳐보면 그 안에 내가 있다. 그리고 친구녀석들도 보인다. 공부 잘한 녀석, 벌써부터 시험과는 담 쌓은 녀석, 짱돌 같은 주먹을 꼭꼭 감추고 있는 녀석, 조잘조잘 입만 센 녀석, 육성회 조직과 가까운 녀석, 선생님 책상하고는 언제나 먼 녀석, 아직 드러나지는 않았어도 조직적(?) 눈빛이 깃든 숨은 실력자에 이르기까지…… 파란 겨울햇살에 눈시울을 찡그리고 있지만, 햇볕에만 얼굴을 찡그리는 것이 아니라는 것도 알 수 있다. 카메라 앞을 보고는 있지만 정작 세상 또한 어떻게 바라보고 있는지 조금은 더 알 수 있을 것 같다.

시간이 지나고 보면 예전보다 훨씬 더 많은 정보들을 발견하게 된다. 겉으로 드러난 옷차림새나 삶의 형편 너머에 있는 그림까지도 보인다. 이 녀석들을 반겨주는 보호자들의 숨은 표정까지도 말이다. 어른이 되어서 바라보는 녀석들의 모습 뒤에는 그림자처럼 따라다니는 부모들의 표정이 있음을 보게 된다. 나 자신이 조금 더 성장해보면 당시에는 알지 못했던 것들을 인지할 수 있다. 마치 초등학교 운동장이 그렇게나 작았던가 하는 느낌처럼 말이다.

이제 다시 배우자에게로 돌아가보자. 배우자의 어린 시절 앨범을 서로가 짚어 보면서 그때의 기분을 함께 물어봐주자. 그때의 표정을 물어봐주고 그때 드러내지 못한 것들이 있었다면 무엇이었지 열어볼 수 있도록 물어봐주자. 그리고 그 아이들을 다시 맞이해주자. 학교에서 관계에서 가정에서, 또는 스스로 느낀 실수나 잘잘못을 모두 다 뒤로 하고 그때 그 아이로서 안아주는 것이다. 있는 그대로의 배우자를 한 가슴으로 안아주자. 품어주자.

SWITCH

Confronting
5단계 팀플레이 _ 함께 대면하기

알거나 알아주거나
Is it announcing or appreciating?

성격차이를 달리 고쳐서 말한다면 '나의
중심성향과 그 두려움에 반응하는 배우
자의 특정한 태도나 행위'라고 말할 수 있
다. 이 같은 배우자의 반응으로 인해 나에
게 나타나는 특정 감정들이 본인에게 매
우 고통스러울 수밖에 없다.

부부 오리지널 디자인 진단
(COC, Couple Original Design Checkup)

1. 남들이 말하기를, 우리 부부는 이야기할 때……

   ☐ A. 어느 것에도 치우치지 않고 정확하고 분명하게 이야기한다고 한다.

   ☐ B. 목적과 방향에 대해 핵심을 가지고 이야기한다고 한다.

   ☐ C. 평범한 이야기도 인상적이고 설득력 있게 이야기한다고 한다.

   ☐ D. 부담 없이 편안한 방식으로 이야기를 전한다고 한다.

2. 사람을 처음 만났을 때 우리 부부는 주로……

   ☐ A. 상대방에게 과장되거나 경솔한 행동을 할 수 있음에 주의한다.

   ☐ B. 상대방의 주요 관심사나 형편을 잘 헤아린다.

   ☐ C. 상대방의 인상이나 매력에 대해 관심을 드러낸다.

   ☐ D. 상대방을 편하게 해주려고 노력한다.

3. 과거에 일어난 아픈 기억이나 상처에 대해 우리는……

   ☐ A. 부당한 점은 바로 잡아야 한다고 생각한다.

   ☐ B. 재발하는 것을 막기 위한 대처 방안을 강구한다.

   ☐ C. 불쾌한 감정은 곧잘 잊는 편이다.

   ☐ D. 집착하거나 굳이 화낼 필요는 없는 것 같다.

4. 우리 부부가 일하면 남들로부터 주로 이런 칭찬을 듣는다.

   ☐ A. 보다 일을 효과적으로 추진한다는 평가를 듣는다.

   ☐ B. 보다 탁월한 성과를 거둔다는 평가를 듣는다.

   ☐ C. 보다 일을 창의적으로 한다는 평가를 듣는다.

   ☐ D. 보다 일을 안정되게 추진한다는 평가를 듣는다.

5. 우리는 일을 할 때 주로……

   □ A. 조직과 규율의 문제를 먼저 고려한다.

   □ B. 능력과 성취의 한계를 먼저 고려한다.

   □ C. 변화와 융통성의 한계를 먼저 고려한다.

   □ D. 화합과 여건의 문제를 먼저 고려한다.

6. 남들의 성공을 돕기 위해 우리 부부는 주로……

   □ A. 주어진 역할을 세세하고 철저하게 수행할 수 있는 지침을 마련해준다.

   □ B. 주어진 목표를 이루기 위한 조언과 실질적인 도움을 아끼지 않는다.

   □ C. 일하는 데 있어서 근본적인 흥미와 욕구를 불러일으키도록 돕는다.

   □ D. 업무 영역을 안정되고 분명하게 지정해줌으로써 효과적인 도움을 주려고 한다.

7. 우리 부부가 일을 성공적으로 완수했다면 그 원인은……

   □ A. 내 능력을 효과적으로 분석하고 사용했기 때문이다.

   □ B. 내 능력을 아낌없이 열정적으로 수행했기 때문이다.

   □ C. 내 재능이 흥미롭게 발휘되었기 때문이다.

   □ D. 내 재능이 적절하고 안정되게 발휘되었기 때문이다.

8. 사람들이 많이 모인 곳에서 우리 부부는 주로……

   □ A. 다양한 만남보다는 소수의 깊이 있는 만남을 갖는다.

   □ B. 뛰어난 사람들과 고급 정보나 중요한 경험을 공유한다.

   □ C. 다양한 사람들과 많은 이야기를 나눈다.

   □ D. 좋은 관계를 맺으며 안정된 만남을 갖는다.

9. 어려움에 처한 주위 사람들에게 우리 부부는……

   □ A. 구체적인 문제점을 파악해서 빈틈없이 돕는다.

   □ B. 남들에게 알리지 않고 배후에서 지속적으로 돕는다.

   □ C. 다른 동료들에게도 사실을 전해서 함께 조력한다.

   □ D. 내 상황과 상관없이 기꺼이 돕는다.

10. 어려운 상황임에도 일을 끝까지 밀어붙여야 한다면 우리 부부는……

  ㅁ A. 통찰력을 가지고 정당하게 밀어붙일 것이다.

  ㅁ B. 어려운 상황에서도 굴하지 않으며 담대함으로 밀어붙일 것이다.

  ㅁ C. 낙천적이되 행동 지향적으로 밀어붙일 것이다.

  ㅁ D. 인내하면서 침착한 마음으로 밀어붙일 것이다.

11. 우리 부부가 열심히 일하는 이유는……

  ㅁ A. 그것이 목적과 의미를 채워주기 때문이다.

  ㅁ B. 그것이 성과와 목표를 채워주기 때문이다.

  ㅁ C. 그것이 재미와 흥미를 주기 때문이다.

  ㅁ D. 그것이 안정과 평화를 주기 때문이다.

12. 성공했을 때 우리 부부는……

  ㅁ A. 성공에 의미를 부여하고 성공한 방법을 다른 일에도 적용해본다.

  ㅁ B. 성공을 통해 얻은 것들을 대외적으로 적극 공표한다.

  ㅁ C. 성공을 기념하는 단합 계획을 도모한다.

  ㅁ D. 성공을 돕고 이끈 이들과 소식을 먼저 나눈다.

13. 실패했을 때 우리 부부는……

  ㅁ A. 기대가 컸기 때문에 너무 실망하지 않아도 된다.

  ㅁ B. 또 다시 도전하면 된다고 생각한다.

  ㅁ C. 실패는 금방 잊힌다고 생각한다.

  ㅁ D. 실패했다고 기대를 모두 저버린 것은 아니다.

14. 다른 사람들이 우리를 좋아하는 이유는……

  ㅁ A. 나의 정직하고 사려 깊은 태도 때문이다.

  ㅁ B. 나의 결단력 있고 자신감 있는 태도 때문이다.

  ㅁ C. 나의 사교적이고 낙천적인 분위기 때문이다.

  ㅁ D. 나의 친절하고 믿을 수 있는 태도 때문이다.

부부 오리지널 디자인 진단(COC) 작성지

앞의 진단표를 읽고 본인에게 가장 많이 해당되는 항목부터 4, 3, 2, 1 순서로 작성해보자. 각 항목의 점수를 아래로 합산해서 합계점수를 적어보자. A, B, C, D 네 항목의 가로 합산 점수가 총 140점이 나오게 된다.

구분	A	B	C	D
1				
2				
3				
4				
5				
6				
7				
8				
9				
10				
11				
12				
13				
14				
합계	A (EA)	B (DE)	C (RS)	D (HI)

COC 진단결과 활용하기

위에서 진단한 결과를 다이어그램으로 작성해보자. COC는 배우자와 한 팀으로 협력해서 갈등을 헤쳐 나가고 상황을 이끄는 오리지널 디자인을 알아보는 것이다. 가장 높게 나온 점수를 살펴보고 다이어그램을 통해 시각적으로 점검해보자(〈그림5-2〉 참조).

EA	DE	RS	HI

• 화합력 • 충성심 • 외교적 • 협동적 • 인내성
• 타협적 • 효율성 • 평화적 • 안정적 • 온화함
• 전문적 • 계획적 • 자제력 • 실천적 • 신뢰성
• 실질적 • 친절함 • 진지함 • 유연성 • 친화적

• 융합하는 • 조화로운
• 배려하는 • 사려 깊은
• 존중하는 • 겸손한
• 예의 바른
• 헌신하는 • 중재하는
• 절제하는 • 포용하는

• 이상적 • 양심적 • 효율적 • 구조적 • 도덕적
• 과업적 • 강직함 • 규칙적 • 예술적 • 절제력
• 의지적 • 세부적 • 섬세함 • 전통적 • 희생적
• 지속적 • 성실함 • 성찰적 • 신중함 • 고풍적

• 올바른 • 성실한 • 진실된
• 치우치지 않는 • 공평한
• 명철한 • 조직력 있는
• 희생하는 • 충성하는
• 적절한 • 집중하는

겸손(Humility) / 화합하는(Integrating) · HI 디자인

균형(Equilibrium) / 정의로운(Aright) · EA 디자인

사랑 LOVE

창의력(Recreation) / 자극하는(Stimulating) · RS 디자인

결단력(Decisiveness) / 열정 있는(Enthusiastic) · DE 디자인

• 칭찬하는 • 협조적인
• 낙천적인 • 활동적인
• 상상력이 풍부한 • 사교적인
• 창조적인 • 관심을 일으키는
• 흥미를 주는 • 재미있는 • 유연한

• 낙천적 • 외향적 • 상상력 • 열정적 • 감화력
• 자발적 • 설득력 • 활동적 • 온화함 • 사교적
• 실천력 • 열광적 • 친화력 • 긍정적 • 표현력
• 타협적 • 영향력 • 관용성 • 사회성 • 격려함

• 열정적인 • 활력 있는
• 혁신적인 • 논리적인
• 적극적인 • 자신감 있는
• 대담한 • 영향력을 미치는
• 꿈을 지닌 • 도전적인 • 탈피하는

• 결단력 • 추진력 • 혁신적 • 경쟁적 • 자신감
• 낙관적 • 생산적 • 실제적 • 민첩성 • 실천력
• 외향적 • 목표성 • 열정적 • 단호성 • 용감함
• 통제력 • 지휘력 • 의지력 • 직관력 • 설득력

〈그림5-1〉 COC 진단결과 활용하기 예시 1

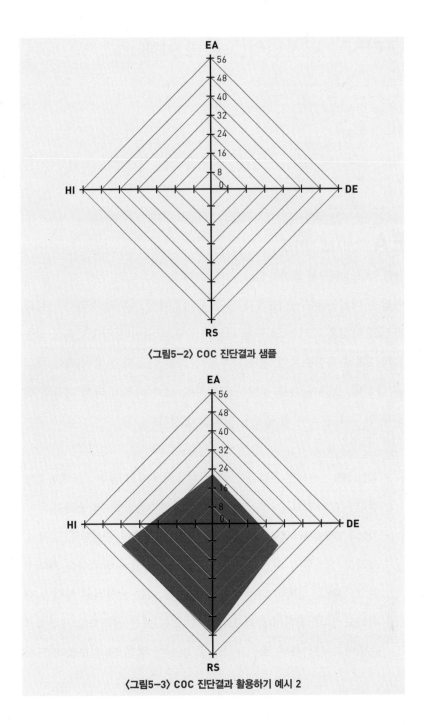

〈그림5-2〉 COC 진단결과 샘플

〈그림5-3〉 COC 진단결과 활용하기 예시 2

오리지널 디자인의 그룹별 이해

EA 오리지널 디자인

균형 있고 정의로운 코끼리 형

이들을 이끄는 화두는 정직과 정의다. 이들에겐 사회적 정의뿐 아니라 자신의 양심을 지키는 일 또한 더없이 중요한 일이다. 무엇보다도 일을 올바르게 수행함으로써 일의 가치를 살리는 이들의 본성 덕택에 책임을 다한다. 또 누군가를 실망시키려 하지 않기 때문에 다른 이들의 신뢰를 얻는다. 공과 사의 구분을 잘하고 공평하다.

- **핵심 성향**　올바른 / 성실한 / 진실한 / 치우치지 않는 / 공평한 / 명철한 / 조직력 있는 / 희생하는 / 충성하는 / 적절한 / 집중하는
- **가정과 일터에서의 역할**　EA 디자인이 지닌 타고난 충실함과 절제력, 그리고 신중함과 의지력은 단연 돋보인다. 일의 중요성을 제대로 알고 상황을 정확히 파악하고 분석할 줄 아는 균형적인 시각을 겸비하고 있다. 자신의 능력으로 할 수 있는 일은 철저하고 세심하게 준비하고 분석하며 배우자 스스로 자신이 맡은 바 임무를 반드시

완수하는 성실한 유형이다.

- **상황을 발전시키는 강점** 깊은 사고력과 통찰력을 자랑하는 EA 디자인은 정서적으로도 세심하고 섬세하여 창의적인 능력이 있다. 정의롭고 정직한 시각으로 사물을 바라볼 줄 알고, 뛰어난 분석력과 균형감각, 그리고 잠재적인 문제까지도 끄집어내어 파악할 줄 아는 탁월한 사고력이 이들의 감각적이고도 미학적인 능력을 크게 부각시킨다.

- **위기를 극복하는 방법** 리더로서 EA 디자인은 사람들을 위해 자기희생을 마다하지 않는다. 철저히 계획을 세우고 세심하고도 논리적으로 일의 방향을 제시하므로 주위사람들에게 신뢰를 얻는다.

- **미래를 개척해나가는 힘** 규칙적이며 원칙을 잘 지켜야 하는 상황에서 더 큰 리더십을 발휘한다. 하는 일의 의미를 잘 알려 상대방에게 동기를 부여하고 고취시켜 성과를 이끌어낼 줄 안다.

- **핵심 키워드** 균형(Ėquilibrium) / 정의로운(Ȧright)

  □ 이상적   □ 양심적   □ 효율적   □ 구조적
  □ 도덕적   □ 과업적   □ 강직함   □ 규칙적
  □ 예술적   □ 절제력   □ 의지적   □ 세부적
  □ 섬세함   □ 전통적   □ 희생적   □ 지속적
  □ 성실함   □ 성찰적   □ 신중함   □ 고풍적

DE 오리지널 디자인

결단하며 열의 있는 수사자 형

결단을 잘 내리고 열정적이어서 세상을 이끌어가는 데 부족함이 없다. 뛰어난 직관으로 목표를 수립하고 냉철한 판단과 강한 의지로 업무를 능동적으로 추진한다. 사람들은 이들이 새로운 세계에 과감하게 도전하는 모습에 매력을 느낀다.

- **핵심 성향** 열정적인 / 활력 있는 / 혁신적인 / 논리적인 / 적극적인 / 자신감 있는 / 대담한 / 영향력을 미치는 / 꿈을 지닌 / 도전적인 / 탈피하는

- **가정과 일터에서의 역할** DE 디자인 유형은 열정적인 추진력으로 사람들을 설득력 있게 지휘하고 큰 성과를 이끌어낸다. 도전을 꿈꾸고 실천한다. 불합리하거나 부당한 일이 생겨도 단호히 헤쳐 나간다. 과감히 목표를 설정하고 자신감 있고 야심차게 활동하며, 별다른 어려움 없이 한꺼번에 일을 처리하기도 한다.

- **상황을 발전시키는 강점** 자주성이 강해 스스로 잘 결정하고 자신의 능력에 확신을 가지고 있으며 진취적이다. 자신이 원하는 방향으로 일을 잘 추진하며 차질이 생기면 신속하게 대처한다. 사람들을 움직이는 동기부여의 능력이 뛰어나 함께 하는 이들과 큰 성과를 이뤄낸다.

- **위기를 극복하는 방법** 일을 완벽히 해야 하는 부담감에서 벗어나 실천적으로 생각하며 한번 일을 계획하면 어려운 상황이 닥쳐도 목

표를 쉽게 바꾸지 않는다. 혹여 다른 사람의 동의를 얻지 못하더라도 개척정신과 모험심이 줄어들지 않고 더 고무된다.

- **미래를 개척해나가는 힘** 기회를 잘 포착하고 도전하기를 좋아하므로 분명한 목표와 성과 앞에서 탁월한 리더십을 발휘한다. 방향을 잘 개척해나가는 행동가로서 일의 결과와 성취에 앞장서서 기여한다.

- **핵심 키워드** 결단(Decisiveness) / 열의 있는(Enthusiastic)

  □ 결단력　□ 추진력　□ 혁신적　□ 경쟁적
  □ 자신감　□ 낙관적　□ 생산적　□ 실제적
  □ 민첩성　□ 실천력　□ 외향적　□ 목표성
  □ 열정적　□ 단호성　□ 용감함　□ 통제력
  □ 지휘력　□ 의지력　□ 직관력　□ 설득력

RS 오리지널 디자인

창의적이며 격려하는 공작새 형

이들이 지닌 창의력과 타인을 격려하는 능력으로 인해 세상은 더욱더 풍요롭고 다양해진다. 그 누구보다도 상황에 잘 적응하고 사교성이 높아 다른 이들을 고무시키고 칭찬하고 격려함으로써 활력과 에너지를 불어 넣어준다. 예상하지 못한 일이 생겨도 유연하게 받아들이며 오히려 즐기기까지 하는 모습이 매력적이다.

- **핵심 성향** 칭찬하는 / 협조적인 / 낙천적인 / 활동적인 / 상상력이 풍부한 / 사교적인 / 창조적인 / 관심을 일으키는 / 흥미를 주는 / 재미있는 / 유연한

- **가정과 일터에서의 역할** 이들은 재미를 찾고 삶을 낙천적으로 바라보기 때문에 감동과 감화의 능력이 뛰어나다. 창조적이고 유익한 생각을 해내어 사람들에게 즐거움을 준다. 이들의 상상력과 풍부한 감정은 세상을 다양하고도 풍요롭게 발전시킨다.

- **상황을 발전시키는 강점** 리더로서 이들은 사람을 모으고 활력을 제공하며 대화를 먼저 시작하면서 주도한다. 주목받기를 즐기고, 말하는 능력이 뛰어나다. 사람과 사물에 늘 호기심을 가지고 다정다감해 사람들과 진심으로 교감한다.

- **위기를 극복하는 방법** 불쾌한 감정이나 기억에 집착하지 않으므로 앞으로 겪게 될 새로운 일과 사람에게 두려움이 없다. 일을 추진할 때도 방법과 규칙에 지나치게 얽매이지 않고 융통성이 있어 자신의 재능을 충분히 발휘해나간다.

- **미래를 개척해나가는 힘** 끊임없이 여러 계획을 세워 추진하며 변화와 한계의 영역을 넘어설 수 있는 능력이 있다. 개방적인 상황에서 탁월한 리더십을 발휘하며 규칙과 틀을 깨는 창의적인 아이디어로 상황을 재창조한다. 일의 재미와 가치를 찾는 탁월한 능력이 있다.

- **핵심 키워드** 창의(Recreation) / 격려하는(Stimulating)

  □ 낙천적   □ 외향적   □ 상상력   □ 열정적
  □ 감화력   □ 자발적   □ 설득력   □ 활동적
  □ 온화함   □ 사교적   □ 실천력   □ 열광적
  □ 친화력   □ 긍정적   □ 표현력   □ 타협적
  □ 영향력   □ 관용성   □ 사회성   □ 격려함

HI 오리지널 디자인

겸손하고 화합하는 돌고래 형

이들은 겸손과 화합을 추구하며 평정심을 잃거나 동요하지 않으며 감정을 잘 제어한다. 웬만해서 화를 내지 않고 상처를 오래 묵히지 않는다. 부담 없이 편안하게 대화하며 다른 사람의 말을 잘 경청해준다. 어려운 상황에서도 안정적인 인간관계를 맺으며 부드럽고 지혜로운 말로 갈등을 해소한다. 상대가 자신을 실망시킬지라도 사람들을 쉽게 배반하지 않는다.

- **핵심 성향** 융합하는 / 조화로운 / 배려하는 / 사려 깊은 / 존중하는 / 겸손한 / 예의바른 / 헌신하는 / 중재하는 / 절제하는 / 포용하는
- **가정과 일터에서의 역할** 일을 수행할 때 높은 통찰력과 인내력으로 신뢰감을 얻는다. 현실적이고 객관적인 성향 때문에 비상식적인 일을 하지 않으며 일단 일을 시작하면 효율적으로 잘 처리하는 편이다.
- **상황을 발전시키는 강점** 이들은 앞에 나서기보다는 뒤에서 일하기를 즐기므로 리더를 맡는 것을 선호하지는 않지만, 일단 지도자 자리에 오르면 사람들을 보호하고 포용하는 겸손한 리더가 된다. 사람들은 이 유형의 사람들과 함께 일하고 가깝게 관계 맺기를 좋아하는데, 이는 사람들을 사려 깊게 배려하고 존중하는 본연의 따뜻하고 화합하는 심성 때문이다.
- **위기를 극복하는 방법** 인내심을 요하는 작업에 능하며, 온화하고 차

분하기 때문에 어떤 문제에도 지나치게 몰두하지 않는다. 때로는
자신을 따르는 이들을 위해 희생적인 일도 마다하지 않는다.

- **미래를 개척해나가는 힘** 화합이 잘 되는 분위기, 예측 가능한 여건이
마련된 상황에서 큰 리더십을 발휘한다. 조직원들을 존중함으로써
안정과 여유를 찾고, 화합이 잘 되도록 중재하는 역할을 한다.

- **핵심 키워드** 겸손(Humility) / 화합하는(Integrating)

▫ 화합력	▫ 충성심	▫ 외교적	▫ 협동적	▫ 인내성
▫ 타협적	▫ 효율성	▫ 평화적	▫ 안정적	▫ 온화함
▫ 전문적	▫ 계획적	▫ 자제력	▫ 실천적	▫ 신뢰성
▫ 실질적	▫ 친절함	▫ 진지함	▫ 유연성	▫ 친화적

당신과 나의 차이점

운동경기에 참여한 선수가 만약 부상을 겪고 있다면 관중들은 그 선수의 형편을 이해해준다. 예상 밖의 저조한 성적이 나왔어도 정상 참작을 해주고 경기 중에 포기하는 경우에도 오히려 그 투혼에 박수를 쳐주기도 한다. 사실 부부도 부상 중이긴 마찬가지다. 나름의 아픔과 상처를 싸매고 달리고 있는 것이다. 몸에 감기가 걸리듯 마음에도 고뿔이 들기도 한다. 콧물을 흘리고 기침을 하듯 마음도 우울증에 시달리고 분을 이겨내지 못해 화를 토해내기도 한다.

이렇듯 상대가 부상 중이라는 상황을 이해해주면 좋으련만 우리는 이것을 곧잘 잊어버린다. 게다가 문제는 나 역시 아프다는 것이다. "너만 아프냐! 나도 그렇거든!" 결국 아픔의 세기, 아픔의 순서, 아픔의 고통이 서로에게 부딪히면서 갈등은 증폭되고 꼬이기 시작한다.

남자는 누드에, 여자는 무드에 약하다?

하지만 같은 아픔이더라도 남녀가 호소하는 전개 방식이 다르다. 일반적으로 여자들은 주절주절 이야기를 털어놓는다. 일상에서 남자가 구사하는 어휘 수가 7,000여 개인 반면 여자는 약 2만 개의 단어를 구사한다고 한다. 그러다보니 다음과 같은 차이를 자연스럽게 드러낸다.

- 남자의 말은 단순하고, 여자의 말은 복잡하다.
- 남자는 문제를 잘 닫고, 여자는 문제를 잘 펼친다.
- 남자는 기억이 짧고, 여자는 기억이 길다.

여자는 지난 시절 단 한 번의 기억도 지금 이 자리의 감정을 통해 '꺼내 쓰기'가 가능하다. 남편이 이런저런 선물을 갖다 줘도 대체 나한테 해준 게 뭐냐며 시비를 건다. "밥 한번 나가서 먹자는데 이이는 그것도 안 해줘!"라며 외식에 대한 속상함을 계속 곱씹는다. 남편 입장에서 보면 화를 자청하는 것 같다. 내가 그 동안 했던 노력은 도대체 뭐란 말인가? 그 동안 아내를 즐겁게 해주려고 갖은 애를 썼는데 어떻게 저런 말을 하지? 게다가 아내가 말하는 스트레스란 "어디다 대고 속 시원히 말해보지 못하는 화병"이라고 이야기하는데, 그럼 지금껏 한 이야기는 도대체 뭐란 말인가?

부부 사이의 관계가 멀면 멀수록 여자의 전화요금이 높아진다는 통계는 위와 같은 상황을 증명하고 있다. 친구랑 하루 종일 전화통을 붙잡고 기나긴 수다를 떨었음에도 불구하고 정작 중요한 이야기는 나중에 만나서 하자며 끊는 것이다.

미혼들에게 "왜 애인이 없어요?"라고 물었을 때 "주변에 상대가 없어요."라고 남자가 말했다면 이때는 정말로 '아는 여자가 없다'는 뜻이다. 반면에 똑같은 대답을 여자가 했다면 이는 "아는 남자는 있어도 괜찮은 남자가 없네요"라는 뜻이다. 옷장을 열고 빽빽이 걸린 그 수많은 옷들을 두고도 "아! 도대체 입을 옷이 하나도 없네~" 하고 말하는 것이 여자다. 여자들에게 있어 결혼식 날은 그 많던 남자들 가운데 '도대체 이 남자가 맞나?'에 대한 증명의 날인 반면, 남자는 '과연 이 결혼이 맞나?'를 염려하는 날이다. 남자는 결혼할 상대보다도 결혼 행위 자체에 대한 고민이 더욱 크다는 얘기다. 그래서인지 여자친구의 선물을 고를 때 남자들이 겪는 스트레스는 전투기 출격 시 조정석에서 겪는 스트레스와 동일하다고 한다.

연구에 의하면 아동기의 여아들은 "우리 이거 해볼래?" 하며 권유하지만, 남자 아이들은 "너 이것 해봐" "너 이것 가지고 놀아!" 식으로 명령하길 좋아한다고 한다. 쓰는 뇌가 다르기 때문이다. 서로의 단춧구멍 위치가 다르듯 남녀의 관점이 이처럼 다르다. 나중에 부모가 되어 아이와 놀아주는 방식도 다르다. 엄마는 '공감' 능력이 발달한 데 반해 아빠는 '공간' 능력이 우수하다. 남편은 "오늘 요리가 이게 뭐야?"라고 직설적으로 펴는 반면에 아내는 "나 요새 당신 때문에 무척 골 아파!" 식으로 문제를 우회적으로 지적한다. 여자는 남편의 갖가지 정보를 다른 이들과도 나누는 반면, 남자들은 이처럼 사생활이 유출되는 것을 몹시 싫어한다.

남자는 여자가 요구사항이 많아지거나 불평을 늘어놓으면 이것이 자기를 싫어하기 때문에 공격하려는 것으로 여긴다. 그래서 그 불평을 들으며 벽처럼 굳어져버리는 경우가 많다. 반면 여자는 지금 토로하는 불만을 문제로써 해결하기보다는 남자와 관계를 다시 돈독히 하고자 이야기하는 경향이 있다.

혼히들 하는 말로, 남자는 시각 능력이 뛰어나고 여자는 그에 비해 청각에 예민하다고 한다. 남자들이 주위에 멋진 여성이 지나갈 때 한눈을 판다면 이 같은 성향이 강하기 때문이다. 반면 여자는 남성의 목소리에 더 매력을 느낀다. 그래서 '남자는 누드에, 여자는 무드에 약하다'는 말도 이러한 기능적 차이에서 기인한다.

'성격차이'의 속사정

사실 다르기 때문에 아이가 생겨난다. 중국문화의 주요개념인 중화사상도 화(和)하면 아이를 낳을 수 있지만 동(同)하면 아이를 낳을 수 없다고 일컫는다. 차이가 있음을 인정하지 못할 때 오히려 조화가 깨지고 똑같아지므로 연이어 이어질 수 없음을 이야기한다. 서로의 의견에 아부 떨듯 무조건 같아짐으로써 극단과 극단이 발생하고, 상대의 의견을 적절히 조절함으로써 새로운 창조가 일어난다. 따라서 서로의 연약함을 드러내는 기회가 곧 새로운 조화를 얻을 기회가 되는 것이다. 서로의 인격을 향해 축적된 기록은 회복과 재창조의 근원이 된다. 때로는 당신이 걸려 넘어진 돌뿌리를 딛고 일어서기도 하는 것이다.

언젠가 우리 부부를 찾아온 그 커플도 이혼을 고려중이었다. 이들의 나이는 30대 중반을 넘어서기 시작했고, 미취학 아동 둘을 키우고 있었다. 왜 헤어지고 싶냐고 물었더니 "성격차이 때문에" 헤어지고 싶다는 대답이 돌아왔다. 둘 다 개성이 넘치는 이 시대의 재원이었다. 남편은 가정에 화합하려 했고 아내는 살림살이에 융통했다. 처음 결혼할 때 이들은 서로의 이 같은 매력 때문에 결혼을 결심했다. 그럼에도 이들은 갈등을 경험하고 있었다. 시간이 지나면서 남자는 아내로부터 점점 "줏대 없이 우유부단하다"는 평가를 듣게 되었고, 여자는 남편으로부터 "갈팡질팡해서 도무지 예측할 수 없다"는 평가를 되돌려 받아야만 했다.

하지만 유순해야 순종적이 되고 유연해야 융통성이 넘치게 된다. 이 같은 성질을 버릴 수는 없다. 마치 뫼비우스의 띠처럼, 일면이 있으면 한편으로 연약한 이면을 지닐 수밖에 없는 구조인 것이다. 플라스틱이 몹시 가벼운 대신 불에 잘 타고, 쇠가 무거운 대신 무척 단단한 것처럼 말이다.

'성격차이'라는 이유는 사실상 이혼 사유로는 논리적으로 성립이 안 되는 표현이다. 성격차이는 누구에게나 존재한다. 같은 부모에게 난 자식도, 같은 날 태어난 쌍둥이도 성격 차가 드러나기 마련이다. 다 다르다. 부부끼리 양 손가락에 깍지를 껴도 내 쪽을 향한 손가락의 위치가 서로 다르고, 팔짱을 두 팔로 감아도 나에게 가까운 팔이 다르며, 엄지를 들어 멀리 표적의 한 중심을 잡아도 누구는 왼눈 잡이, 누구는 오른눈 잡이다. 어떤 사람에게는 신발이 가지런히 현관에 모여 있어야 마음이 홀가분하겠지만, 또 어떤 이들은 '뿔뿔이 흩어져 있어야 신발!'이라며 어질러진 것을 아무렇지도 않게 생각한다.

누구는 주차할 때 삑 소리 하나만 듣고도 제 갈 길을 가고, 또 누구는 두세 번씩 뒤돌아보다가 결국 차로 돌아가 주차 선을 다시 맞추기도 한다. 다 다르다. 성격이 같은 사람은 이 지구상에 단 한 명도 없다. 성격이 다른 너와 내가 만나는 것이 조화이고 사귐이고 결혼이다.

그럼에도 불구하고 부부 이혼소송의 최다 사유는 성격차이라고 말한다. 하지만 나와 다른 배우자의 성격이 매력적이어서 하나가 되었는데, 어느 날 이 때문에 다시 헤어진다는 것은 앞뒤가 맞지 않는다. 나는 이들 부부에게, 차라리 이것을 돈 문제로 인한 갈등에 비유하는 것이 서로의 입장 차를 정리하는 데 훨씬 쉬울 거라 말해주었다.

성격차이를 달리 고쳐서 말한다면 '나의 중심성향과 그 두려움에 반응하는 배우자의 특정한 태도나 행위'라고 말할 수 있다. 이 같은 배우자의 반응으로 인해 나에게 나타나는 특정 감정들이 본인에게 매우 고통스럽기 때문이다.

다시 말해, 예전에 배우자가 돈이 꽤 많은 줄 알았는데 알고 보니 돈이 없어서 겪는 두려움과 유사하다. 나에게 제법 돈을 쓸 줄 알았는데 결혼하고 보니 그 돈을 잘 쓰지 않는 것과도 같다. 때로는 아예 쓰지 않기도 하고 내가 전에 알던 그 돈이 아닌 경우도 있다. 곧잘 쓰다가 갑자기 전혀 안 쓰기도 한다. 게다가 자기 돈은 한 푼도 안 쓰고 내 돈만 달라고 떼쓰고 조르는 경우도 생긴다. 이것이 고통스럽고 힘들어서 헤어지겠다는 것이다. "왜 그것을 안 주냐" "왜 안 쓰냐, 그 돈을!" "왜 내 것만 자꾸 달란 말이냐" 하며 싸우는 경우이다.

앞서 만난 부부는 자신들이 바라던 돈의 속내를 조금씩 알아채기 시작했다. 서로를 위해 각자 쓸 줄 알았던, 그 메말라버린 돈의 가치를 깨닫기 시작했다. 남편 입장에서 아내에게 줄곧 바라던 가치는 이런 것이었다. "가정에 헌신하는 나에 대해 아내가 그 누구보다도 인정해줄 줄 알았습니다." 아내 역시 마찬가지로 토로한다. "평소에 나의 실수나 잘 잘못을 남편이 그 누구보다도 포용하고 이해해줄 줄 알았어요." 이것 이 그들이 원했던 쏨쏨이이자 액면가였다.

이혼을 둘러싼 속사정은 그런 것이었다. 이것이야말로 배우자가 우 선적으로 챙겨왔으면 하던 성격의 지참금이었고, 그들의 결혼생활 가 운데 마주하던 부부 갈등의 원인이요, 근원적인 결핍의 실체였다.

내 배우자는 어떤 사람인가?

배우자와 나와의 동일시

연애시절 나는 아내와 직장 주변에서 자주 만났다. 하지만 직장 근처에서 데이트하는 것이 때로 스릴도 있었지만 한편으로는 꺼려지기도 했다. 선남선녀가 만나 데이트하는 것이 무슨 문제가 있겠냐만 부서 사람들의 이목도 있고, 괜히 오가다 부딪히게 될 인사부의 보이지 않는 평가나 시선이 여간 성가신 게 아니었다. 퇴근 후에 갖는 데이트인데도 웬지 모르는 죄책감이 자리하고 있었다. 일 안 하고 당신 여기서 뭐해! 이러한 내면의 내레이션이 무의식적으로 돌아가는 것이었다. 내색하지는 않았지만 아내도 나의 이 같은 기분을 이해해 주었으면 하는 바람을 가지게 되었다.

하지만 그것은 전적으로 내 문제였다. 내가 느끼는 두려움이었기 때문이다. 나의 기분을 상대방에게 솔직하게 이야기하면 무척 편할 것이다. 하지만 자존심 때문에 말하지 못하는 경우도 있고, 아무렇지도 않다는 듯이 보이려는 경우도 있다. 하지만 때때로 이것마저도 피하지 못하는 상황이 우연히 발생하기도 한다. 결국 이때 드러나는 반응이 갈등의 근원이자 문제로 불거져 나온다.

아내와 나를 하나가 아닌 각각 독자적인 인격체로서 바라본다면, 이 같은 두려움은 전적으로 나만의 것이다. 나만 부끄럽고 창피하면 되는 문제이다. 하지만 어느 순간부터는 이 같은 감정과 불편함을 동일시하게 된다. 상대방도 나처럼 느끼길 기대하게 된다. 나로부터 전달되어야 할 충분한 소통이 나에게서 생략된 상황임에도 불구하고 굳이 말하지 않아도 상대방이 나처럼 반응해주도록 기대하게 된다. 나를 전부 이해하고 있는 것처럼 상대가 알아채고 이에 맞춰 행동해주기를 바라게 된다. 이 같은 동일시는 멀리 있는 타인보다는 주로 나와 가까운 사람들에게 일어난다. 내 바운더리에 점점 가까운 인물이 되어갈수록 그들도 나처럼, 나를 중심으로 느끼고 반응하고 살아가기를 기대하는 것이다.

이는 상대방을 자기 목적의 중심에 놓게 되는 자기중심성을 더욱 더 불러일으킨다. 배우자나 가족이 나와는 구별된 인격체로서 독자적인 감정과 욕구를 지닌 주체자라는 경계선이 어느덧 허물어진다. '친밀감'이 아닌데도 불구하고 '친밀하다면'이라고 해석한다. 마치 '나를 사랑한다면 무슨 일이 있어도 내 것을 들어줘야 한다'고 떼쓰는 어린 아이처럼 되는 것이다. 동일시는 그래서 진정한 소통과 교감에서는 동떨어진, 단독적으로 벌이는 나만의 보채기가 되어버린다.

신체적 구별점과 식습관

배우자의 신체가 나와 다르다는 것은 감정을 따로 분리해서 생각하는 것보다는 구별하기가 쉽다. 하지만 자기중심성이 작동하면 신체적인 기호나 특성도 마찬가지로 독자성을 잃고 만다. 자기 기질과 동일시하는 고집이 드러나버린다. 쉬운 예로 "내가 먹는 것을 너도 먹어라" 하기 쉽다는 말이다.

가령, 나는 뜨거운 음식을 선호한다. 근본적으로 속이 차기 때문이다. 반면 아내는 차가운 음식에 더욱 마음이 간다. 뜨거운 순댓국과 차가운 샌드위치가 있다면 패가 갈린다. 갈비탕과 냉면이 있어도 마찬가지다. 따라서 종종 메뉴 선정을 앞두고 나는 아내에게 "내 속을 안 알아준다"며 불평을 한다. 아내는 마찬가지로 나더러 "때로는 다른 것을 먹을 수 있지. 왜 꼭 자기 고집대로만 해야 하냐"며 불만을 토로하기도 한다.

배우자의 체온조절 능력이나 음식물 섭취에 따라 신체적으로 반응하는 특성도 독자성이 구별된 권리이다. 하지만 문제는 또 다시 동일시로 나타난다. 소통과 교감을 통해 정보를 채우는 대신 내가 요구하는 것을 그냥 따르라고 강요한다. 그냥 같은 것으로 맞추라고 하기도 하고 삶의 형편에 맞춰 자신의 기호를 거기에 맞추라고도 한다. 이 또한 자신의 중심성과 두려움으로부터 기인한 동일시 현상이다.

배우자끼리 서로를 알아가는 학습태도를 취하지 않으면 이는 부부싸움으로 번질 가능성이 높다. 먹는 문제도 기막힌 소재가 된다. 먹거리 하나를 둘러싸고도 서로의 감정과 욕구를 들었다 놨다 동일시하는 대표적인 근원지가 되는 것이다. 내가 아는 어느 부부는 이 같은 문제를 해결하기 위해 어느 날인가부터 상대가 좋아하는 스타일을 무조건 인정해주기로 했다. 김치도 선호하는 스타일대로 각자 담가 먹으면서 갓김치는 갓김치 통에, 국물김치는 국물김치 통에 넣고 꺼내 제 시간을 즐긴다는 것이다. 상대의 기호를 존중하면서 이 같은 갈등을 최소화하고 있었다.

하지만 부부는 닮아간다. 식성도 어느 정도 닮아가고, 입맛과 간도 서로에게 맞춰지기 마련이다. 비만한 친구를 옆에 둔 경우에 통계적으로 자신도 비만해질 확률이 높아진다. 흔히 다이어트 세계에서 '식단을 조절하기 전에 감정을 조절하라'는 이야기가 있다. 우리에게 쾌감을 전하는 세로토닌의 80~90퍼센트는 장에 분포한 세포에 위치해 있다. 우리 몸에서 음식을 조절하는 장치는 세로토닌과 도파민, 그리고 코티솔이 얼마나 분비되느냐의 삼박자에 의해 결정된다. 이로써 식사량, 소화력, 체내 지방 축적량이 결정된다. 종종 식욕을 억제하려 하다보면 스트레스 호르몬인 코티솔 분비가 촉진되고 식욕을 오히려 자극한다거나 신진대사를 저해시켜 지방 저장을 불러온다. 따라서 물만 마셔도 살이 찐다는 말이 영 과장되기만 한 말은 아니다.

스트레스가 정말로 비만을 자극하는 것이라면 우울한 사람들이 주로 먹으려 하는 문제도 마찬가지다. 신경학자들은 그 주된 원인을 뇌에서 보내는 신호체계에서 찾는다. 기분이 좋을 때 분비되는 세로토닌은 심한 스트레스를 받으면 고갈되는데, 이런 상태가 계속되면 우울한 감정이 높아지고 세로토닌 수치를 높이기 위해 탄수화물 섭취에 대한 강한 욕구로 이어진다. 만성적인 우울증이나 스트레스에 노출되면 곧 음식을 탐닉하는 상태를 부른다는 것이다. 음주, 폭식, 매일 계속되는 술자리는 결국 세로토닌 충족을 위한 반복적인 행동 패턴의 결과인 셈이다. 소위 '한잔 마셔야' 기분이 풀리는 것이다. 게다가 코티솔은 포만감과는 상관없이 음식을 초청하는 특징이 있다.

　이러한 음식 습관에 배우자가 길들여져 있다면 이때는 단순히 배가 고파서만이 아니다. 살다 보면 우울하고 기운이 처지고 속이 허한 날이 있다. 하지만 얼마나 그러하며 어디까지 그러한지에 대한 척도를 간과하기 쉽다. 그렇다면 배우자의 섭생 패턴 또한 서로의 감정적 패턴을 감지하는 연결정보가 될 것이다. 좌절, 지루함, 괴로움, 보상심리, 울분, 초조함, 혹은 비가 오면 딱히 배가 고픈 것도 아닌데 왠지 모르게 딱 한 잔이 생각나는 이유마저도 사실은 내적 감정이 부르는 결핍의 신호체계 때문이다.

5단계 스위칭 실전연습 1
배우자의 식습관 적어보기

　자신이 알고 있는 배우자의 특성부터 먼저 나열해보자. 키, 몸무게와 같은 신체적 외견보다는 음식을 먹고 마시는 문제, 외부온도, 계절 등에 어떻게 반응하는지 구체적인 내용들을 적어보자. 상대방의 특징을 내가 적어서 배우자에게 이야기해 주고 배우자가 알고 있는 나의 특성이 무엇이었는지 들어본 뒤 다시 자신의 것을 이야기해 보자. 이런 식으로 서로의 정보를 취합해보는 것이다.

　나의 기호와 식습관 특성(예시)
• 커피를 마시면 오히려 기분이 상쾌해진다.
• 땀을 조금 흘리면 좋다.
• 한증막을 싫어한다(신체 중 폐 기능이 가장 취약하므로 숨이 가쁘다).

- 상대적으로 약한 폐 기능으로 인해 견갑통, 어깨 결림, 기혈 순환이 잘 안 된다.
- 고기를 먹되 밥을 적게 먹는다(위를 편하게 하여 폐의 기운을 북돋게 하기 위해).
- 생선이 몸에 잘 맞지 않는다(위에서 소화가 원활하지 않다).
- 내가 느끼는 해로운 음식 : 조개류
- 내가 느끼는 유익한 음식 : 소, 양, 장어, 개, 아나고 등

자신의 기호와 식습관 특성 적어보기

배우자의 기호와 식습관 특성 적어보기

서로의 식습관 패턴 알기

이번에는 배우자가 주로 어떤 경우에 어떤 음식을 섭취하는지 이야기해
보고 감정이나 상황 변화에 따른 식생활 패턴도 살펴보자.

1) 배우자가 불안하고 초조해서 '아, 짜증나!' 하며 먹으려 한다.
- 입이 자주 마르고 가슴이 답답하다.
- 잠을 이루지 못하고 서성이며 불안하다.
- 위경련으로 힘들어하거나 심장 경련을 겪은 적이 있다.

불안하면 일단 교감신경계가 흥분된다. 행동을 억제하고 흥분을 조절하
는 신경전달물질 GABA(Gamma-Aminobutyric Acid)가 부족한 상태다. 기
초 신경절이 흥분한 상태이기에 두뇌 반응을 편안하게 내버려두지 않는
다. 이로써 초조함을 느끼게 된다. 불안과 초조함이 장시간 지속되면 두
뇌는 이것을 습관처럼 기억하고 오히려 감정적 상태로 내버려두려 한다.
과다한 칼로리 섭취를 불러일으키며 쇼핑이나 영화, 흥분된 자극을 이어
가게 만든다.

- **도움이 되는 음식** 무엇보다도 배우자의 긴장을 풀어줘야 한다. 이럴 땐
통밀, 유제품, 아몬드, 콩 등 아미노산이 풍부한 음식을 먹으라고 전문가
들은 권고한다. 아미노산의 충분한 섭취는 감정을 완화시키는 GABA로
이어지기 때문이다. 콜라, 초콜릿, 탄산음료와 같은 카페인이 많이 든 음
식은 우리 몸을 긴장하게 만들고 전두엽을 계속해서 자극하므로 피하는
것이 좋다. 몸의 긴장을 완화하고 염증을 가라앉혀주는 오메가-3,6,9지방
산과, 스트레스와 초조함을 줄여주는 명상도 좋은 방법이다.

2) 배우자가 단순히 '아, 출출한데' 하면서 습관적, 충동적으로 먹으려 한다.
- 단순히 음식을 먹는 것으로 기분전환이 된다.
- 건강에 해로운 정크푸드를 즐긴다.
- 배가 고프지 않아도 음식을 먹는다.

습관적으로 먹거나 밤늦게 자제하지 못해서 충동적으로 먹게 된다면 도파민 수치가 낮을 경우다. 즐거움과 만족감을 느끼게 하는 수치가 평균 이하로 떨어질 경우 충동적으로 음식을 먹게 되고 필요 이상으로 음식을 섭취하게 된다.

• 도움이 되는 음식 이때는 쇠고기, 닭고기, 생선, 칠면조, 달걀 등 양질의 단백질로 도파민 수치를 증가시켜 음식 양을 조절하게끔 돕는다. 탄수화물도 세로토닌 수치를 높여주지만 필요 이상은 피하는 것이 좋다. 대신 오트밀과 같은 복합 탄수화물로 하루를 시작하는 것도 한 방법이다.

3) 배우자가 우울하고 허탈한 마음에 침묵으로 일관하며 식사한다.
- 불쾌한 상황을 잊지 못하고 누군가를 용서하기도 힘들다.
- 종종 숙면을 취하지 못한다.
- 늘 억지로 무언가를 하는 기분이 든다.

우울하면 전두엽 움직임이 활발해진다. 식욕, 성욕과 같은 본능적 욕구를 통제하려는 기능이 활성화되기 때문이다. 이로써 세로토닌 분비는 감소되고 코티솔 분비는 증가된다. 세로토닌이 부족하면 습관적인 탄수화물 섭취로 이어진다. 빵, 설탕, 과자를 손에 쥐게 되는 것이다. 왜냐하면 일시적으로나마 혈당을 공급함으로써 순간적으로 만족감을 주기 때문이다. 하지만 중독처럼 반복되어야 한다. 따라서 이때는 세로토닌 공급으로 균형을 맞춰줘야 한다.

• 도움이 되는 음식 현미, 바나나, 칠면조, 해바라기씨 등은 세로토닌을 합

성하는 트립토판을 다량 함유하고 있다. 우울함으로 인한 스트레스를 조절해주는 천연 항우울제 역할을 한다. 비타민 B12군에 속하는 조개, 연어, 알 등도 야채에는 없는 영양소를 제공한다.

4) 배우자가 마치 '먹지 않으면 안 돼!' 하는 것처럼 강박적으로 먹으려 한다.
- 종종 외로움을 느낀다.
- 반면 쉽게 지루해한다.
- 위장질환 또는 두통이 있다.

감정적인 허기를 음식으로 채우려고 할 때는 스트레스 호르몬인 코티솔의 영향을 받는 경우가 대부분이다. 대개 비타민D가 부족하다는 것이 전문가들의 의견이다. 이럴 때는 여러 사람과 어울려 식사하는 것이 좋다. 또한 한 시간 정도 하루 일과를 차분히 정리한 다음 잠자리에 들면 불필요한 스트레스로 인한 코티솔 분비를 줄이는 데 도움이 된다.

- **도움이 되는 음식** 달걀, 고등어, 호두 등 비타민D가 풍부한 음식을 챙겨 먹는다. 그리고 비타민D의 신진대사를 돕는 비타민A, K가 풍부한 시금치와 브로콜리 역시 기분파에게 좋은 음식이다.

불균형적인 음식을 가까이하는 이유는 무언가를 자기 생각대로 하지 못하는 데서 오는 불만을 밖으로 표시하기 때문이다. 배우자가 감정을 제대로 발산해내지 못한다면 이는 곧장 스트레스로 연결된다. 그리고는 내면에 축적된 스트레스를 외부로 표시하게 된다. 결국 이때마다 섭취하는 음식 패턴은 자신을 벌주기 위한 신호가 된다. 자신을 위해서 부적절한 체벌을 내리는 것이다. 썩은 밥이라도 먹겠다는 결핍의 반사행위이다. 그래서 동서고금을 막론하고 한방이나 양의학에서 권고하는 것은 감정을 바람직한 방향으로 발산하라는 것이다. 또한 생활에서 용서와 사랑을 주도적으로 풀어내는 방법이야말로 몸과 마음의 적절한 순환으로 이어진다.

알기 VS 알아주기

칭찬의 제고

메타인지능력(Meta-Cognition)은 자기 자신에 대해 얼마나 잘 알고 있는지를 인지하는 능력을 말한다. 즉 자신에 대해 다각도로 비판적 접근을 할 수 있는 고차원적 사고능력을 의미한다. 공부를 잘하는 학생들은 상대적으로 메타인지능력이 뛰어나다고 한다. 왜냐하면 자신의 무지함을 가늠할 수 있어야 새로운 지식의 영역을 확장해나갈 수 있기 때문이다. 그런데 이는 자신이 실제로 갖고 있는 능력과 자신이 알고 있다고 생각하는 느낌, 이 양자 간의 격차를 자주 경험해볼 때 길러진다.

따라서 자신이 잘 알지 못하는 영역을 느낄 수 있도록 배우자가 옆에서 살펴주고 알려줌으로써 보다 나은 자기이해와 발전을 이룰 수 있다. 우리가 칭찬받을 때 두뇌에서는 도파민이 분비된다. 이로써 선순환 에너지를 불러일으킨다. 하지만 칭찬이 무조건 좋은 것이라고 평가하기에는 칭찬이 지닌 적확한 효과를 제고해야 한다. 아이에게 제일 필요한 것은 부모가 받아준다는 믿음과 조건 없는 사랑이다. 부모의 기대에 못 미칠 때도 이것은 마찬가지다.

때문에 학자들은 칭찬 한마디에도 "최고다" "잘한다"와 같은 표현보다는 "열심히 노력했구나" "성실하구나" 식으로, 성과보다는 인품에 초점을 맞출 것을 권고한다. 칭찬받을 행위만큼이나 칭찬의 대상을 주의해서 살피라는 이야기다. 그래서 칭찬도 성과나 결과만을 바라보는 의도로 사용된다면 이는 칭찬을 통해 통제를 하는 것이지 사랑을 주는 것은 아니다. 칭찬이라는 옷감으로 아이를 감싸 평가의 옷을 입히는 것 대신, 아이를 있는 그대로 받아들이는 사랑이어야 한다고 학자들은 제언한다.

반면 상대방의 모자라는 점을 일깨워주기 위해 상대의 연약한 점을 벌거벗겨 들춰내려 해도 역효과는 피할 수 없다. 사랑의 중심점을 잃고서 자신이 깨닫는 영역의 확장을 도모할 수는 없기 때문이다. 따라서 이 같은 부작용을 제고하고 효과를 극대화시키는 방법은, 그를 잘 '알고 있는' 사랑하는 사람이 그에게 '알려주되' 있는 그대로의 그를 '알아주는' 것이다.

배우자 알아주기

배우자 알기

달래주면 달라진다

상담에서는 사람을 독립된 개인으로 보는 대신 상호관계적 인격체로 바라본다. 사회에서 혼자 남아 있다는 것은 죽는 것과 다름이 없다. 이 것은 인간의 독특한 모습이기도 하다.

그리고 수치심과 연결된다. 남들과 동떨어져 혼자서만 자기를 인정 한다면 이는 간힌 독백이 된다. 마치 혼잣말로 중얼거리는 사람을 보고 주변에서 미쳤다고 얘기하듯 이 혼잣말은 죽은 대화가 된다. 아무리 혼 자 주물러봐야 기별 없던 내 배를 가족 누군가가 옆에서 살살 문질러 줄 때 비로소 기운이 흐르고 혈관이 열리며 신진대사가 공급되는 것과 같은 이치다. 이는 부부끼리도 마찬가지다. 세미나 현장에서 "상대 배 우자가 도저히 이해되지 않을 때는 언제인가요?"라면서 의견을 마음껏 내보라고 하면 다음과 같은 내용들이 쏟아진다.

"남자들은 왜 잘못을 하고도 구체적으로 그것을 사과하지 않을까요? 이해 가 안 되요."

"여자들은 왜 한 이야기를 또 들춰내고 또 거론하는 거죠? 화해가 막 무르 익는 순간에 불편한 이야기를 왜 또다시 꺼내는지 이해가 안 되요."

"그만하자고 했으면 됐지 왜 또다시 그러죠? 미안하다고 사과했으면 된 거 아닌가요?"

"도대체 여자들은 삐치면 왜 이야기를 안 하는지 도통 알 수가 없어요."

부부가 상대에게 원하는 것은 '배우자가 스스로 달라지기'이다. 하지만 정작 자신의 내면에서 진짜로 원하는 것은 서로 '달래주기'를 원하고 있는 것은 아닐까? "제발 좀 고치라니까? 바꿔!"의 원 대사는 사실 "제발 나에게 다가와서 나를 좀 달래줘!"이다. 다만 겉으로만 그렇게 이야기하지 못할 뿐이다. 부드럽고 원활하게 전달하지 못하는 것이며, 충분히 설명하지 못하는 것이다.

서로 달래주면 결과적으로 스스로도 달라진다. 달래주면 달라진다. 그것은 서로의 잘잘못을 증명하는 손길보다 더 진취적인 힘으로 두꺼운 옷을 벗기는 작업이다. 동화 속에 등장하는 이야기처럼 사람의 옷을 벗기는 가장 효과적인 방법은 따스한 온기로 안에서부터 북돋는 것이다. 대표적인 예로 배우자를 칭찬하고 인정하는 방법이 있다. 자기 혼자만 알아주는 독백에서 서로가 인정하는 열린 대화로 나가는 것이다.

이것을 의도적으로라도 해야 하는 이유는 간단하다. 성장 과정에서 나에게 가장 가까운 이들로부터 영웅이 되어본 경험이 없다면 두뇌 가운데 변연계, 즉 아미그달라가 안정적으로 작동하지 못한다. 부모가 아이를 중심에 놓고 무한한 찬사를 보내는 느낌, 이것이 결핍되면 꼬이고 촉발되는 상황에서 무의식적으로라도 두려움이 작동된다. 이것은 돈으로도 결코 살 수 없는 용역이며 감각만으로도 충족되지 못하는 재화이다. 오로지 관계 가운데 부모가 불어주는 산소와 내분비 물질인 옥시토신이라는 땔감으로밖에 불을 지필 수 없다.

사실 나와 아내는 이러한 모습마저 뚜렷했다. 성장과정에서 온 가족에 둘러싸여 무조건적인 축복, 그 열렬한 환호와 칭송을 받아본 기억이 거의 없다. 주인공의 자리에 올라 쏟아지는 찬사를 웃음으로 헤쳐가며 마음속 깊은 감동으로 흠뻑 젖어본 경험 말이다. 그래서 나를 둘러싸고 이 같은 일을 누군가 벌인다는 것은 생각조차 해보지도 못했다. 상상하기 전에 그 기대를 묻어두었다. 물론 어른이 되고 사회에 나가 이와 비슷한 행위를 취하기도 했지만 이는 모양새만 갖추었을 뿐 내면의 진짜 잔칫상은 그렇지가 않았다. 아내에게 프러포즈할 때도 돌이켜보면 형식으로 만족하는 식이었다. 예비 가정의 주인공으로써 이런 모습은 서로에게도 낯설고 나 자신에게도 어색했으니까.

칭찬받아 본 경험이 없기에 칭찬하지 못한다. 반대로, 제대로 칭찬받지 못했기에 늘 칭찬받기를 원한다는 이야기도 된다. 아버지는 내가 어릴 때 학교에서 받은 상장과 상패, 트로피 등을 꼬박꼬박 정리해서 앨범에 차곡차곡 끼워 간직하고 표구까지 만들어 벽에 걸어주시기도 하셨다. 아내도 마찬가지였다. 이것은 이전 세대 부모님들께서 자녀를 인정하는 거의 유일한 소통 방식이었다. 하지만 아쉽게도 아버지의 입에서 이러한 표현을 들어본 적은 없다.

"내 아들, 참 훌륭하다."

"네가 참으로 노력을 많이 했구나!"

"네가 무척이나 자랑스럽구나!"

"아빠 마음이 참 흐뭇하구나!"

아버지로부터 칭찬이나 진한 인정의 말 한마디조차 들어보지 못했다. 이것이 무척 가슴이 아프다. 더 가슴 아픈 것은 아버지도 당신의 아버지로부터 그랬다는 것이다. 밖에서는 그토록 세인들로부터 마르지 않는 칭찬과 인정을 받으면서도 가정에서만큼은 묵음으로 처리하는 그 분위기와 정서를 아버지도 똑같이 대물림 받았던 것이다. 그리고 내가 느끼는 것과 마찬가지로 아버지도 역시 마음 아파하셨을 거라 생각한다. 하지만 이렇게라도 이제 아버지를 조금 더 알게 되었으니 무척 다행이긴 하지만 말이다.

서로가 듣고 싶어 할 말

배우자 격려하기

애통함의 깊은 근원에는 사랑 받아야 할 사람들로부터 축복을 받지 못한 상실감이 자리한다. 축복을 받아야 할 당연한 사람들로부터 학대를 받는 것도 뼈아픈 기억이 되겠지만 가족 구성원으로서 당연히 받아야할 찬사, 칭찬, 지지, 인정과 같은 축복의 말을 온 몸으로 전달 받지 못한 경험도 역시 애통함의 근원적인 슬픔이 된다. 이로써 아쉽고 채워지지 않는 허탈한 느낌이 감정의 밑바닥을 차지한다.

누구나 축적과 상실을 경험한다. 태어나 부모를 얻고, 형제를 얻고, 학교에 입학하고, 친구를 사귀고, 졸업장을 받고, 취업을 하고, 여자친구를 만들고, 배우자를 얻고, 승진을 하고, 아이를 낳고, 집을 마련하는 등 축적의 과정을 거친다. 하지만 이내 승진에서 누락되고, 사업에 실패하고, 부모님을 떠나보내고, 직장에서 밀려나고, 자녀를 출가시키려고 작은 집으로 옮기고, 배우자를 잃고, 죽음으로써 결국 나 자신과도 이별을 한다. 상실은 곧 자연스럽게 슬픔으로 이어진다. 하지만 슬픔을 세세히 구별하기도 힘들지만, 그 이전에 "나는 슬프지 않아" 하면서 부인하기도 한다. 단순히 자신이 우울해서 그렇다고 이야기하기도 하고, "세상 일이 그렇지 뭐" 하며 대수롭지 않게 넘기기도 한다. 더 끄집어 내기가 두려워서 철학이나 종교, 지식의 이름으로 단속하기도 하고, 슬 픔을 확대시켜 과장된 모양으로 위장하기도 한다.

따라서 삶에서 부딪치는 일상적인 슬픔에서부터 알지 못하는 깊은 슬픔의 바닥에 이르기까지 서로의 근본적인 애통함을 바라보는 것은 배우자를 더욱 깊이 이해하고 알아주는 또 하나의 출발선이 된다.

삶에서 겪는 다섯 가지 슬픔

1) 일반적 슬픔(Normal Grief)

- 일상에서 나타나는 감정 기복과 같은 수준의 슬픔
- 쓰던 물건의 상실에서부터 관계의 상실에 이르기까지 다양한 슬픔이 나 타남

2) 만성적 슬픔(Chronic Grief)

- 우울증이나 무감각증과 같은 지속적인 슬픔
- 고립되고 갇힌 느낌
- 불면증이나 섭식장애와 병행해서 나타남

3) 지연적 슬픔(Delayed Grief)

- 슬퍼하지 못하게 한 왜곡된 슬픔
- 같은 일이 반복되어도 더 이상 슬퍼하지 못하게 하는 슬픔이 나타남

4) 과장적 슬픔(Exaggerated Grief)

• 위장하거나 과다하게 드러낸 슬픔

• 다른 필요를 얻어내기 위해 조작되고 과장된 슬픔이 나타남

5) 잠재적 슬픔(Potential Grief)

• 충분히 슬퍼하지 못한 슬픔

• 어린 시절, 이른 시기에 인지하지 못한 막연한 슬픔

• 외로움과 격리, 불안정한 갈등관계에서 잠재된 슬픔

• 일 중독, 종교 중독 때문에 인식하지 못한 슬픔 등이 나타남

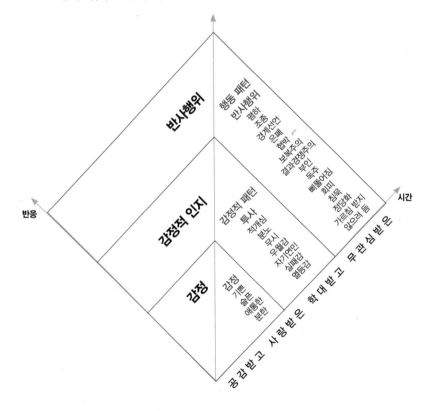

패턴과 애착경험의 상관관계는 비례한다고 볼 수 있다. 공감을 받지 못할수록 자신의 감정을 사실 그대로 표현하지 못하고 왜곡된 인지 양상으로 나타나기 마련이다. 게다가 부적절한 반사행위를 진전시킨다. 즉 성장 과정에서 공감과 사랑을 받을수록 학대와 무관심을 받은 경우와는 반대로 감정에 대한 해석이 바르며 자아존중감이 높다. 그뿐 아니라 스트레스에 잘 견디고 자신의 의견을 보다 잘 표현한다고 한다. 이 점이 인간의 성장 발달을 둘러싼 학자들의 오랜 연구결과이다.

우리가 배우자와 가장 먼저 나눠야 할 축복의 메시지는 '자신이 받지 못한 축복을 슬퍼하는 것이 스스로에게 허락되었다'는 것이다. 케이크에 초를 얹고 불을 켜기 전에 서로를 격려해야 할 최우선의 메시지는 바로 이것이다. 칭찬, 무한한 지지, 인정 등을 서로에게 펼치기 전에 이것부터 점검해야 한다. 그리고 이와 같은 기초를 토대로 "자신의 감정을 토로하는 것이 당신에게 허락되었다"고 말해주는 것이다. 삶의 재미는 정말로 의미가 있을 때 찾아온다. 그래서 깨달음의 만족지수는 최고조의 기쁨을 넘어선다.

이처럼 행하는 근본적인 이유는 잘못 형성된 내면의 기대가 있다면 그것을 재조정할 기회를 가지라는 것이다. 자기 신세를 동정하고 불편했던 서로의 관계를 단절하라는 것이 아니라 반복적인 실망감, 고통, 내면의 응어리로 인해 스스로를 괴롭히는 것이 있었다면 이것을 풀어주라는 것이다.

남들에게 가혹한 사람은 자신에게도 역시 가혹하다. 따라서 자신을 힘들게 하는 감정적 패턴이 있었는지, 아직도 부적절한 행동 패턴으로 이어지는 것이 있다면 일체의 것들을 풀어주라는 것이다. 자신의 감정으로 돌아와 이로써 묶여 있는 것을 풀어주고 다시 재부팅해야 한다. 사과와 화해, 용납과 용서로 새로운 문서 작성의 기회를 열어주자. 자신을 힘들게 했던 타인을 풀어주고 자신을 용서함으로써 새로운 사랑을 다시 써보자.

배우자 북돋기 연습

초등학교 아들에게 내 얼굴을 그려보라면 점 하나를 꾹 찍고 동그라미를 삥 둘러치곤 내게 내민다. 그게 나라는 것이다. 내 눈썹 위에 난 점 하나를 강조해서 그리고는 이것이 나라는 것이다. 솔직히 유치하다. 하지만 그 순간 아들에게 유치함은 있었지만 다른 이의 평가나 이목을 의식하는 눈치 보기는 없었다. 그렇다면 다음 그림에서 보이는 것은 무엇인가?

관점에 따라 검은 점 하나가 눈에 뜨일 것이다. 또 다른 측면에서 본다면 조그맣게 구멍 난 하얀 여백이 보이기도 할 것이다.

수치심을 없애는 방법은 다음과 같다. 즉 달리 보지 못한 것을 말하면서부터이다. 우선은 보이는 것을 말한다. 그리고 또 다른 면, 즉 말하지 못했던 것을 말한다. 이렇게든 저렇게든, 지금이든 나중에든, 스스로든 남을 통해든 있는 그대로를 말하면 된다. 자신의 잘잘못을 책망하지 않고, 다른 사람을 원망하지 말고 이것을 말하면 된다. 검은 점이 눈에 띄었다면 그것을 말하면 되는 것이다. 흰 여백도 마찬가지다. 그것이 꼭 그 사람의 단점으로만 보인다고 여길 필요도 없다는 뜻이다. 달리 말해 검은 점 하나는 나쁜 것이고 흰 여백은 좋은 것인가? 흑백의 차이, 많고 적음의 차이가 좋고 나쁨을 대변하지는 않을 것이다. 그래서 장점이라고 말하는 대신 '두드러진 강점'이라고 표현하는 이유도, 단점 대신 '상대적으로 연약한 약점'이라고 하는 이유도 그 때문이다. 그것도 사랑이라는 기준에 비해 단지 연약하게 드러날 따름이다.

나에게는 눈썹 위의 점 말고도 또 하나 두드러지는 것이 있다. 점도 점이지만 땅을 향하고 있는 화살표 코도 가지고 있다. 하지만 그렇다고

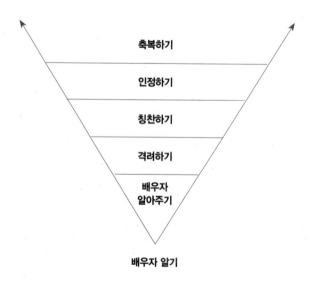

그것을 나의 단점이라고 하지 않는다. 상대적으로 코가 길어서도 아니고, 코와 입술의 각도가 비교적 작아서도 아니다. 장단점이 아니다. 그냥 그렇다. 기준은 하나, 오직 사랑일 뿐이다. 아내는 그래서인지 "당신 코야말로 세상에서 단 하나밖에 없는 코!"라며 오히려 유일하고 희귀하기 때문에 더 좋다고 말한다.

배우자 인정하기 연습

이제 배우자를 알아주기 위해 우선 '있기'와 '없기'를 찾아 작성해보자. 그리고 칭찬과 인정, 상대를 축복하는 말로 아낌없이 전달해보자. 다음은 나와 아내가 서로에게 대표적으로 발견하고 전하던 예시이다.

배우자에게 있는 것 5가지 인정하기(예시)

기준	나에게 있는 5가지	아내에게 있는 5가지
1	여유와 너그러움이 있다.	부당함에 적극적으로 발 벗고 나서는 용기가 있다.
2	사람과 일, 상황에 담대하다.	새로운 것을 그 자리에서 인정하며 수용하는 열린 태도가 있다.
3	자기 잘못을 인정하고 고치려고 노력한다.	기쁨을 받아들이고 환호하며 감탄하는 자세가 있다.
4	센스 유머 집중 끈기가 있다.	커다란 눈동자 고운 머리결 다정한 목소리 아름답고 늘씬한 몸매가 있다.
5	순간의 삶을 즐길 줄 알고 사람과 상황의 핵심과 중심을 잘 알고 이끈다.	해야 할 말과 하지 말아야 할 말을 구분하고 지키는 분별력, 절제와 품격이 있다.

배우자에게 없는 것 5가지 인정하기(예시)

기준	나에게 없는 5가지	아내에게 없는 5가지
1	웬만해서는 음식투정을 안 한다.	상대방을 거짓말로 속이거나 이로써 자신에게 이득을 취하려하지 않는다.
2	뒤끝, 자기연민이 없다.	자기가 모르는 것을 안다고 고집하는 것이 없다.
3	걱정하기 전에 행동한다.	'돈이 없으면 어떻게 하지?' 하는 걱정과 염려가 없다.
4	사람 앞에서 주눅 들지 않는다.	마구잡이로 먹는 음식 습관, 불규칙적인 수면 습관이 없다.
5	잔머리, 눈치, 게으름이 없다	나태함, 불성실, 자기연민이 없다

그렇다면 위의 예시 도표에 나온 것처럼 당신과 배우자의 경우를 적용하여 직접 작성해보자.

배우자에게 있는 것 5가지 인정하기(예시)

기준	나에게 있는 5가지	아내에게 있는 5가지
1		
2		
3		
4		
5		

배우자에게 없는 것 5가지 인정하기(예시)

기준	나에게 없는 5가지	아내에게 없는 5가지
1		
2		
3		
4		
5		

5단계 스위칭 실전연습 3

배우자에게 필요한 말 전하기

먼저 상대방에게 듣고 싶은 말 다섯 가지를 적어보자. 그리고 배우자가 들으면 힘이 날 만한 말 다섯 가지를 적어보자. 각자 작성한 후 이것을 서로에게 말해보고 그것이 맞는지 확인해보자.

연습 1

배우자에게 듣고 싶은 말 5가지(예시)

기준	내가 듣고 싶은 말 5가지	아내가 듣고 싶은 말 5가지
1	당신은 탁월해!	당신이 해주는 밥은 무엇이든 맛있어!
2	당신이 맞아!	당신, 지혜로워!
3	당신은 자상한 남편이야!	당신 말이 맞아!
4	당신은 훌륭한 남편이야!	그럴 수도 있지!
5	당신 충분해!	기도할께.

내가 배우자로부터 듣고 싶은 말 5가지 (각자 적어보기)

기준	내가 듣고 싶은 말 5가지	배우자가 듣고 싶어 할 말 5가지
1		
2		
3		
4		
5		

배우자가 듣고 싶어 한 말 5가지 확인해보기

기준	내게 배우자가 전달한 표현 5가지	배우자가 나로부터 듣고 싶어 한 표현 5가지
1		
2		
3		
4		
5		

연습 2

앞서 살펴본 자신의 수치심을 중심으로 이번에는 스스로 어떤 대화를 하고 있는지 다음 항목들을 중심으로 점검해보자. 그리고 이 같은 두려움에 맞서 이를 전환하는 대화를 통해 서로를 격려하며 배우자를 북돋아주자.

구분	배우자의 자기 대화	배우자와의 부부 대화
1	"내 잘못이야." "그렇게 한 내가 잘못이라고."	→
2	"나란 인간이 그래."	→
3	"내가 타고나기를 그렇게 타고났어."	→
4	"나 같은 인간을 어디에 쓰겠어?"	→
5	"결국은 고생하겠지." "결국은 다 잃고 말 거야."	→
6	"누가 날 도와주겠어." "나 말고 누가 또 있겠어."	→
7	"난 또 당할 거야." "내가 또 고생하겠지."	→
8	"나 같은 게 뭐, 나라도 싫겠다." "누가 날 좋아할라고."	→
9	"누가 날 돌봐주겠어?" "그냥 내가 알아서 하는 거지."	→
10	"난 결국 천벌 받겠지." "나 같은 인간은 그냥"	→

위 작성표의 구분별 두려움의 내용은 다음과 같다.

구분 1 : 스스로 불순하고 도덕적으로도 결함이 있다고 여기는 두려움

구분 2 : 자신의 자격이 부족하다고 여기는 두려움

구분 3 : 타고난 재능이 없다고 여기는 두려움

구분 4 : 쓸모없고 무능해질 것이라는 두려움

구분 5 : 자신의 것을 빼앗기거나 고통에 빠질 것이라는 두려움

구분 6 : 누군가의 도움을 받지 못할 것이라는 두려움

구분 7 : 누군가 자신을 해칠 것이라는 두려움

구분 8 : 사람들에게 거절당할 것이라는 두려움

구분 9 : 자신은 보살핌을 받지 못할 것이라는 두려움

구분 10 : 자신은 용서받지 못할 것이라는 두려움

• 배우자를 축복하는 가장 소중한 10가지 메시지

1. 당신은 늘 있는 그대로 충분한 사람입니다.

2. 당신은 늘 있는 그대로 존귀한 사람입니다.

3. 당신은 늘 있는 그대로 유능한 사람입니다.

4. 당신은 늘 있는 그대로 탁월한 사람입니다.

5. 당신은 늘 있는 그대로 필요한 사람입니다.

6. 당신은 늘 있는 그대로 중요한 사람입니다.

7. 당신은 늘 있는 그대로 감사한 사람입니다.

8. 당신은 늘 있는 그대로 신뢰할 사람입니다.

9. 당신은 늘 있는 그대로 소중한 사람입니다.

10. 당신은 늘 있는 그대로 용납될 사람입니다.

SWITCH

Handling
6단계 팀플레이 _ 함께 운영하기

살펴주거나 살려주거나
Is it urging or serving

배우자가 주방에서 일하면서 "여보 도와
줘!"라고 요청한다면 이는 자그마한 심부
름이 아니다. 막상 다가가서 "뭘 도와줄
까?" 해봐야 고작 "이것 좀 냉장고에 넣
어줘" 정도이다. 그렇지만 아내가 부르는
SOS는 반찬통 하나가 아니다. 지구를 구
하고 우주를 구하는 것과 닿아 있다. 그리
고 그것과 닮아 있다.

● 6단계 스위칭 선행진단 ●

부부 패턴 마무리 점검
(CBCⅢ, Couple Basics Checkup Ⅲ)

1. 그 동안 배우자가 제대로 드러내지 못한 감정이 있었다면 무엇이었
   는지 새로 알게 된 것을 기준으로 작성해보자.
   1)   2)   3)

2. 배우자가 그러한 감정을 드러내지 못했던 이유는 무엇이었는가? 새
   로 알게 된 것을 기준으로 작성해보자.

   ----

3. 나 스스로도 제대로 드러내지 못한 감정이 있었다면 무엇이었는지
   작성해보자.
   1)   2)   3)

4. 내가 배우자에게 그러한 감정을 드러내지 못했던 이유는 무엇이었는
   지 새로 알게 된 것을 기준으로 작성해보자.

   ----

5. 배우자가 얼마나 중요한 사람인지 한번 이야기해 보라.

   ----

6. 나 자신이 얼마나 중요한 사람인지 한번 이야기해 보라.

----

7. 부부관계 안에서 새로운 선언을 한다면 무엇인가?

----

8. 배우자에게 전혀 알지 못했던 새로운 가능성이 있다면 무엇인지 이
야기해 보라.

----

9. 나 자신에게 전혀 알지 못했던 새로운 가능성이 있다면 무엇인지 이
야기해 보라.

----

10. 본인은 스스로 어떻게 변화하고 싶은가?

----

11. 부부만의 미래 성장 플랜이나 로드맵이 있다면 무엇인가?

----

12. 배우자와 정말 하고 싶은 것 중에 아직 이루지 못한 것은 무엇인가?
   (세 가지만)

   1)   2)   3)

13. 부부의 새로운 인생설계를 위해 내가 선언할 수 있는 것은 무엇인가?

   ----

14. 배우자에게 아직 솔직하게 드러내지 못한 고백이 있다면 무엇인지 작
   성해보자.

   ----

15. 부부의 미래 성장을 위해 배우자에게 이것만은 특별히 부탁할 것이
   있다면 무엇인지 작성해보자.

   ----

16. 이번에는 15번 항목을 가지고 부부가 대화를 해보자. 그리고 그 대화
   가 어떠했는지 자신의 기분을 중심으로 작성해보자.

부부 새 출발 선언

이기는 게임으로의 전환

나에게 있어 결혼생활의 으뜸이 되는 기준은 뭐니 뭐니 해도 돈이었다. 경제적 여유가 보장되면 보험 설계하듯 10년, 20년, 30년, 노후에 이르기까지 결혼생활을 안정되게 꾸려갈 것으로 생각했다. 하지만 현실은 달랐다. 흔히들 치약 사용을 두고 싸우는 경우가 그렇다. 중간에서부터 짜느니, 밑에부터 짜느니 가지고 싸운다는데, 아니다. 실제론 더하다. 꼬이고 얽힌 상황에서 위의 경우는 약과다. 도대체 치약이 있느니 없느니, 어디 있느니, 왜 없느니, 왜 안 사느니, 왜 끝까지 안 쓰고 버리느니, 왜 더 큰 걸로 안 샀느니…… 시시비비가 확대되고 원망과 투정으로 불꽃이 튄다. 실상에서 맞닥뜨리는 전모는 배우자와 나 사이의 감정, 생각, 행위의 총체적인 종합선물세트다. 물론 금전적으로 뒷받침되어야 삶의 기초도 보장되겠지만 진짜 조건은 돈 말고도 전 우주적인 것들이었다.

〈허핑턴포스트〉가 발표한 '결혼 전에 반드시 합의해야 할 것 35가지' 내용을 보면 우리의 허를 찌르는 물음들이 나열되어 있다. "아침에 먹던 밥을 저녁에 먹어도 괜찮은지?" "찬밥도 괜찮은지?" "설거지는 하루 이틀 싱크대에 두어도 괜찮은지?" "젓가락을 배수구에 함께 놔둬도 괜찮은지?" "침대에 앉아 손톱 발톱을 깎아도 괜찮은지?" 등등 실생활에서 벌어지는 실질적인 합의점들 말이다.

배우자와 재미 삼아 천막 속에 들어가 궁합도 보고, 진짜 믿음을 실어 사주에 팔자까지 보기도 한다지만 그 누구도 사람의 미래를 단언할 수는 없다. 그것은 당사자조차 경험해보지 못한 운명의 이슈이지 미리 짜인 운명의 놀이는 아닌 것이다. 게다가 재정과 지위가 확고히 보장된 행운의 부부라면 이혼도, 소송도, 갈등도, 분쟁도 없어야 하건만 주위에서 펼쳐지는 현실은 그렇지 않다. 그래서 아무리 서로를 잘 알고 있다 하더라도 결혼에 안전하게 골인했다고 자부할 수는 없다. 그 어느 곳에도 자신의 선택이 옳았음을 보장할 보증서는 없기 때문이다.

한 가지 정보는 분명하다. 서로가 연약하다는 사실 말이다. 앞으로 이런저런 문제가 반드시 일어나리라는 미래의 진실만큼은 확실하다. 그렇지만 처음 결혼해보지 않았던가? 준비가 전혀 없었다. 예단을 맞추고, 예식장을 고르고, 어디서 살지, 누구를 부를지, 혼수는 무엇으로 장만할지가 관심거리였을 뿐이다. 정작 서로가 어떤 사람인지, 배우자의 진짜 배경이 무엇인지는 모르고 한 셈이다. 따라서 모험 아닌 모험을 하게 된다.

이로써 서로가 연약하다는 정체성을 단 한 번도 인정해보지 못하고 결혼을 한다. 이것이 현실이다. 결혼 선언문에서 흔히 생략되는 언약이기도 하다. 부부로서 맹세는 했지만 배우자의 진짜 배경과 실체는 공교롭게도 이런저런 실수와 서로의 지겨운 습성을 겪고 난 후라야 발견하게 된다. '과거를 통해 학습하지 않는 자들에게 돌아오는 보복은 반복이다'라는 의미를 그제야 곱씹어보게 된다.

그렇다면 이제 새로운 한 수가 필요하다. 동일한 상대에 맞서 전과 구별된 대국에 임하려면 색다른 포석이 필요하다. 종종 중간에 판을 엎거나 경기에서 참혹한 패배를 경험했다면 더더욱 심기일전해야 한다. 열린 시간을 새로운 기회로 받아들이고 배우자와 함께 새로운 출발점에 서서 서로의 몸과 마음을 재결합하는 게임플랜, 새로운 언약(Re-Marriage)으로써 말이다. 그래서 결과적으로 자기와의 승부에서도 승리할 수 있는, 그야말로 이기는 경기를 만들어보자.

2008년 미국 유랑길에서 돌아온 나는 조직에서 관계를 돌보는 일을 새로이 시작했다. 그러면서 점차 부부들을 위한 '팀 빌딩' 업무를 시작했는데 이때부터 아내와 함께 일하게 되었다. 솔직히 그때까지 내가 아내와 같이 일하리라고는 전혀 생각해보지 못했다. 서로 각기 다른 분야에서 일해왔고 전문성도 달랐다. 하지만 부부들의 팀 빌딩을 돕는 일만큼은 서로가 서로에게 가장 적합한 파트너임이 분명했다. 이것은 우리들 자신의 문제이기도 했으니까…… 그래서 아내에게 함께 일하자고 했다. 하지만 정작 일은 그때부터 시작됐다.

집안일 할 때와 회사 일은 또 달랐다. 하늘과 땅처럼 느껴졌다. 바라보는 시각도, 일 처리 방식도 달랐다. 관점도 달랐고 논지도 달랐다. 몇 번씩 이야기해도 아내가 이해를 못한다거나 똑같은 오류를 반복해서 치를 때면 분통이 터지고 울화가 치밀어 올랐다. 아예 모르는 사람이면 '뭐 그럴 수도 있지' 하고 대충 넘어갈 일도, 아내가 그러면 내 기준과 동일시하는 현상이 증폭되곤 했다. 당시 내가 아내 앞에서 퍼부었던 말이 생각난다.

"당신이 예전에 내 부하직원이었으면, 어휴~ 알지?" 혹은 "그래서 여자도 군대를 갖다 와야 해."

그런데 아내 또한 마찬가지였다. 고객이 느끼는 기분과 제안을 내가 달리 해석할 때면 "하나만 알고 둘은 몰라?" 하며 마찬가지로 자신의 가슴을 두드리며 남편에 대해 꽤나 답답해했다.

일 처리를 두고 논쟁과 다툼의 횟수가 점점 늘어나자 결국 우리 부부에겐 이것을 중재할 무언가가 필요했다. 회사가 잘 돌아가기 위해 미션과 비전을 정하듯이 우리에게도 이러한 조건들이 필요했다. 내부적으로라도 서로 잘 살아보기 위한 절실함의 표현이었다. 우리가 정한 사훈은 바로 이것이다.

'우리는 사업하는 것이 아니라, 서로 사랑하는 것이다.'

가족 규칙을 재조명하라

청소년들에게 "가장 스트레스 받는 고민이 뭐냐?"고 물어보면 그 대답은 학업, 입시, 시험 등이 아니다. 실상은 다르다. 학교 가기 싫은 것이 아니라 "일어나라! 이제 학교 갈 시간이다!"와 같은 잔소리가 듣기 싫은 것이다. 공부하기 싫은 것이 아니라 "그만 놀고 어서 공부 좀 해라!"라는 엄마의 쓴소리가 싫은 것이다. 더 깊이 들어가면 "일어나라!" "학교 가라!" "공부해라!"라는 말 자체가 아니라 그 안에 심겨진 정서가 거북한 것이다.

직장에 실패하고 사업에 실패한 이들도 실패 그 자체보다는 이로 인해 쏟아질 주위의 질책이 더 두려운 법이다. 결과보다도 그것을 둘러싼 관계 안의 정서가 더욱 신경이 쓰인다. 따라서 성과는 관계의 이슈이자 정서의 이슈가 된다. 다시 말해 정서는 관계를 낳고 성과로 이어진다. 우리 부부도 마찬가지였다. 과업을 위해서라도 관계를 강화시켜야 했다. 정서를 살펴보고 이것을 보살펴줘야 했다. 아무리 업무에 필요한 합당한 행동을 서로 주장한다 해도 그 안에 심겨진 정서는 관계와 성과를 대변하고 있었다. 같은 말이라도 "이것 좀 하지~" 안에 심겨진 정서로 인해 관계가 깨지면 일단 당장에라도 일하기가 싫어지니 말이다. 따라서 이것을 바로 잡는 구조적인 접근이 필요했다.

살면서 '무엇을 먹느냐'의 문제는 꽤 중요하다. 그리고 이보다 중요한 건 '어떻게 먹느냐'는 것이다. 하지만 이보다 더 중요한 것이 있으니 바로 3차원의 맛, 즉 '누구와 함께 먹느냐'이다. 가정에서 이것은 정서의 맛으로 분류된다. 둘 이상이 모이면 권력이 생기듯 부부끼리도 권력이 존재한다. 권력은 행동 정보를 제공하고 그것에 따르도록 압력을 가함으로써 사람의 선택에 영향을 미친다. 따라서 가정에서 그 맛을 결정하는 사람은 권력을 지닌 사람이다. 이는 조직적인 프로세스 역할을 한다.

조폭사회에 나름의 정서가 있는 것처럼 회사에도 정서가 있고 가정에도 있다. 만약 조폭 우두머리의 정서가 결코 조폭적(?)이지 않다면 그 조직은 더 이상 조폭이 아닌 것이다. 회사 우두머리의 정서가 조폭 수준이라면 그 회사는 조폭을 지향하게 된다. 최고 권력자의 정서에 따라 집단의 정서는 좌우된다.

그렇다면 가정은 폭력집단이나 기업, 자본주의 사회만큼이나 평등할까? 그 대답은 '아니다'. 가정은 분배가 공정하지 않다. 전적으로 불평등하다. 사회에서는 일반적으로 내가 일한 만큼 소득이 돌아가고 조폭사회에서도 내가 행한 업적만큼 어느 정도 보상이 따르지만, 가정은 다르다.

가령 어떤 아버지가 어린 자녀에게 이렇게 말하는 것을 들어본 적이 있는가? "오늘은 이 애비가 밖에 나가 전혀 벌어온 돈이 없으니 오늘은 그냥 굶어라." 혹은 이렇게 말하는 엄마를 본 적이 있는가? "얘야, 네가 이 가정에 전혀 기여한 것이 없으니 오늘은 너에게 밥을 차려줄 수가 없구나." 가정은 분배체계가 다르고, 보상체계도 다르다. 가정에서의 권력은 사회에서의 권력과는 구조가 다르다. 정신도 다르고 중심도 다르다. 그럼에도 불구하고 가정 안에서 펼쳐지는 권력이 일반 사회와 유사하게 자리 잡을 때 가정은 구조적으로 제 기능을 잃게 된다. 역기능에 처하게 되는 것이다.

사회에서 권력이 지닌 특징

- 권력을 쥔 사람은 다른 사람을 지배하고 있다는 믿음을 더 강하게 느낀다.
- 권력을 쥔 사람의 인성적 특징을 집단에서는 더 강하게 느낀다.
- 권력을 쥔 사람에 비해 하부 권력자는 보다 가치 없는 존재로 보인다.
- 권력을 쥐면 그것을 사용할 확률이 높아진다.
- 권력의 사용은 권력자의 자부심을 키워준다.
- 권력을 가진 사람은 좀 더 많은 권력을 원한다.
- 권력을 가진 사람은 부탁보다는 명령을 내리기 쉽다.
- 권력은 이것을 가진 사람을 부패시키는 경향이 있다.

우리 부부는 권위자에 대한 경험, 권위자에 대한 태도, 자신이 생각하는 권위, 남편과 아내로서의 근본적인 권위를 점검할 필요가 있었다. 왜냐하면 원 가정에서 경험한 권위자와의 관계가 일터와 가정에서 고스란히 이어지고 있었으며, 성장과정에서 지켜온 가족 규칙을 배우자에게도 강요하고 있음을 보게 되었다. 이것들은 일터에서의 처리 우선권, 중요도뿐 아니라 가사를 분담하거나 집안일을 돕는 방식에 있어서도 직접적인 영향을 미친다.

따라서 우리 부부는 일터와 가정에서의 규칙이 이 같은 불균형과 역기능을 수반하고 있는지 그 수준과 구조를 점검해야만 했다. 한우도 자라온 환경과 양육 방식, 품종에 따라 육질의 등급이 달라진다. 이처럼 가정과 조직도 운영되는 방식에 따라 우러나는 맛의 차이가 있음이 분명하다. 딱딱하고 질긴 육질의 차이로 등급을 구별하듯 가정과 조직도 다음처럼 구별할 수 있을 것이다.

3등급	2등급	1등급 A+
완고한 조직	혼란한 조직	건강한 조직

완고한 조직은 누가 우두머리인지, 그의 규칙이 무엇인지 한눈에 알 수 있다. 예를 들어 혼자만 출근시간이 다르다거나 어느 한 사람만 구별된 규칙을 따른다면 우두머리가 누군지 한눈에 알 수 있다. 이는 가정도 마찬가지다. 아이들에게는 패스트푸드를 금지시키면서 누군가는 그 제한에서 자유롭거나, 아이들에게는 식사시간을 정해놓으면서 누군가에게만 다르다면 우두머리는 별개의 영역 속에 사는 것이다. 규칙 위

의 규칙이 생기는 것이다.

이러한 상위 권력은 다른 구성원이 규칙을 깨면 신속하고도 엄중한 처벌을 받게 된다. 반면 정확히 지킨다 해도 특별한 보상은 없다. 게다가 구성원 자신들이 감정을 자유롭게 표현하는 것이 금기시되어 있어 불편하더라도 권력이 미리 정한 범위 안에서 참고 인내해야 한다. 따라서 권력의 눈치를 보거나 그 틈을 노릴 수밖에 없다. 반면 우두머리는 자기중심적 규칙 안에서 스스로 보호받으며 오랫동안 제왕의 권위를 확고부동하게 지킨다.

이에 반해 혼란한 조직에서는 규칙이 자주 바뀌곤 한다. 복잡한 논리와 말들이 오가고 지나친 변화가 발생하면서 안정성을 잃고 예측 불허한 상황이 펼쳐진다. 어떤 결정이 내려질지 아무도 모르고, 일 처리나 사후관리가 어렵다. 실제로 우두머리가 있어도 언제까지 무엇을 하는 리더인지 일시적이며 불완전하다. 예를 들어, 집을 걸핏하면 뛰쳐나가는 아버지가 우두머리인 가정에서는 규칙이 있다지만 이것은 언제까지나 한시적이다. 그가 집을 나가면 또 다시 규칙은 바뀐다. 규칙을 지속적으로 지키고 돌볼 필요가 없어진다. 또한 그때그때 상황에 따라 새로운 리더가 등장한다. 엄마가 아빠의 부재를 대리한다거나 맏딸이나 맏아들이 그 자리를 자리매김하기도 한다. 그때마다 지켜온 규칙은 바뀌기 일쑤인데 이 변화 또한 아무 예고도 없이 행해진다.

그렇다면 건강한 조직은 규칙이 바뀌더라도 예견이 어느 정도 가능하다. 규칙의 내용이 전부 정해졌다는 뜻이 아니라 규칙을 관장하는 규칙이 판단 가능하다. 문제가 있다면 구성원에게 좀 더 명확하게 드러내고자 하고 결정 사항은 너나없이 지켜간다. 위계질서 또한 엄격히 존재하며, 오히려 완고한 조직보다도 더 튼튼하고 안정적이다. 그리고 풍부한 의사소통이 있다. 구성원들도 규칙을 어기는 데 따르는 제재와 보상을 너무나 잘 안다. 그래서 잘 지킨다기보다 그것을 수정하고 보완하고 조정해나가는 규칙을 지켜 나간다. 가능한 한 우두머리와 쉽게 소통을 주고받으며 열린 융통성을 보장한다. 수평적으로도 이합과 집산이 이루어지며 열린 대화가 진행된다.

이처럼 규칙을 중심으로 나타나는 기능들을 조합해보면 다음과 같은 역기능 조직의 특성이 드러난다.

역기능 조직의 공통점

- 특정인에 대한 의존도가 높다(High dependency)
- 구성원의 감정표현이 제한된다(Limited expression)
- 구성원에게 왜곡된 역할이 주어진다(Role dysfunction)
- 상하좌우 소통채널이 폐쇄적이다(Closed communication)
- 구성원 성장에 필요한 적절한 보살핌을 제공받지 못한다(Hardly Member care)

올바른 권위로의 귀환

경험은 일종의 신념을 낳고 신념은 행동으로 연결된다. 배우자 사이에 나타나는 행동은 앞선 신념과 경험들의 무수한 조합이다. 그런데 신념을 만든 이는 혼자가 아니다. 지난날을 함께한 권력자의 규칙들이 알게 모르게 나의 선택에 개입된다. 예를 들어 아이가 성적표를 받아왔다.

"넌 도대체 누굴 닮아서 그러냐?"

이 같은 반응은 나의 기준이 충족되는 기준이 아니다. 권력자의 욕구가 충족되느냐 아니냐의 문제인 것이다. 권력자의 기준이 곧 규칙이 된다. 가령 아이가 밖에서 놀다 넘어져 크게 다쳐서 들어왔다.

"그러게 넌 왜 그렇게 칠칠맞냐?"

혹은 아이가 실수로 컵을 놓쳐서 깨뜨렸다.

"넌 대체 왜 그러냐!"

아이가 밖에서 놀다 다른 아이에게 맞고 들어왔다.

"이런 바보!"

잘했다면 그것은 권력자의 기준에 충족된 것이며, 잘못했다면 그것은 권력자의 욕구가 채워지지 않은 것이다. 사건 하나를 두고 벌어지는 내적 경험은 걸러지고 쌓이면서 일종의 신념 체계를 규칙처럼 만들어 패턴으로 반복된다.

과거의 경험을 통해 자신의 행동을 바로 잡는다는 것은 매우 바람직하다. 하지만 문제는 이로써 자기중심적 신념이 만들어진다는 사실이다. 이것이 근원적인 문제다. 세대를 이어 전수되는 것은 '전 세대의 잘못'이 아니라 '자기중심성이 강조된 규칙'이다. 다시 설명해보자. "아빠가 술만 먹으면 나를 때린다"는 잘못된 행위, 결코 바람직하지 못한 그와 같은 규칙이 전수된다는 얘기가 아니다. 나의 행동이 그와 달라지더라도 이 같은 행동을 통제하고 전환하는 데 있어서의 '자기중심성'만큼은 똑같이 물려받는다는 것이다. 문제는 내 아이에게 또 다시 이것을

구분	외부현상	내부경험(자기대화/신념)
사건	아버지가 술만 먹고 오면 날 때린다.	
감정	아버지가 너무나 무섭다.	(하지만 이 단계는 건너뛴다. 점차 느끼는 것이 두렵기 때문이다. 따라서 생각으로 넘어간다)
생각	아버지가 너무 싫다.	(나는 그렇게 살지 말아야지 하고 다짐한다)
신념	나는 다른 사람에게 인정받으면서 살아야겠다.	(나는 다른 사람들 앞에서 절대로 부끄러운 짓 하지 말고 손가락질 받지 말고 살아야겠다)
행동	인정받을 만한 행동을 찾아다닌다. 그러한 행동만 골라서 한다.	(자신의 진짜 감정은 감춘다. 종종 하기 싫은 일을 억지로 한다. 남들에게는 내색을 안 한다. 간혹 잘못할 경우 그 사실을 숨긴다. 그리고 스스로를 속인다. 쌓인 감정의 하수구는 왜곡된 곳을 찾아간다. 뒷담화나 중독, 금욕주의 등등으로 흘러간다)
패턴	반복됨	(내적으로 강화됨)

물려준다는 점이다.

이는 내가 술을 먹고 아이를 때리는 행동을 하지 않음으로써 그 규칙을 근절하는 것이 아니라, 그로 인해 만들어지는 자기중심적 신념이 또 다른 폭력이 될 수도 있다는 것을 유념해야 한다. 마치 "나는 그렇게 안 해"라고 다짐해서 그와 반대되는 것이 도덕적이고 모범이 된다 치더라도, 이것을 형성해나가는 과정과 중심이 그러하지 않다면 이것은 또 다른 폭력으로 탈바꿈하여 고스란히 대물림된다.

"너 그렇게 해서 되겠어?"

"내가 뭐라고 했어? 그렇게 하면 안 된다고 했지."

"너 또 그럴 거야?"

이 때 가정에서의 중심이 되는 규칙은 자칫하면 '사랑은 사랑이되 조건적인 사랑'이 된다. 즉 네가 이것을 하면 내가 너를 사랑하겠다는 무언의 약속이 규칙이 되는 것이다. 따라서 어떤 행동을 하느냐에 따라 기준이 달라진다. 규칙이 서로의 필요를 채우기 위해 매우 중요하긴 하지만, 이 경우의 규칙은 조종과 통제를 위한 규칙이지 궁극적으로 구성원 존재를 위한 규칙은 아닌 것이다. 결국 이 조건에 충족되지 않을 경우 권력자에게 또 다시 수치를 경험하게 된다. 술 먹고 따귀를 맞는 것과 동일한 이슈가 탄생하는 것이다. 권력자의 욕구가 기준이 되므로 나 자신과의 1차적인 관계가 깨지고 만다. 나조차도 내가 밀착할 수 없는 존재가 되어버린다.

가정의 순기능은 아이를 양육하는 과정에서 아이 존재가 곧 목적이 된다. 역기능은 아이가 부모의 욕구를 충족시켜주기 위해 행동해야 하며 이 행동 자체가 목적이 된다. 수치심은 그 기준에 미치지 못하면 영원히 없어지지 않을 것이다. 그런데 그 기준이란 어떤 경우라도 도달할 수 없는 기준이다. 왜냐하면 끊임없이 계속 주어지는 숙제 같은 존재이기 때문이다. 그러니 충족할 수 없다. 그 이면에 "넌 왜 맨날 그 모양이니?" "이런 바보!" "칠칠맞게 굴지 마라!" 이와 같은 평가가 항시 대기 중이다. 이는 존재를 가리킨다. 사회에서 이것을 채우기 위해 노력하지만 이미 자기 정체성은 없다. 수치심은 그래서 그것을 해결할 곳을 찾아 나서고 누군가에게 다시 돌려주려는 습성이 있다.

거짓 정체성을 달래기 위해 가슴이 뻥 뚫린 남자들은 이 공간을 채우기 위해 어딘가로 향한다. 일, 타이틀, 직위로 집어넣으려 하며 이로써 자기 정체성을 마련한다. 기준을 채우기 위해 직종에서도 찾고 직급에서도 찾는다. 낙담하고 조이는 상황에서는 포르노, 술, 섹스, 스포츠 이런 것들로 달래려 한다. 때로는 보다 바람직하고 좋은 것들로 채우기도 한다. 가족과 자녀로 향하고 배우자에게 다가가지만 종종 이것을 우상으로 삼기도 한다. 그렇게 달래는 것이다.

여성들은 자신의 정체성을 더더욱 아이에게 두려는 경향이 있다. 아이의 장래, 아이의 학력, 직급과 지위로 대체하려 한다. 그래서 아이가 삶의 우상이 되고, 나중에 아이가 성장해서 짝을 만나 또 다른 품으로 떠나보내는 것을 무척이나 어려워한다. 남편이 떠나거나 이혼을 하게 되면 자신이 누구인지 잃어버리기도 한다. 그 동안 누구의 부인, 누구의 엄마로 불렸기 때문이다. 남자들이 대표이사, 회장님, 사장님 등등에서 자신을 찾으려는 것과 동일하다.

아이들 또한 10대 초반부터 성형수술을 한다. 그야말로 예뻐 보이기를 희망한다. 연예인처럼 됐으면 좋겠다고 꿈을 꾼다. 겉모습부터 바꾸려 하지만 이것은 거짓 정체성이다. 자신과의 간격으로 드러나는 빈 공허함을 외모와 돈의 변화로 채우려 하지만 효과가 없다. 성형으로 아무리 줄거리를 바꿔도 DNA의 본질은 간직하고 있다. 그리고 아무리 많이 고치고 돈을 벌어도 또 고치고 더 벌고 싶을 것이다. 자신의 정체성은 외부에 있지 않으며 이로써 채워지는 것이 아니기 때문이다.

갈등 상황에서도 마찬가지다. 예전에 여자들은 머리를 싸매고 아프다며 돌아누웠다. 남자들이 버럭 하며 큰소리치는 것과 동일한 폭력이다. 집안일을 돌보는 가사의 권력을 놓고 '내 기준과 기분에 맞춰서 행동하라'는 자기중심성이 깊게 깔려 있다. 오래 전 남존여비 사상이나 가부장 제도도 그 성격은 매한가지다. 자기중심, 권력자 중심인 것이다. 자기 분위기에 구성원들이 맞추기를 요구하며 잠자리에서 벌이는 남자들의 성적 통제권도 마찬가지이다. 결국 그 중심에 자기중심성이 있다.

권력과 바른 권위를 구분 짓는 잣대는 분명하다. 올바른 권위란 최고 권위자에게 부여된 당연한 권력이 아니다. 아내로서 지닐 당연한 권리를 말하는 것도 아니다. 권력자의 자기중심성을 해체하는 것이 권위이며, 이야말로 가정에서 권위자가 취할 올바른 권위인 것이다. 따라서 가정에서 권위자가 할 일은 개개인이 지닌 권위를 구성원에게 되돌려주는 것이다. 잘못 운영된 권력이 있었다면 그것을 권위로 바로 세우고, 잘못 지켜진 규칙이 있다면 올바른 권위로 바로 잡아야 한다. 그리고 그 중심은 언제나 사랑이며, 조건 없는 사랑이다.

따라서 규칙을 지켜가는 과정에서도 그 동안 자신의 감정보다는 권위자의 감정을 눈치로 느끼고 그것에 의존하도록 했었다면 당사자에게 그 권위를 돌려주면서 시작된다. 예를 들어, 자신과 가장 가까운 것부터 느끼고 말하고 밀착해서 선택하고 행동할 수 있도록 자율성을 되찾아 주면서 말이다. 회사가 법의 테두리 안에서 판자촌을 정리하고 정당하게 건물을 지었다 치자. 하지만 그 과정 안에 혹시나 밀려난 규칙으로 인해 보호받지 못하고 무시당한 이면의 삶들이 있다면 그것은 사랑의 중심에서 벗어난 일이다. 오히려 정의를 가장한 폭력이다. 이 과정은 규칙의 정당성, 도덕성을 앞선다.

따라서 아이의 실수는 행동 그 자체로 수정하는 것이 필요하다. 행동과 존재를 분리하는 작업이 필요하다. 이는 배우자에게도 그대로 이어진다. 종종 배우자의 행동을 지목하기보다는 존재 자체를 문제 삼는다. 섭섭한 행위보다도 "당신이 날 사랑하지 않는구나"라면서 존재를 문제 삼는다. 나에게 사과하지 않거나 내 이야기를 귀담아 들어주지 않은 행위가 섭섭하기보다는 "당신이 그렇지 뭘!" "당신은 언제나 그런 식이야!" 식으로 존재를 탓하는 방식을 규칙으로 삼는 것이다.

권위를 되살린다는 것, 규칙을 새롭게 돌본다는 것은 아이가 실수하더라도 존재가치는 변함이 없다는 신념을 되살리는 작업과 같다. 그러려면 실수했을 때의 두려움을 해소시켜줄 '반대로 경험하기'가 필요하다. 용납과 용서를 통해 감았던 패턴을 풀어줄 필요가 있다. 변화는 풀리면서 새로운 방향이 촉진된다. 하지만 늘 그렇듯 시간이 필요하다. 기다려주기가 간절히 필요하다. 어찌 보면 지나온 시간만큼이나 용납과 용서를 필요로 할 것이다. 지금보다 더 답답한 과정을 지나야 할지도 모른다. 하지만 그 시작은 매우 간단하다. 그 동안 듣지 못했던 이야기들을 하나하나씩 전해보자.

"네가 느끼는 대로 한번 해보렴."
"네가 한번 생각해보렴."
"이번에는 네가 결정해보렴."
"네가 좋을 대로 한번 해보렴."

이로써 그 동안 잃어버린 권위를 하나하나 돌려주는 것이다.

6단계 스위칭 실전연습 1

가족 규칙 진단
(FPC, Family Policy Checkup)

1. 지금 부부 사이에 권력이 작용하고 있다면 우리 부부 안에서 어떻게 작용하는지 크기로 구분해보자.

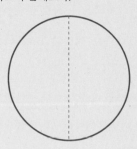

2. 1번에 나타난 권력의 항목은 어떤 것들인지 작성해보자.

기준	남편	아내
1	예) 강압적이고 물리적인 힘	예) 아이들과 보내는 시간, 일과 중 아이들의 동선 통제
2		
3		
4		
5		

3. 우리 부부가 생각하는 바람직한 권위란 무엇인지 함께 작성해보자.

----

4. 바람직한 권위가 있다면 무엇인지 남편과 아내를 기준으로 작성해보자. 그림도 그려보고 해당되는 명목을 구분해보자.

기준	남편의 권위	아내의 권위
1		
2		
3		
4		
5		

5. 다음 규칙을 배우자와 함께 읽고 각자 확인해보자(강도를 기준으로 5점 표시).

1 (   ) 가족의 일을 집 밖에서 이야기해서는 안 된다.

2 (   ) 부모를 비판하거나 비난해서는 안 된다.

3 (   ) 부모에게 걱정을 끼쳐서는 안 된다.

4 (   ) 부모나 어른의 말을 거역하면 벌을 받을 것이다.

5 (   ) 누나 또는 형처럼 해라.

6 (   ) 무엇이든지 부모와 의논한 후에 결정해라.

7 (   ) 다른 사람들 앞에서 부모를 창피하게 하지 마라.

8 (   ) 부모만 사랑하라.

9 (　　) 부모가 원하는 것은 다 해야 한다.

10 (　　) 가족과 떨어져서는 안 된다.

11 (　　) 자녀양육은 엄마가 책임져야 한다.

12 (　　) 장남과 장녀는 장남과 장녀 노릇을 해야 한다.

13 (　　) 어른의 잘못을 지적하거나 불평해서는 안 된다.

14 (　　) 아랫사람은 윗사람에게 복종해야 한다.

15 (　　) 어른에게 말대꾸를 해서는 안 된다.

16 (　　) 말이 많으면 안 된다.

17 (　　) 행동보다 말이 앞서면 안 된다.

18 (　　) 원하는 것을 요구하기보다 해줄 때까지 기다린다.

19 (　　) 절대 화를 내면 안 된다.

20 (　　) 식구들끼리 화를 내거나 싸워서는 안 된다.

21 (　　) 거짓말을 해서는 안 된다.

22 (　　) 떠들지 말아야 한다.

23 (　　) 꼬치꼬치 캐물어서는 안 된다.

24 (　　) 내 의견에 반대해서는 안 된다.

25 (　　) 실수해서는 안 된다.

26 (　　) 사람은 최선을 다해야 한다.

27 (　　) 사람은 이기적이어서는 안 된다.

28 (　　) 남을 돕는 사람이 되어야 한다.

29 (　　) 잘난 척해서는 안 된다.

30 (　　) 자랑하지 말라.

31 (　　) 사람은 겸손해야 한다.

32 (　　) 부모 마음이 불편해지면 자식이 풀어드려야 한다.

33 (　　) 어떤 경우에도 약속과 시간은 반드시 지켜야 한다.

34 (　　) 어른이 시키는 대로, 말하는 대로 행동하라.

35 (　　) 예의 바르게 행동하라.

36 (　　) 무엇이든지 1등 해라.

37 (　　) 옷을 깔끔하게 입고 다녀라.

38 (　　) 실수는 치명적인 것이다. 그러므로 실수해서는 안 된다.

39 (　　) 무책임하게 행동하지 마라.

40 (　　) 어른이 오면 꼭 인사를 하라.

41 (　　) 늘 깨끗하게 해야 한다.

참조 : 〈의사소통 방법론〉, 김영애 가족치료연구소, p.112~116(2008)

6. 이외에도 배우자에게 강조하고 있는 규칙들이 있다면 무엇인가?

----

7. 위의 규칙을 네모 안의 내용처럼 바꿀 수 있다면 무엇인가?

① '반드시'에서 '때로는'으로

② '그럴 수도 있지'에서 '때로는 아닐 수도 있어'로

③ '꼭 해야만' 하는 것에서 '안 해도' 되는 것으로

④ '꼭 해야 해'에서 '안 해도 돼'로

참조 예시)

1. 누가 내 욕 좀 하면 어때?

2. 그까짓 실수 좀 하면 어때? 하다 보면 실패할 수도 있잖아?

3. 그 사람 문제를 내가 꼭 해결해야 해?

4. 나에게 적이 있으면 좀 어때?

5. 가족의 평화를 위해 내가 늘 참아야 해?

6. 내가 좋은 것 가지면 안 돼? 그래도 되잖아.

7. 부부 사이에 꼭 여자만 남편에게 양보해야 해?

8. 내 입장을 먼저 생각할 수도 있잖아. 안 그래?

9. 느리게 살면 좀 어때? 조금 천천히 해도 되잖아.

10. 인정받으려고 굳이 애쓰고 노력하지 않아도 돼.

11. 힘들면 힘들다고 말해도 돼. 가끔씩 울어도 되고.

12. 누가 도움을 청해도 거절할 수도 있어.

13. 어디 가서 집안 이야기를 할 수도 있지.

14. 약한 모습 보여줘도 괜찮아.

15. 내가 곤란한 부탁을 할 수도 있어.

16. 언제까지나 죽도록 일만 해야 해?

17. 이 모든 일을 다 끝내지 않아도 돼.

18. 부족한 대로 다시 시작해볼 수도 있잖아?

19. _____

20. _____

21. _____

8. 배우자와 규칙들을 찾았으면 이것을 중심으로 가정 안에서 바꾸도록 합의해보자.

_____

_____

_____

_____

_____

_____

_____

_____

_____

_____

_____

_____

_____

_____

부부에서 부부팀으로

새로운 팀 빌딩

가정에서 최고 권위자는 자신의 정서로 맛을 낸다. 비율을 공평하게 나눈다 해도 맛의 근원지는 역시 권위자다. 배우자와 가족들은 최고 권위자의 정서를 일차적인 매개체로 그 다음 맛을 우려낸다. 첨가되는 맛이 있더라도 그 효과나 의미는 부차적이다. 첫 맛, 그 근본 소스에 따라 나머지가 결정된다. 그렇다고 이것을 다음 경계선에 있는 배우자와 자녀들에게 넘겨줄 수는 없는 일이다. 만약 가정에서 이것을 둘러싸고 갈등이 생긴다면 그것은 권력이다. 올바른 권위라면 그 맛은 단 하나, 모양새는 다를 수 있지만 본질은 하나이기 때문이다. 사랑의 맛이다.

　종종 "커뮤니케이션은 권력의 행사 자료다"라고 말한다. 권위자가 맛을 결정하더라도 구성원의 의견을 수용함으로써 구성원의 맛이 전달된다. 따라서 그 맛을 공평하게 다루는 방법은 맛에 대한 주위의 열린 반응이다. 이로써 조절이 가능하다. 결정권을 넘겨주는 것이 아니라 동등하게 의견을 나누는 것이다. 가장 높고 긴 모자를 쓴 셰프가 자신의 맛을 강요하는 것이 아니라, 주방에서 일하는 나머지 셰프들에게 그 맛을 음미하게 함으로써 입맛을 조절하는 것이다. 느끼지도 말고, 말하지도 말고, 그렇게 행동하지도 말아라 하고 강제하는 것이 아니라 정서를 열고 생각과 느낌을 함께 나누는 것이다. 다시 말해 권위자의 결정 방식에 대한 하급체계의 열린 시스템이 된다. 맘을 열고 소통을 하느냐 아니면 통로를 닫느냐에 따라 맛의 구조는 다르게 유통된다.

따라서 가정 공동체의 구조적 전환은 곧 소통의 전환을 의미한다. 커뮤니케이션을 둘러싼 권력구조의 변경을 뜻하며 가족 구성원의 정서가 소통되는 팀으로서의 전환을 의미한다.

한동안 나와 아내는 서로에게 '산굼부리'라는 대화법을 운영했다. 산굼부리에 특별한 뜻이 있는 것은 아니다. 갈등해소 방안으로 그냥 붙인 이름이다. 서로의 칼날이 서린다 싶으면 둘 중 누구라도 산굼부리를 제안할 수 있다.

"우리 산굼부리 하자."

이때는 하던 이야기를 멈추고 서로의 감정을 묻는다. 지금 느끼는 기분을 말하는 것이다. 논쟁이 일고 견해가 부딪힐 때마다 우리는 싸움을 멈추고 서로의 감정을 들여다보았다. 그것을 차분히 들어주는 시간이 필요하기 때문이다. '제발 혼자만 이야기하지 말란 말이야!' 나도 할 말이 많은데 상대방은 또 얼마나 할 이야기가 많겠는가. 게다가 자신의 울화에 갇히다보면 그 기분이 나를 삼켜버린다. 그 자리에서 참았다고 해도 오히려 뒤돌아서서 울타리만 세울 뿐이다. 따라서 벽과 울타리를 높이 세우기 전에 상대의 감정에 귀 기울이는 연습을 하게 되었다. 결정이 달라지지는 않더라도 그 처리 과정은 사뭇 다르게 다가온다.

가정에서도 감정을 나누는 일을 습관적으로 이어갔다. 아이들과도 하루 있었던 이야기를 자신의 감정을 중심으로 풀어내는 것이다. 온 가족이 원형으로 둘러 앉아 자기감정을 한 사람씩 이야기하였다. 권위자와 마주보고 대치하는 공간 개념이 아니라 원형의 공간에서 너와 내가 동등한 구성원으로서 바라보기 시작했다. 그러자 모두가 한 팀임을 느끼게 되고, 이로써 알게 모르게 공동체 안에서의 권리와 주어진 권위 또한 주고받게 되는 것이었다.

건강한 팀 공동체로의 전환

기준	성격 전환	목표 전환
1	배우자의 감정을 드러내는	자신의 감정을 설명하는 대신
2	배우자의 생각을 받아들이는	자신의 존재가 용납된다고 여겨지는
3	배우자 행동의 오류가 용서되는	자기 존재가 안전하다고 여겨지는
4	배우자의 필요가 파악되는	자기 성장에 필요한 것을 공급받는
5	배우자라는 존재의 독립성과 타인에 대한 개방성이 허락되는	자신과 배우자의 분리와 결속이 건강한

조직에서도 갈등을 해결하기 위한 방법이 위의 가족 간의 활동과 많은 부분에서 동일하다. 지원그룹의 공간과 형태를 제안하곤 한다. 구성원 간의 빗장을 풀고 자율적인 역량을 강화하는 방법은 내면이 닫힌 팀에서 열린 공간으로 서로가 모이는 것이다. 이것이야말로 자율적 역량을 공유하는 실질적인 경영 활동이다. 경영, 즉 살림살이는 서로의 감정을 드러내는 것부터 시작된다. 오늘 할 일을 두고, 또는 오늘 고객

과의 만남을 두고, 며칠 앞으로 다가온 사장단 프레젠테이션을 두고도 드러내야 한다.

'나는 오늘 마음이 무겁다.'
'나는 고객과의 만남이 두렵다.'
'나는 프레젠테이션이 걱정된다.'

그때마다 서로의 연약함을 들춰내면서 느끼는 것은 '내가 고립되어 있는 사람이 아니구나' '저들도 나와 같은 모습이구나' '나처럼 두렵구나'와 같은 것이다. 그리고 다른 이들도 나와 같은 공간에서 숨 쉴 수 있는, 어깨를 나란히 하는 사람으로 전환되는 것이다. 하지만 대부분 처음에는 '깊은 감정을 막상 끄집어내기가 어렵다' '어떻게 남들 앞에서 반응해야 할지 모르겠다' '어디서부터 어떻게 나를 이야기해야 할지 모르겠다' 등등의 반응을 보인다.

하지만 그러면서 스스로 그럴 수밖에 없다는 것 또한 알아차린다. 나와의 관계, 다른 이들과의 관계에서 너무나 오래 이것이 형성되었기 때문이다. 아! 이것이 내 모습이구나 하는 것을 깨닫게 되는 것이다. 그동안 나의 것을 이야기하지 못했기에, 내 감정을 드러내면 안전하지 못했기에 그 안전성 여부부터 탐색하고 살펴봐야 했기 때문에 말이다. 하지만 나의 불안, 두려움, 시기, 완고한 이기성이야말로 나만의 유일한 특성이 아니라 이 같은 판단과 두려움은 전혀 근거가 없으며 이로써 진실은 보이는 게 전부가 아니라는 사실도 알게 된다. 자신의 실체는 따로 숨 쉬고 있었다는 것을 자신을 이야기하면서 발견한다. 알지 못하고 웅크리고 있던 뜻밖의 자아를 만나기도 하는 것이다.

결국 은연중에 나의 나 됨보다는 거짓 자아로 대면하고 있었다는 것을 발견하게 된다. 그 동안 밝히 드러내지 못했던 억울함도 만나고 분통함도 대면하며, 스스로에게 솔직하지 못한 용기의 부족함도 보게 된다. 이로써 건강한 죄책감을 느끼게 되는 것이다. 묵혀둔 애통함을 드러내게 된다. 결국 이는 부적절하게 자리 잡았던 수치심을 만져준다.

가정과 조직에서 돌봐야 할 전인격 요소들

기준	전인격의 영역
1	육체적 (Physical)
2	정서적 (Emotional)
3	인지적 (Cognitive)
4	도덕적 (Moral)
5	관계적 (Relational)
6	영성적 (Spiritual)

건강한 팀 공동체의 역할

기준	역할 전환	기존 전제
1	함께 숨 쉴 수 있는 사람으로	홀로 고립되어 있는 사람에서
2	뿌리를 돌보는 사람으로	결과를 바로 잡는 사람에서
3	치유를 이끄는 사람으로	상처에 머무는 사람에서
4	필요를 제공하는 사람으로	결핍을 주장하는 사람에서
5	감정에 반응하는 사람으로	판단을 해석하는 사람에서
6	부부가 미래를 재건하는 기회로	배우자의 과거 배경과 문제에서

그리고 그것이 겨냥하는 것은 진짜 사랑이다. 나를 진정으로 사랑함으로써 이것이 배우자, 가족 그리고 동료와 이웃에게도 향한다. 비로소 서로서로의 영혼의 뿌리까지도 돌아보게 되는 것이다. 이 같은 영적 분모를 통해 전인격의 영역으로 공동체가 확장된다.

일상에서의 평범한 조치

유대인들 사진을 보면 아무리 자녀들이 많아도 중심에는 부부가 자리하고 있다. 아이들은 그 주변을 차지한다. 우리들 사진은 어떠한가. 서로의 간격이 점점 멀어진다. 그렇다면 부부대화의 간격부터 점검해봐야 한다. 서로에게서 멀어지고 있다는 관계를 알리는 신호는, 우선 남편은 아내에게 깊은 감정을 끄집어내기 힘들다는 것이다. 아내 또한 자신을 이해해달라고 도움을 요청하지만 남편은 그러지도 못하고 또한 어떻게 도울지도 모른다.

예전에 내가 직장에서 실직했을 때 아내는 나의 상황을 정확히 알지 못했다. 그냥 슬프겠거니 '생각'했었다. 나 스스로도 나의 마음을 아내에게도, 심지어 나에게도 전달하지 못했다. 나의 감정이 무엇인지조차 몰랐다. 그저 세상살이가 그러려니, 운이 없었거니, 살다 보니 싸이코 같은 인간을 만났겠거니 하고만 생각했다. 정작 내 안에 무엇이 있는지는 알지 못했다.

사실 너무나 오랫동안 그렇게 살아왔다. 남자들은 이럴 때 주로 술자리로 옮겨간다. 친구들을 만나고 동료들을 만나고 그러면서 어느 정도 해소가 되기도 하지만 한계가 있다. 술자리의 전형적인 분위기에 나의 내면을 죄다 털어내기란 역부족이다. 술기운과 분위기에 편승된 신세한탄이 되기 쉽다. 정작 나의 깊은 실체를 끄집어내지는 못한다. 게다가 분위기를 더욱 전환하고자 지하세계로 발걸음을 옮기면 더더욱 번뇌는 줄지 않는다. 근본적으로 해소되지 못하는 이유는 그것을 해결할 수 있는 꼭짓점이 외부에 있지 않기 때문이다. 내것을 끄집어내지 않는 이상 그것은 잠재되어 있을 따름이며 아무리 흔들어도 제자리다.

결국 나는 그것을 오래오래 품고 있다가 한참을 지내서야 들춰냈다. 훈련과정과 영성 회복의 시간 안에서 나 자신을 고백하고 털어내고 풀어헤치는 시간을 통해서야 겨우 밑바닥의 나를 만져보게 되었다. 그리고 그것이 내 깊은 슬픔과 애통함에 닿아 있음을 발견했다. 그 뿌리는 세상살이보다 훨씬 깊은 나의 어린 시절의 상실에 닿아 있음도 보게 되었다. 다섯 살 때 헤어진 나의 생모에 대한 분리의 애통함이 어른이 되어서 실직을 당했을 때도 동일한 몸의 기억, 마음의 상처로 내게 다가오고 있었다. 이것을 아주 나중에서야 살아있는 느낌으로 만져주기 시작했던 것이다.

인간의 생애는 축적의 역사뿐 아니라 상실의 시간을 경험한다. 더욱이 애도나 슬픔의 감정은 겉으로 드러나지 않더라도 우리 가운데 연속적, 지속적, 최종적으로 머물며 삶에서 피할 수 없는 현실의 일부가 된다. 우리는 기쁨의 과정뿐 아니라 상실과 고통을 풀어내는 시간을 가짐으로써 회복과 치유, 변화와 성장을 돌보는 새로운 전환점을 맞이하게 된다. 이러한 차원에서 다음의 세 가지를 기억하자.

첫째, 자신이 경험한 것을 누군가에게 말하는 시간을 갖는 것은 매우 중요하다.

둘째, 때때로 정신적 상처를 경험할 때 그 일이 자신에게 어떤 영향도 미치고 있지 않다고 여기며 자신의 감정을 무시하기 쉽다. 또한 견디기 힘든 경험을 할 때에도 현대사회 속에서 우리는 생존하기 위해 자신의 감정을 억누를 때가 많다. 하지만 가능한 한 자신의 감정을 제대로 표현하고 드러낼 기회를 가져야 한다.

셋째, 자신이 경험한 많은 일들로 영향을 받지 않았다고 생각하더라도 그 후유증과 감정을 받아들이고 다루는 기회 또한 필요하다.

이 역할은 자신과의 1차적인 대화에서 시작된다. 나와 가장 걸맞는 나와의 대면이 필요하다. 그리고 배우자 서로에게 필수적이다. 이것은 서로의 깊은 골이나 갈등을 해결하기 이전에, 삶에서 시시각각 부딪히는 생활 속에서 문제를 풀어내는 작업이기도 하다. 특별한 목적, 특별한 조치가 아닌 밥 먹고 물 마시듯, 그렇게 입 안을 헹구듯, 너와 내가 일상에서 습관적으로 행할 평범한 조치인 것이다.

소통은 왜 필요한가?

1. 의사소통의 정보를 얻기 위해서
2. 정보의 명확한 확인을 위해서
3. 의사결정을 위한 상대방의 입장을 잘 이해하기 위해서
4. 의사소통을 할 때 발생하는 문제 해결을 위해서

5. 상대방의 의견이나 반응을 구하기 위해서

6. 상대방의 감정과 상태를 잘 이해하기 위해서

7. 상대방이 하는 말의 내용적 배경이나 의미를 알기 위해서

8. 상대방을 진정으로 이해하고 공감하기 위해서

9. 상대방의 잠재능력과 욕구를 알기 위해서

10. 상대방과 신뢰와 사랑을 구축하기 위해서

효과적인 소통을 위한 부부 대화법

효과적 소통의 단계별 지침(화자 입장)

- 자신의 감정을 이야기한다.
- 감정을 말한다고 하면서 생각을 이야기하지 않는다.
- 생각을 말한다면 판단하지 말고 사실만을 이야기한다.
- 자신의 욕구를 기준으로 자기 이야기만을 한다.

배우자와의 대화에서 내가 지금 어떤 기분인지 말하고 싶다면 내 기분과 내 생각을 혼돈해서는 안 된다. 자신의 감정에 관해서만 말해야 한다. "자, 이제 당신은 어떻게 느끼고 있는지 말해봐요"라고 했을 때 누구나 어떤 기분을 느낄 자유는 있지만 그렇다고 이것을 행동으로 그대로 옮길 수 있는 것은 아니다. 감정은 시비를 가릴 수 있는 것이 아니다.

아이들이 가끔 "누나가(형이) 내 눈에서 없어졌으면 좋겠어!" "죽여버리고 싶어!" 이와 같은 공격적인 발언을 하더라도 그것은 자기가 그

렇게 꼭 하겠다는 것이 아니다. 단 이 기분을 보다 적확하게 맞춰 표현하도록 바로잡을 필요는 있다.

"나 지금 속상해."

"그렇구나. 속상하구나. 왜 그렇지?"

"나는 누나랑 놀고 싶은데(욕구) 그렇지 못해서(사실) 무척 속상해(감정)."

이와 같은 식으로 말이다. 듣는 사람은 또한 다음과 같이 들어준다.

효과적 소통을 위한 지침(청취자 입장)

- 상대의 감정을 표출하도록 한다.
- 잘못된 신념으로 듣거나 강요하지 않는다.
- 집중해서 듣되 대답할 말을 생각하지 말고 듣는다.
- 산만하거나 권위적 태도로 반응하지 않는다.

효과적 소통은 상대의 감정, 상태, 의견, 욕구, 내용의 배경, 의미, 문제해결, 정확한 정보, 의견, 반응, 그리고 상대방과 사랑을 구축하기 위해 필요하다. 하지만 이야기를 하다 보면 그것이 오늘의 이야기지만 알고 보니 예전의 이야기이며, 어제의 이야기인 것 같지만 오래 전의 상처를 반복해서 이야기한다. "나에게 글쎄 이런 일이 있었다니까"를 잘 듣고 따라가 보면 이 이야기는 아주 오래 전의 것이며 본인의 근본적인 상처를 이야기하고 있는 것이다.

이야기에도 단계가 있다. 예를 들어 소개팅한 남자가 여자에게 전화를 건다.

"잘 들어가셨나요. 오늘 너무 즐거웠습니다. 다음번에는 함께 영화를 보면 어떨까 하는데, 이번 주 금요일 괜찮으실까요?"

"어쩌죠. 제가 약속이 있어서……."

이야기에는 다섯 가지 단계가 있다. 내용, 의미, 기분, 동기, 마지막으로 숨은 맥락이다. 위의 이야기 내용인즉 그러했다. 남자가 다시 만나자고 했고 여자는 약속이 있다고 했다. 이것이 내용이다. 의미를 살펴본다면 남자의 제안을 여자가 거절했다. 그게 의미다. 하지만 이것이 다는 아니다. 그녀가 말하는 기분이나 태도에 따라 어느 정도 뉘앙스를 알아차릴 수 있을 것이다. 기쁜 어조인지 불쾌한 어조인지에 따라 그녀가 거절하는 세기와 맥락을 좀 더 알아차릴 수 있다. 정말로 약속이 있어서 그러는지, 아니면 보고 싶은 마음이 있음에도 한 번쯤 튕긴다 싶은 의도까지도 말이다. 이로써 그녀가 전달한 이야기의 동기나 맥락을 짚어볼 수 있다.

하지만 이것도 역시 전부는 아닐 것이다. 그녀가 거절한 속내는 상대가 싫어서가 아니라 자신이 보잘것없다는 사실을 감추기 위해서인지도 모른다. 사실 마음에 들지만 상대의 수준이 그녀보다 높다는 두려움 때문일 수도 있다. 또는 그녀만이 느끼는 수치심으로 인해 미리부터 거절했을 가능성도 있다.

이야기의 수준 5단계

1. 내용

2. 의미

3. 기분

4. 동기/ 맥락

5. 숨은 동기/ 숨은 맥락

결국 배우자와의 대화는 이처럼 이야기 내용의 수준을 끌어 올리는 것이다. 그날그날의 기분과 상태를 확인하는 기초적인 내용 파악에서부터, 심층에 있는 풀리지 않은 사슬과 고리를 함께 풀어주는 것이 대화 참여자의 역할이다. 이는 곧 배우자의 역할이 된다. 따라서 배우자와의 궁극적인 소통의 목적은 기존의 역기능을 풀어주는 것과도 동일하다. 말로써 푼다는 것은 이런 경우를 말한다. 하지만 종종 우리가 저지르는 실수는 도리어 선한 의도에서 비롯되는 것들이다. 안타깝게도 효과적이지 못한 경험을 하며 또 다른 갈등을 낳는다.

공감의 흔한 실수

- 요약하고 부연해주는 대신 너무 말을 많이 한다.
- 상대의 말을 앵무새처럼 반복한다.
- 메시지 일부분만 듣는다.
- 결론을 내리고 평가하고 자꾸 답을 주려 한다.
- 경청하는 것보다 속으로 해야 할 것에 관심이 있다.
- 경청을 하면서 그 사람에게 얘기할 것을 생각하고 있다.

소통의 패턴도 전환해야 한다

P1 | 비난하고 따지는 고슴도치 형의 소통 전환

배우자와 동행하고(Company), 배우자에게 감정을 개방하라(Open)

배우자를 판단하기보다 공감을 우선시하고, 스스로 감정을 개방하는
소통 전환

개방 CO 커뮤니케이션

CO 커뮤니케이션을 발전시키는 태도

- 보고 들으며 함께 공감하는
- 상대방의 마음을 이해하는
- 상황과 심정을 고무하는
- 적극적으로 칭찬하고 지지하는
- 창의성을 살리는 말로 북돋아주는
- 남의 충고에 귀 기울이는
- 수용하는
- 애써 가르침을 받으려 하는

CO 커뮤니케이션 필요성

P1패턴은 상대의 입장을 공감한다고 말하지만, 실제론 배우자의 정서를 분석하려 한다. 이런 '객관적' 이해보다 먼저 요구되는 것은 상대방의 감정 자체를 무조건 인정해주는 '공감적' 동행이다. 해결책을 제시하기 전에 상대가 느끼는 정서를 그대로 인정해줌으로써 상황을 전환할 수 있도록 도와주는 소통방식 말이다. 이를 발판 삼아 문제해결뿐 아니라 서로의 공감대를 넓히고 상호간에 믿음과 신뢰 또한 쌓을 수 있다.

CO 커뮤니케이션 역할

사고력과 통찰력을 발휘하기 위해서는 우선 자신의 감정부터 개방해야 한다. 감정을 외면하고 생각으로 대체하기 전에 자신의 감정에 더욱 밀착해서 언어화함으로써 본인의 능력을 섬세하게 일깨울 수 있다. 이렇게 정서적인 안정감을 구축하게 되면 P1패턴이 지닌 EA 디자인의 잠재력, 즉 사물을 정확히 바라보는 분석력과 문제를 탁월하게 해결해 나가는 통찰적 사고력을 보다 유용하게 쓰게 될 것이다.

CO 커뮤니케이션 실천방안

1) 때로는 의견을 피력하지 않고 절제한다.

2) "조금만 더 해보자"라고 말한다.

3) '피드백 보류' 프로세스 훈련하기

1단계) 도입

다음과 같은 말을 해주거나 물어봐준다.

"듣고 보니 잘 이해가 되는 걸?"

"혹시 내가 더 알아야 할 것이 있어?"

"조금만 더 이야기해줄래?"

2단계) 전개

배우자가 원하지 않는 대화나 피드백은 그만둔다.

"혹시 내 도움이 필요해?"

"내 의견에 대해 더 듣기를 원해?"

"내가 너무 세세한 점까지 지적한 것은 아닌가?"

3단계) 보완

최근에 내가 배우자의 이야기를 공감하고 잘 배려하는지 묻고 고친다.

P2 | 지배적이고 전투적인 백상아리 형의 소통 전환

배우자 입장에 관심을 갖고(Mind), 배우자의 형편을 존중하라(Matter)

배우자의 입장에서 바꿔 생각하고 그 처지와 형편을 존중하는 소통 전환

개방 MM 커뮤니케이션

MM 커뮤니케이션을 발전시키는 태도

• 먼저 말하기보다 들으려 하는

• 눈을 마주보며 상대방의 표정과 정서를 따라가는

• 의혹을 품거나 추측하는 대신 이야기 과정을 이해하려 하는

• 결과를 미리 추측하지 않는

- 듣는 대로만 반응하는

- 상대의 감정표현에 적절한 관심을 기울이는

- 자신이 보다 중요하다고 돌려 이야기하지 않는

- 자신에 대한 경험이나 평가에서 벗어나서 이야기하는

MM 커뮤니케이션 필요성

목표에 집중하다 보면 효율성이 떨어진다는 이유로 상대에게 피드백을 생략할 때가 있다. 냉철한 의지도 중요하지만 상황을 보다 능동적으로 풀어가기 위해서는 적극적인 피드백 프로세스가 필수적이다. 특히 일을 신속하게 진행하려는 행동가들에게는 배우자의 정서와 심리 상태를 병행해서 반드시 확인할 필요가 있다. 설득력 있게 주위상황을 지휘하기 위해서라도 이 과정을 생략해서는 안 된다. 배우자의 입장을 존중하는 것을 목표로 삼는 것 또한 일을 순조롭게 풀어가는 효율적인 방법이라는 점을 기억해야 한다.

MM 커뮤니케이션 역할

명령하고 일방적으로 지시하는 대신 철저히 질문하고 필요를 요청한다. 이 같은 방식으로 대화함으로써 상대 또한 일의 부담에서 벗어나 평안을 찾을 수 있다. 난관을 만날수록 배우자의 생각과 말에 동의하며 그 의견을 인정하면 더 큰 성과를 얻을 수 있다.

MM 커뮤니케이션 실천방안

1) 자기중심적인 말을 생략하고 배우자의 의견을 더 묻는다. "그런데 말이야" "그런데 내가 아까 말한 것처럼" "당신이 말한 건 말이죠" 이와 같은 표현 대신 "당신이 무슨 말을 하고 싶어 하는지 알겠어요. 그렇다면 우리가 어떻게 해야 할까요?" 하고 묻는다.

2) "내가 당신의 말을 제대로 이해한 걸까요?" 하고 묻는다.

3) 피드백 채널 프로세스

1단계) 도입

"내가 잘 이해하고 있나?"
"질문에 답이 되었나?"
"조금 더 이야기해줄래?" 하고 묻기

2단계) 전개

자신의 주장을 펼치고 나면 배우자에게 의견을 꼭 물어본다. 이야기가 끝나면 배우자나 다른 사람들의 의견은 어떤지 더 많이 묻고 피드백을 해준다.
"내가 잘 이야기했나?"
"내가 너무 나서지는 않았나요?"
"내가 너무 강압적이진 않나?"
"내가 너무 세세한 점까지 간섭한 건 아닌가?"

3단계) 보완

때로는 공감해주는 것 자체만으로도 충분히 목표를 달성했을 수 있다. 주변 사람들에게 자신이 다른 사람들의 이야기를 잘 들어주고 감정에 공유해주려고 했는지 묻는다.

F1 | 흐트러트리고 분산시키는 스컹크 형의 소통 전환

배우자의 의도를 이해하고(U̇nderstand), 배우자를 둘러싼 사실에 주목하라(Ṅote)

배우자의 의도를 분명히 파악하고 사실을 충분히 관찰하는 소통 전환

개방 UN 커뮤니케이션

UN 커뮤니케이션을 발전시키기 위한 태도

- 관심이 별로 없는 것에도 집중하는

- 남의 이야기를 있는 그대로 받아들이는

- 상대의 감정표현을 내 기준에 따라 감정적으로 해석하지 않는

- 이야기의 핵심과 사건을 집중해서 듣는

- 상대의 감정표현 그대로를 전하려는

- 자신의 감정표현에만 매몰되지 않는

- 남의 입장과 의도를 고려하며 이야기하는

- 산만하게 듣지 않는

- 대화 도중에 남을 평가하지 않는

UN 커뮤니케이션 필요성

사교적인 이들은 주로 상황 변화에 탁월하게 적응하는 사람들이다. 하지만 상대방을 독려하려는 의도가 공교롭게도 현실과는 먼 공허한 메시지로 남게 되기도 한다. UN 커뮤니케이션은 상대방에게 에너지와 활력을 공고히 불어넣기 위해서라도 현상에 철저히 주목하고 사실을 정확히 이해하는 커뮤니케이션이다.

UN 커뮤니케이션 역할

삶의 낙천성을 잘 끌어내어 언어로 전달하게 될 때 주변 사람들을 창조적이고 유익한 생각으로 이끈다. 그럼에도 불구하고 비언어적인 공감 또한 이에 못지않은 허심탄회한 공간과 융통성을 창출한다. F1패턴들에게 주로 나타나는, 먼저 대화하고 즉각적으로 보이는 반응 대신 배우자의 이야기를 우선적으로 경청하고 제 반응을 유보하는 태도는 진실된 신뢰감을 형성시켜 준다. 사람을 모으고 대화를 주도하되 사실에 근거해서 주목하고 상대를 비언어적으로도 집중하게 된다면 불쾌한 감정이나 기억에 묶인 상황을 풀어 삶의 낙천성과 활력을 보다 탁월하게 전달할 것이다.

UN 커뮤니케이션 실천방안

1) 배우자의 감정이나 상황을 말한 그대로만 받아들이고, 있는 그대로만 표현한다.
2) "제대로 해보자" 하고 말하기
3) 피드백 재구성 프로세스

1단계) 도입

"내가 잘 이해하고 있나?"
"내가 좀 더 들어야 할 내용이 있나요?"
"그 상황을 조금 더 자세히 말해줄래?"

2단계) 전개

배우자나 주변 사람들에게 자신과의 대화에 대한 느낌이 어떤지 묻는다.

3단계) 보완

대화가 끝나면 배우자가 어떤 느낌을 받았는지 피드백을 구한다.

"내가 당신의 형편이나 상황을 잘 고려하며 이야기했나요?"

"너무 무턱대고 내 이야기만 하진 않았나요?"

"다른 사람의 형편이나 상황을 있는 사실 그대로 잘 표현했나?"

"내가 이야기한 세부 내용이 사실과 맞나?"

F2 | 회피하고 묻어두는 자라 형의 소통 전환

배우자와 주체적으로 관계 맺고(Involve), 배우자에게 자기 의견을 제공하라 (Offer)

배우자와 매사에 주체적인 관계를 맺고 자신의 의견을 적극적으로 제안하는 커뮤니케이션

참여 IO 커뮤니케이션

IO 커뮤니케이션을 발전시키기 위한 태도

- 상대의 갈등에 정서적으로 관여하는

- 갈등을 적극적으로 해결하려 하는

- 자신의 표현을 미루고 유보하지 않는

- 사건의 핵심을 눈여겨보는

- 상대방의 기분에 지나치게 압도당하지 않는

- 타인의 의견만으로 일이 진행되게 하지 않는

- 자신의 표현을 지나치게 스스로 해석하지 않는
- 갈등에서 오는 감정을 포함한 자신의 감정을 열고 드러내는

IO 커뮤니케이션 필요성

조화로운 말을 구사하면서 사람들에게 부담 없이 이야기하는 사람들은 웬만해서는 화를 내지 않는다. 다른 사람의 말 또한 잘 경청하기에 F2패턴의 사람들은 편안한 방식으로 상대를 대하는 자세까지 갖추고 있다. 하지만 껄끄럽고 어색한 상황에서는 배우자를 회피해버리는 경향이 있다. 자신의 의견을 적극적으로 개진하며 문제를 주도적으로 해결하는 IP 커뮤니케이션은 F2패턴의 사람들이 견지해야 할 태도다.

IO 커뮤니케이션 역할

앞에 나서기보다 뒤에서 일하기를 좋아하기에 가정에서도 잘 화합하고, 예측 가능한 상황에서는 여유롭게 소통하지만, 갈등의 골이 깊다거나 격변하는 환경에서는 지나치게 개입하기를 꺼린다. 하지만 자기 주변에서 벌어지는 일에 관한 문제해결의 주체는 본인이다. 갈등 상황에 적극적으로 개입하고 자기 의견을 분명히 밝히며 문제를 직면해나갈 때 자기가 진정으로 원하던 내면의 바람을 가정에서 이루며 삶의 색다른 보람과 기쁨을 누릴 수 있다.

IO 커뮤니케이션 실천방안

1) 곧바로 의견이 떠오르지 않을 때 생각을 정리할 시간을 적극적으로 요청하라.

2) '일단 한번 해보자'는 마음가짐을 갖는다.

3) 피드백 구현 프로세스

1단계) 도입

"내가 어떻게 하기를 원하는가?"

"내가 좀 더 해야 할 것이 있나?"

"내 입장에 대해 듣기를 원하는가?"

2단계) 전개

문제가 잘 해결되지 않을 때 자기 입장과 감정을 솔직히 잘 말하고 해결책을 찾으려고 노력하면 문제 해결에 도움이 될 수 있음을 기억하고 배우자에게 말한다.

3단계) 보완

자신의 소통에 대해 반드시 배우자나 주변 사람들의 평가를 구하도록 한다. 대화가 끝나면 배우자에게, 또 스스로에게 피드백을 구한다.

'나의 의사가 분명하게 전달되었나?'

'내가 느끼는 감정이나 사실을 너무 유보하려 하지는 않았나?'

'부정적인 이면을 너무 감추려고만 하지 않았나?'

N 소통패턴 공통기초

배우자의 필요(Need)에 주목하라

자신과 배우자의 욕구와 필요를 중요하게 여기는 소통 전환

필요 N 커뮤니케이션

N 커뮤니케이션을 발전시키기 위한 태도

- 상대의 요구에 먼저 귀 기울이는
- 대화할 때 상대의 욕구가 무엇인지, 무엇이 필요한지 먼저 살피는
- 욕구가 충족되지 않아 생기는 상대방의 갈등에 공감해주는
- 상대의 결핍과 필요를 공통의 문제로 비춰보는
- 이야기의 핵심을 자신의 필요에 대한 상대방의 개입에 두지 않는
- 자신의 필요와 감정을 있는 그대로 솔직하게 드러내는

N 커뮤니케이션 필요성

종종 함께 무언가를 하다보면 배우자나 상대방과 협상을 벌이게 된다. 이 소통 방식은 이 과정에서 걸리는 시간을 대폭 줄일 수 있다. 상대방의 필요나 욕구를 알고, 무슨 일을 해야 할지를 먼저 생각하면 상호 협력의 접점을 보다 빠르게 찾을 수 있기 때문이다. 그리고 상대방의 욕구와 필요가 중요한 만큼 본인에게 먼저 적용해야 할 공통 사안이기도 하다.

N 커뮤니케이션 역할

N 커뮤니케이션은 상대에 대한 배려, 협력하고자 하는 강한 의지로 이어지기 때문에 배우자와 소통의 장애물을 없애고 잡음을 줄일 수 있는 효과적인 소통 방식이다. 자기 자신과의 소통 역시 마찬가지다.

부부 미래 설계하기

우리가 소통에 실패하는 이유로는 다음 세 가지를 꼽을 수 있다.

> 첫째, 자기 말만 한다.
> 둘째, 자기가 듣고 싶은 것만 듣는다.
> 셋째, 자기가 믿고 싶은 것만 믿는다.

이는 곧 자기중심적 소통체계를 기반으로 하고 있다는 말이다. 그리고 그 내용은 두려움이다. 그 중심에는 상대로부터 거절당하고 절망함으로써 수치심을 느끼게 될까봐 불안해하는 마음이 있다. 수치심에 기반을 둔 두려움과 상대편의 두려움이 만나면 소통으로 풀어보고자 하는 시도는 풀리는 대신 오히려 더더욱 공고해진다. 왜냐하면 1차 감각기관으로 흡수한 외부 사건을 지각하고 인식하고 언어화하는 과정에서 (1)사건을 왜곡해서 받아들이고 (2)자기중심적으로 해석한 다음 (3) 이를 각자의 중추신경에서 주관적으로 언어화하기 때문이다. 두려움이 필터링 역할을 하는 이상, 상대에 대한 두려움을 사전에 걸러내며 자신의 두려움을 대변하려 하기 마련이다.

따라서 우리가 외부세계를 보다 선명하게 바라보려면 있는 그대로의 사실에 기반을 두어야 한다. 하지만 사실을 바라보는 것에 두려움이 개입되면 내가 보고 싶은 것으로만 걸러내서 그것만을 믿으려 한다.

1단계 : 지각 단계

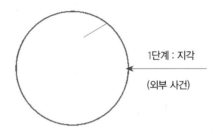

1단계 : 지각

(외부 사건)

2단계 : 인식 단계

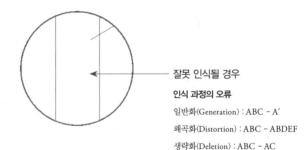

잘못 인식될 경우

인식 과정의 오류

일반화(Generation) : ABC - A′

왜곡화(Distortion) : ABC - ABDEF

생략화(Deletion) : ABC - AC

3단계 : 언어화 단계

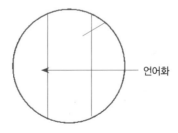

언어화

부부싸움은 두 종류의 두려움이 만들어내는 합작품이다. 두려움을 버텨보려고 묻어두는 사람과 두려움을 참지 못하고 왈칵 쏟아내는 사람, 이 두 사람의 이중주인 것이다. 서로 다르다고 생각하지만 두려움을 결국 직면하지 못하고 왜곡된 방식에 의존해서 자신을 달래려는 동일한 사람들이다. 자기 내면의 실체가 드러날 때까지 좀처럼 기다릴 수 없으며 힘든 감정을 바로 달랠 때까지 기다릴 수 없는 것이다. 따라서 내면의 세계가 허약하기는 서로가 마찬가지다. 이것을 버틸 자신감이 없고 어떤 상황을 견뎌내기도 아주 힘들어하는 사람들…….

결국 진실을 다루려면 그로 인한 감정의 두려움을 내어 쫓아야 한다. 이 같은 두려움을 내어 쫓는 방법 중 믿을 만한 것은 사랑뿐이다. 사랑은 서로가 내세우는 조건보다도 이것을 뛰어넘는 조건이 있다. 처음 연애할 때 우리는 상대에게 잘 보이기 위해 여러 가지 전략을 짠다. 하지만 시간이 지날수록 서로에게서 찾는 것은 그 어떤 외형적 조건보다도 자신을 있는 그대로 드러내더라도 상대가 받아주는 편안함이다. 이것을 향해 찾아간다. 곧 친밀함을 키워감으로써 서로의 가려진 치부나 벗은 몸, 구질구질한 부위까지도 자연스럽게 드러내는 것이다. 이것을 서로가 자연스럽게 받아들인다. 상대방에게 잘 보이려는 처음 세운 전략은 이로써 정말로 잘 보이게(?) 된다.

따라서 친밀함은 철저한 사실을 기반으로 하며 감춰진 두려움을 내어 쫓는다. 두려움의 벽을 넘는다. 연약해지는 두려움까지도 내어 쫓는다. 두려움보다 더 강력한 것이 이 두려움을 지배하도록 만드는 것이다. 부부가 설계할 미래의 목적지는 바로 이것이다. 이것이 만나는 곳,

바로 그 지점이다.

달려왔던 대로 달리면 계속 똑같을 뿐이다. 다른 식으로도 한번 달려
봐야 새로운 경험을 한다. 깨달았다는 것과 행동하는 것은 다르다. 항
상성에 변화를 주면 새로운 결이 드러난다. 두뇌는 변화, 회복, 회생 다
가능하다. 관계도 그러하다. 부부의 미래설계는 소통의 재설계이자 두
려움을 새롭게 재단하는 것이기도 하니까 말이다.

기초적인 스위치 설계 전략

역기능은 각자의 기능을 발휘하지 못하기에 나타난다. 때로는 당신으
로 하여금 부적절한 반응을 일으키게 하는 배우자의 행동이나 성향을
파악하는 것도 필요하지만 자신의 기능을 제대로 발휘하도록 하는 설
계가 우선이다. 따라서 다음과 같은 것, 즉 스위치(SWITCH)의 요소들이
필요하다.

S(Status Quo) 먼저 내가 느끼는 감정을 충실하게 관찰하고 말하고 나누는
          것이 필요하다.

W(Whying)   진짜 감정과 감정적인 패턴을 구별함으로써 어떤 패턴이 나
          와 배우자를 실족하게 하는지를 파악한다. 그것이 무엇으로
          부터 기인한 것인가에 대해 의문을 갖고 탐구하는 자세가
          필요하다.

I(Identifying) 패턴에는 반드시 원인이 존재하며 그것은 성장과정부터 형
          성된 미완의 애착관계와 밀접하다. 그것이 자신과 배우자의

인생에 어떠한 작용과 영향을 미쳤는지 돌아보라.

T(Tracing) 패턴의 인식은 인생 스토리에 대한 이해로만 머무르지 않으며 실제 삶에 적용하는 살아있는 활동으로 이어져야 한다. 생활 안에서 작용하는 패턴의 기저와 자극점, 그것이 가져오는 보기 좋은 목표까지도 경계하고 대비해야 한다.

C(Confronting) 패턴을 무력화하기 위해서는 자신의 한계를 인정하는 것에서부터 출발하여야 한다. 아무리 배우자나 자녀에게 좋은 모습을 보이려 해도 끝내 어김없이 반복되는 현상에 대해 스스로의 힘을 믿고 나아가기보다는 나 자신의 연약함을 우선 인정하고 보다 위대한 힘을 받아들이는 태도가 필요하다.

H(Handling) 끝으로 패턴을 지배하는 능력과 자질이 본인에게 설계되어 있다는 것을 믿어야 한다. 그것을 발휘할 수 있도록 지지하고 서로를 격려하며 실수나 오류를 거울삼아 새로운 결을 낼 수 있음을 믿고 나가야 한다.

배우자를 지지하는 26가지 행동설계 A to Z

A. 배우자의 이야기를 오래 참고 들어주기

B. 배우자에게 관심을 가지고 감정 물어봐주기

C. 배우자에게 무엇이 필요한지 물어봐주기

D. 배우자의 이야기를 듣고 다시 한 번 확인해주기

E. 배우자의 수고를 칭찬해주기

F. 배우자의 가치를 적극적으로 인정해주기

G. 배우자에게 충분히 감사 전하기

H. 배우자에게 축하한다고 말해주기

I. 배우자의 바르고 참된 일에 서로 기뻐하기

J. 배우자에게 자신의 업적을 과도하게 자랑하지 않기

K. 배우자에게 성내지 않고 자신의 감정을 알려주기

L. 배우자의 기대에 관심을 가지고 물어봐주기

M. 배우자와 어려워도 서로 쉽게 포기하지 않고 격려해주기

N. 배우자의 옳지 못한 일에는 동조하지 말고 서로 알려주기

O. 배우자를 시기하거나 질투하지 않기

P. 배우자에게 친절히 대하기

Q. 배우자에게 예의를 지키기

R. 배우자에게 품은 원한을 다른 사람에게 말하지 않기

S. 배우자가 이야기하는 중간에 끼어들거나 잔 질문으로 끊지 않기

T. 배우자의 이야기로 대화 시작하기

U. 배우자의 이야기에 긍정적인 확언해주기

V. 배우자에게 다가가 안아주기

W. 배우자에게 반가운 인사말로 환영하기

X. 배우자를 섣불리 가정하거나 추측하거나 판단하거나 지적하거나 평가하지 않기

Y. 배우자의 이야기에 집중하고 있다는 것을 언어적으로, 또는 비언어적으로 보여주기

Z. 배우자에게 자신의 실수나 허물을 인정하기

부부 미래 선언하기

부부 간의 갈등은 자기 설명의 부재 때문에 생긴다. 자신의 무엇을 두려워하는지를 제대로 설명하기 어렵기에 복잡해진다. 나 스스로도 용납할 수 없기에 상황을 풀어줄 수 없다. 나 역시 완전한 결혼을 꿈꾸고 완전한 미래를 그려가길 기대했지만 삶에서의 경험은 종종 자신의 노력만으로 극복되지 않는다는 것도 알았다.

내가 나의 힘으로 사는 것 같지만 하루라도 나는 태양의 공급 없이는 살지 못한다. 나 이외에 또 다른 외부의 힘이 있음을 나는 인정하지 못하면서 살았다. 그리고 그런 시간까지는 꽤 오랜 시행착오가 있었다. 내가 알지 못하는 우연이라고 불리는 것들, 부조리라 불리는 명제들, 운이 없었다고 해석하는 여러 가지 이면에 삶에서 마주하는 고통과 절망을 무엇으로 어떻게 해석해야 하는가에 대한 갈등과 갈증이 항상 물음표로 작용하였다.

하지만 고통과 절망에 대한 감수성은 의외로 단순한 것이었다. 일이 잘 안 풀리고 뜻대로 안 되고 관계도 꼬이면 아프다. 슬프다. 그래서 답답하고 맥이 빠지고 그렇다. 하지만 때로는 아프다고 말하지 못한다.

그것이 더 아프다. 게다가 아프다고 말하는 것만으로는 부족하다고 여긴다. 그것이 우리를 가장 아프게 한다. 그래서 이것을 달래줄 해석을 끌어온다. 내 마음을 있는 그대로 받아줄 사람이 있어야 하는데, 우선 나부터 나를 받아주지 못한다. 그 다음 선상에 있는 배우자가 그런 존재였다면 좋겠지만 실상은 배우자 역시 너무 멀다. 소통에서도 멀고 마음에서도 멀어졌다. 어떤 경우엔 물리적으로도 멀다. 아무도 나를 있는 그대로 달래주지 못한다. 따라서 원망이 생기는 건 자연스런 수순이다.

> "다 저 인간 때문이다."
> "그때 그 사건 때문이다."
> "그때 나한테 그런 말만 안 했어도."
> "그때 나한테 그런 식으로만 안 했어도.

원망의 패턴 1 생각으로 끌어내리기
→ 감정 대신 판단(원망)으로 내면화하기(인과응보)

나의 감정을 있는 그대로 만나주지 못하기에 설명을 다른 곳, 혹은 다른 것으로 찾는다. 이로써 "슬프다"는 한 마디의 해석이 복잡해진다. "아프다"는 이유가 복잡해진다. 남편에게도 전가되고 아내에게도 화살이 향한다. 특별히 그 사람이어야 할 이유는 그 사람이 나와 가장 가까운 사람이기 때문이다. 이때는 그야말로 물리적으로 각방을 쓰더라도 나와 가장 가까운 보조자아로서 중요한 정체임에는 변함이 없다고 여긴다.

나의 감정이 해석되지 못해서 원망이 불평이 되고 불평이 불필요한 이야기로 번지며, 해서는 안 될 말도 나도 모르게 내뱉어지고, 이것을 뒷받침할 지난 시간과 사건이 증거물로 쏟아져 나온다. 내 감정 하나가 점점 부풀려 눈덩이처럼 커진다. 나는 '슬프다' '속상하다' '그래서 마음이 아프다'일 뿐인데 이것이 내가 알려주지 않아서, 이것을 내가 알아주지 않아서, 그리고 배우자가 내 것을 알아주지 않아서 나는 이 과정이 더 슬퍼진다. 속상해진다. 가슴이 찢어지도록 아파진다.

하지만 처음 1차 감정보다도 과정상에 드러난 2차 감정이 이것을 압도해버린다. 서로를 헐뜯고 지지고 볶는 이 과정은 그야말로 견디기 힘들 정도의 고통이다. 원망은 이제 자연스러워 보인다. 아무리 생각해도 배우자가 행한 오류가 너무 많다. 내 가슴에 못을 박고 나를 울리고 나를 이해해주지도 않고…… 그래서 혼자서 서럽고 답답하고, 내 마음을 알아주지 않던 지난 시절의 모든 기억까지 한꺼번에 몰려온다. 게다가 그것은 배우자를 만나기 이전의 기억과 한 묶음으로 다가온다. 아버지가 나에게 행한 말투, 손동작, 가해, 폭력, 냄새, 소리, 굉음, 나의 두려움, 떨림, 오열, 나의 내면의 외침, 풀어내지 못한 나 자신과의 갈등과 설명의 부재함까지 한꺼번에 밀려온다. 이른바 패턴이 촉발되는 것이다. '버럭!'으로 나타나거나 침묵과 침묵 사이의 묵음(……)으로 외면함으로써 상황을 전환하려고 한다.

심리학자 크레이그 네켄(Craig Nakken)은 '지금의 기분을 전환하는 물질이 곧 중독물질이다'라고 이야기한다. 고통에 대한 해석은 이로써는 풀리지 않는다. 중독의 본질처럼 한 번으로는 풀리지 않는다. 곧 또 다른 물질, 외부 투입이 필요하다. 나 자신에 대한 원인규명을 필수적으로 초청한 뒤, 곧이어 내가 그것을 버리지 못해서라고 해석한다.

"다 내가 참을성이 부족해서다."

"다 내가 욕심을 부려서 그렇다."

"그때 내가 조금만 더 참았어도."

"그때 그런 식으로만 나서지 않아도."

원망의 패턴 2 생명력 끌어내리기

→ 욕구를 조종하고 통제하기(금욕주의)

나의 순수한 감정을 만나주지 못하기에 나의 순수한 욕구마저도 잘못되었다고 해석한다. 내게 주어진 자연스런 기능도 내가 잘 통제하지 않았기에 잘못된 것으로 설명한다. 자기 기능을 진짜로 발휘하지 못하는 것은 '자신의 감정과 욕구가 매우 자연스러운 것이다'라는 사실을 지지하지 못하면서부터 발생한다. 이런 타입은 순수함을 감추려고 한다. 감추다 보니 부자연스럽기만 하다. 부자연스러운 감정을 또 다시 감정으로 받아들이자니 더욱 불편하다.

이것을 해석하는 유일한 설명은 '내가 잘 사용하지 못해서'이다. 첫 단추가 잘못되었다라고 하는 것이다. 자신의 욕구 통제가 잘못된 것이라고 이야기한다. 물론 욕구와 욕망은 구별되어야겠지만 욕구 그 자체로 발휘하는 순수한 힘을 부인하는 꼴이다. 욕구를 있는 그대로 표현하지 못하는 것이 진짜 잘못이라면 잘못일 텐데 말이다. 따라서 자신의 생명력을 밑바닥까지 끌어내린다. 나를 통제하는 방법은 나의 욕구를 제거하는 것이 된다. 먹지도 말고 마시지도 않고 말하지도 않고 보지도 말고 듣지도 않고, 아픔을 참아가며 가만히 통제함으로써 나의 고통을 승화시키려 한다.

이것이 주는 효과나 시사점도 제고할 필요는 있다. 하지만 우리의 일상은 긴장되고 꼬이고 얽힌 상황이 반복되는 생활이다. 두 눈을 감고 정화된 공기나 시간과 장소를 물리적으로 연달아 허락하지는 않는다. 현실과 유리되고자 하는 기분전환 또한 중독이 잡아당기는 특성과 마찬가지인 것이다.

이 같은 원망의 최고 승리는 최종적으로 자기 존재에 대한 재판을 기다린다. 이로써 원망을 원한의 수준으로 끌고 가는 것이다. 용서하지 못하는 단계로 가져가면 이제 이것은 가장 자연스러우면서도 세련된 막후의 승리를 거두게 된다. 즉 이런 말이 쏟아져 나온다.

"다 내 죄 때문이야."
"다 내가 벌 받을 짓을 해서 그래."
"다 우리 집안 죄값이지."
"원래 내가 그렇게 태어났어."

원망의 패턴 3 존재감 끌어내리기
→ 죄책감으로 다스리기(권선징악)

"슬프다." 하나에서 전달되지 못한 이 해석은 반대편에 자리 잡은 감정까지도 거부한다. 기쁘지도 않고 즐겁지도 않고 누릴 수도 없는 존재로 규정해버린다. 감정은 존재의 잘잘못을 이야기하지 않음에도 이렇게 느끼는 감정을 '나쁘다'라고 해석해버린다. 그럼으로써 '슬프다'는 곧 '내 잘못이다' '내 죄 때문이다'와 같은 불필요한 죄책감으로 이어진다. 이는 자신의 행동을 수정하는 건전한 죄책감이 아니라 존재를 절하시키는 부적절한 죄책감, 즉 수치심으로 나타난다. 나는 그저 슬퍼서 울고 싶을 따름인데, 울면 바보가 되고 산타 할아버지가 선물까지 안 주시기도 한다. 정체성도 바뀌고 보상체계도 흔들린다.

궁극적으로 내가 행복해야 하는 것에 죄책감을 느끼게 한다. 순수한 내 감정, 내 것에 대한 권리를 주장하지 못함으로써 일이 특히 잘못되거나(일이 잘못되었다기보다는 내가 지닌 슬프거나 속상한 감정이 잘못되었다고 생각하는 패턴의 반복) 불편함을 느낄 때면 이것에 걸맞는 당연한 평가를 갖다 맞추려 한다. 그렇게라도 걸맞춰져야 나를 달랠 수 있기 때문이다. 나를 진정시키는 것은 이 상황에서 나와 비슷한 것을 대입하는 방법뿐이라 생각한다.

하지만 이것이 부자연스럽다는 것은 곧장 삶에서 드러난다. 그래도 이것이 가장 그럴싸하고 자신의 수치까지도 감출 만한 숭고하며 도덕적인 기준이자 판단이기에 이것마저 버릴 수는 없다. 나 자신의 존재감을 그곳에서 찾으려 하기 때문이다. 나의 감정 자체의 존재를 무시했다면 이미 나를 초월한 것과도 같다. 무엇인들 무슨 상관이랴. 이왕이면 가장 좋고 가장 높은 절대자, 최고의 신 또는 최고 덕목, 도덕의 최고선까지 넘볼 수 있다. 그래서 이것은 반복된다. 한 번 찾은 신은 또 다시 찾아야 한다. 누군가 이런 말을 했다. "현대인들에게 신은 삶에서 주로 찾는 물질, 즉 중독이야말로 그것이다."

부부의 내일

자아상이란 내가 바라보는 나, 시각적인 이미지로서의 내 모습이다. 이는 생각으로 만들어지지 않는다. 느낌으로 조각된다. 아무리 생각으로 만들려 해도 피부로 느껴진 이미지가 없으면 그 정체가 흔들린다. 따라서 정체성이 약한 사람은 나에 대한 자아상이 흔들리고 헷갈린다. 이럴 때는 이런 사람 같고 저럴 때는 저런 사람이 된다. 일관성이 없다. 체각된 이미지가 없어서 그렇다.

반면 존재감이란 살아 있다는 느낌을 말한다. 온몸과 오감을 통해서 느껴진다. 그리고 관계 안에서 이루어진다. 나를 입체적인 공감각 안에서 확인한다. 마치 1D로 보는 화면과 2D, 3D로 보는 것과 흡사하다. 나 혼자 대면하는 나보다는 주변환경과 입체적인 공간 안에서 360도로 둘러보는 내 모습이 더욱 다양하고 적나라하다. 따라서 자기 자신에 대한 자각 의식이 많은 사람이 존재감을 잘 느낀다. 생각이 많아서가 아니라 근본적으로 활동하는 호르몬 작용을 통해서 느끼게 된다.

패턴의 중심성, 소통의 중심에는 곧 자기중심성이 강력하게 작용한다. 즉 자기애적 욕구가 채워지지 않은 상태에서의 소통인 것이다. 그것은 잘잘못을 떠나 너와 나의 모습이기도 하다. 완벽하게 자기애를 충족한 사람은 없다. 누구나 부족한 조각을 지닌다. 누구나 부모와 가족 공동체 안에서 부족한 사랑을 경험하는 가운데 파편을 지닌 존재이며 조각난 인간이다.

　나와 배우자의 모습은 더욱 그러하다. 그렇게 만나서 그 파편의 조각을 대어보고 맞춰보며 내가 지닌 면면을 통해 상대의 부족한 면을 짜 맞춰보는 것이 부부 생활이다. 혼자서는 결코 내 조각의 다른 면을 빗대어 볼 수 없기 때문이다. 내 것이 얼마나 확장되는지, 내 것이 얼마나 유용하게 사용되는지에 대한 검증은 일일이 맞춰보는 수밖에 없다.

　따라서 배우자와 평생토록 결혼생활에서 벌이는 작업은 정체성을 다시 조각하는 작업이 된다. 정체성은 곧 존재감을 새롭게 확인시켜주는 이러한 작업을 통해 새로워지고 견고해진다. 자기애적 욕구가 각기 조각난 상태에서는 자기 인식이 부족하고 다른 사람을 통해 끊임없이 자신을 확인하려 든다. 배우자를 향한 동반의존, 일 중독 또는 자녀 교육을 포함한 성취 지향으로 발전하게 된다. 다른 사람을 통해 칭찬과 인정을 받아도 그것이 오래 지속되지 않는다. 중독은 밑 빠진 독에 물 붓기와 같다. 모든 것이 빨려 들어가도 결코 채워지지 않으며 그래서 더 집착하게 된다.

　중독자들의 치료는 반드시 공동체를 통해 일어난다. 개인적으로는 불가능하다. 커뮤니티 안에서 지속적인 커뮤니케이션을 통해 일어난다. 따라서 답은 서로에게 있다. 우리에게 필요한 사랑은 태어날 때만 필요한 것이 아니라 죽도록 필요한 것이기 때문이다. 그것이 인간이 살아남고 살아가는 방법이다. 이것이 나와 배우자 모두에게 필요하다. 각자의 이슈가 아니라 서로의 이슈가 되는 것이다. "나는 괜찮은데 네가 문제야!"가 아니다. "나도 문제지만 너도 문제야!"도 아니다. "나와 너의 똑같은 문제야!" 바로 이것이다. "나도 너처럼 이 문제를 똑같이 필요로 해"인 것이다. 이로써 똑같은 문제를 짊어진 동등한 파트너가 된다.

낮아진 자존감을 함께 나눌 수 있는 사람이 없다는 고립된 환경이 수치심을 낳는다. 자신을 잘 달래는 기능을 가진 사람을 옆에서 보았다거나 이러한 기능을 서로가 나눌 수 있는 사람에 대한 경험이 없다면 이는 수치심을 더욱 강화시킨다. 따라서 발달심리학에서 이야기하는 인간의 세 가지 욕구, 즉 영웅이 되고자 하는 욕구, 영웅을 필요로 하는 욕구, 나와 같은 쌍둥이를 찾는 욕구가 만나는 곳이 나와 배우자가 만나는 지점이자 오늘의 모습이다. 그래서 때로는 "나를 제발 좀 알아주고 나를 영웅으로 만들어달라"고 조르고, 때로는 "나에게 영웅이 필요하니 나를 구해줘. 좀 도와줘!" 하며 조른다.

그러면서도 이 모든 것을 떠나 똑같은 눈높이로 마음을 나누고 싶은 공동운명체 또한 부부이기도 하다. 이 같은 느낌을 갖고 싶어 하는 욕구가 인간 모두에게 존재하기 때문이다. 그것은 도덕의 이슈도, 학식의 이슈도, 깨달음이 높은 성인의 이슈도 아니다. 성인이기 이전에 자연인으로서 나눌 당연한 순리이자 사랑을 둘러싼 권리인 것이다.

혼자가 아니라 함께 나눌 수 있다는 것, 이것이 없으면 나는 혼자라는 생각을 갖게 한다. 애착을 채워주는 시상(Thalamus)은 초기 민감기 때부터 조건을 압도하는 무조건적인 사랑, 무조건의 용서가 경험으로 내재되고 체화되어야 한다. 부모가 아이에게 빠져드는 그 느낌이 아이에겐 무조건적으로 필요하다. 만약 성장 과정 중에 이것을 놓친 경우라면 그들에게 말해주고 싶다. 배우자를 원망하거나 자신의 생명감을 끌어내리고, 궁극적으로 이를 죄책감으로 다루지 말라고 말이다. 그 대신 상대 배우자에게 이것을 제공하는 것으로 대신 풀어야 한다. 결혼은 그러려고 만난 팀의 과제인 것이다. 지상에서 제일가는 명제, 곧 '서로 사랑하라'는 명제야말로 결혼의 목적을 이루는 으뜸가는 덕목이지 않은가.

다시 말해 배우자에게 주인공이 된 것 같은 느낌을 제공하고 영웅으로 만들어주라는 것이다. 배우자는 바로 자신의 보조자아인 당신에게 가장 먼저 인정받고 싶어 한다. 그 한 사람이 필요한 것이다. 이것이 아니라면 잠재된 욕구는 채워지지 않는다. 남편이 만약 얼토당토않은 상황에서도 아이처럼 조른다면 조건을 달지 말고 인정해주라. 그를 영웅으로 만들어줘라. 그의 잘잘못이 보여도, 또는 아니다 싶은 판단이 들더라도 잠시만 내려놓고 그를 지지해줘라. 그도 알 것이다. 그가 부족한 요구를 하고 있고 무리한 상황에 처해 있다는 것을 그 누구보다 본능적으로 잘 알고 있을 것이다. 하지만 그에게는 지금 그와 같은 채움이 필요하다. 그것이 채워짐으로써 이것은 제자리를 잡는다.

그 동안 그가 버럭 했던 행동들은 이러한 욕구가 채워지지 못해 두려움에 압도당했던 무언의 설명이었으리라. "제발 이야기 좀 하자"고 말하는데 자기 방으로 피해 들어가는 그의 뒷모습을 보았다면, 그 모습은 스스로 통제할 수 없는 그의 두뇌 속 아미그달라가 '배고프니 얼른 밥 주세요' 하며 부르짖는 거라 생각하면 된다. '날 좀 사랑해달라'는 무의식의 지친 메아리인 것이다. 배가 고플 때는 자기 내부에 생긴 공백으로 인해 내가 무엇을 찾아다니는지도 알지 못하며, 배고픔을 달래려고 아무거나 급하게 집어 먹은 밥이 썩어 있는 줄도 모를 때가 많다. 내가 나를 통제할 수 없는 것이다. 안타깝지만 불가능하다. 그렇다고 책임을 전가하는 것은 아니다. 단 해결의 열쇠는 내가 아닌 마주 보이는 배우자가 쥐고 있다. 다시 말해 이 열쇠를 서로가 쥐고 있는 것이다.

번개가 치면 우리는 숨을 곳을 찾는다. 우리는 두렵고 무서우면 엄마 치맛자락 뒤로 숨는다. 안아달라고 한다. 두려움에 압도당하는 상황에서는 나보다 큰 존재를 찾는다. 이로써 내가 보호받는다는 안도감으로 나의 평정심을 찾으려 한다. 이와 같은 안정감과 보호받는 느낌 또한 애착을 채워주는 초기 민감기 때부터 만들어진다. 내가 불안하고 두려울 때 나를 보호해주는 영웅이 있다는 것, 그가 나를 보호해줄 것이라는 안도감은 곧장 안정적인 두뇌를 만든다.

부모가 만약 이러한 대처능력과 공감능력, 자존감을 지닌다면 아이 또한 그대로 카피한다. 옆에서 보아온 그 경험이 곧장 내 것으로 바뀌는 것이다. 이런 경험이 없다면 힘을 발휘하지 못한다. 도전적인 상황을 잘 감당하는 자기 달램 기능을 옆에서 보고 배우고 그대로 경험하지 못하면 아미그달라가 주도하는 대로 가게 되어 위험하고 두려운 느낌으로만 판단한다. 이때도 마찬가지로 아이는 내 편이 되는 영웅을 필요로 하는 것이지 결코 솔로몬의 지혜나 재판을 원하는 것이 아니다. 정의와 형평이 중요한 것이 아니라, 이 같은 수단을 지배할 사랑과 용서의 가치가 필요한 것이다.

배우자가 주방에서 일하면서 "여보 도와줘!"라고 요청한다면 이는 자그마한 심부름이 아니다. 막상 다가가서 "뭘 도와줄까?" 해봐야 고작 "이것 좀 냉장고에 넣어줘" 정도이다. 그렇지만 아내가 부르는 SOS

는 반찬통 하나가 아니다. 지구를 구하고 우주를 구하는 것과 닿아 있다. 그리고 그것과 닮아 있다. 물론 그 부탁을 다 들어줄 수는 없을 것이다. 때로는 피치 못할 상황이 남편에게 왜 없으랴. 하지만 그때 아내는 영웅을 필요로 한다는 사실을 잊지 말라. 아내는 자신의 편을 들어줄 누군가가 필요한 것이지 이 문제를 꼭 해결해달라는 것도 아니다. "내가 여기 있다"라고, 혹은 "지금 이것 때문에 자리를 뜰 수 없는 상황인데, 잠시 기다려줄 수 있겠어?"라고만 전해도 아내는 당신이 영웅으로서 자격이 없다고 거부하지는 않을 것이다. 일을 마치면 영웅이 자기에게 와줄 것을 굳게 믿고 있을 테니 말이다.

당신은 여전히 영웅이다. 그러니 달래줘라. 해결하려 하지 말고, 해결하지 못하는 그 마음까지 듬뿍 얹어서 말이다.

주간 부부 계획서
(WCP, Weekly Couple Planning)

1. 주간 가정 규칙

   작성하고, 말로 전하기

   예) 이야기 도중 서로의 말 끊지 않기

   ----

2. 배우자를 위한 한 가지 주간 약속

   작성하고, 말로 전하기

   예) 배우자를 위해 한 가지 양보하기, 하루쯤 일찍 들어오기 등등

   ----

3. 배우자를 격려하고 싶은 이야기

   작성하고, 말로 전하기

   ----

4. 가정에 노출된 공공의 적

   작성하고, 말로 전하기

   ----

5. 나 자신의 탐구

작성하고, 말로 전하기

예) 금주의 과제 : 자녀에게 지시하지 않고 부탁해보기

---

6. 배우자와 함께 토의하기

예) 금주의 제목 : 우리가 꿈꾸는 노후란?

---

7. 금주의 교훈 쓰기

각자 쓰고 나누기

---

8. 한 주의 느낌 마감하기

각자 쓰고 나누기

네 꿈이 무엇이냐고 물어봐줄 사람

언젠가 더 나이를 먹고 아이에게 물려줄 유산이 있다면 그것이 무엇일지를 생각해보았다. 먼저 떠오르는 것은 부동산과 통장이었다. 하지만 내게 아직 빚이 많다는 것을 떠올리고는 이내 이 생각을 접었다. 그렇다면 내가 부모로부터 물려받은 유산은 무엇인지도 생각해보았다. 나 역시 부모로부터 물려받은 자그마한 집과 통장이 있었다. 하지만 나를 둘러싸고 벌어지는 일들은 집과 통장 말고도 많은 사건과 경험들이었다.

아이를 양육하고 배우자와 생활을 하는 순간순간 느끼는 고통과 아픔은 집과 통장만으로는 설명되지 않았다. 물론 유산으로도 살고는 있었다. 하지만 훨씬 더 많은 나머지가 존재했다. 그 대부분은 나의 아버지에게서 받은 영향력이 그대로 흐르고 있었다. 아무리 시대가 바뀌고 사고방식과 생활양식이 달라졌어도 영혼의 중심을 차지하고 있는 정서는 유사하게 흐르고 있음을 부인할 수 없다. 이것은 나의 부부관계, 가정을 이끌어가는 철학과 가족규칙 전반에 걸쳐 영향을 미쳤다.

'그렇다면 나는 이 가정에서 무엇을 나누고 무엇을 물려줄 것인가?'

아이에게 물려줄 또 다른 기억의 재산이 있다면 그것이 무엇일지를 떠올려보았다. 나는 꿈을 꿔야만 했다. 물려받은 그대로를 전한다면 굳이 생각할 필요도 없는 꿈이었다. 내가 받아온 경험, 느꼈던 기억과 감각을 벗어나 새로운 것을 추구하고 그것을 이루어갈 꿈이 필요했다. 가정은 그래서 또 다시 나에게 그 꿈을 꾸게 하는 양성소이자 이것을 이룰 실전지가 됨이 분명했다. 그리고 나의 배우자, 나의 자녀들은 이 꿈을 이루는 주체가 됨도 분명했다. 그들이 수단으로서가 아닌 목적으로서 꿈을 펼치고 있으리라 믿었다.

아무래도 점점 나이가 들면 들수록 "당신 꿈이 뭐냐?"고 물어봐주는 사람이 줄어드는 게 사실이다. 나의 배우자에게도 마찬가지일 것이다. "단란한 가정을 이루는 것이요" "행복한 가정을 이루는 것이요" "오손도손 잘 사는 것이요"…… 이처럼 소박한 대답도 찾을 기회가 줄고 있다. 전에는 이 같은 꿈이 그다지 별 볼일 없어 보였던 것은 왜일까? 너무나 당연하여 오히려 진부하다 싶었으니 말이다.

하지만 언젠가부터 꿈이 움직이고 있다는 것을 알게 되었다. 꿈이 밖에만 있지 않았다는 것도 함께 느끼게 되었다. 세상과 벌이는 외부게임이 아니라 가장 가까운 이들과의 내부 게임으로 펼쳐진다고 말이다. 정작 꿈을 펼칠 수 있도록 날을 세우고 끈을 가공하는 곳이 가정이라는 것. 설령 그 꿈을 밖에서는 펼치지 못하더라도 가정이야말로 그 꿈보다 더 원대한 안전함으로 그 꿈을 보호해주는 보호막이 된다는 것. 이로써 가정이야말로 그 어떤 꿈보다 크고 강력하며 꿈의 시발점이자 목적지가 된다는 것.

나에겐 아직도 '네 꿈이 무어냐'고 물어봐줄 사람이 필요하다. 분명 내 아내도 나와 같은 바람일 것이다.